Paul Wendland

Philos Schrift über die Vorsehung

Ein Beitrag zur Geschichte der nacharistotelischen Philosophie

Paul Wendland

Philos Schrift über die Vorsehung
Ein Beitrag zur Geschichte der nacharistotelischen Philosophie

ISBN/EAN: 9783743419582

Hergestellt in Europa, USA, Kanada, Australien, Japan

Cover: Foto ©Thomas Meinert / pixelio.de

Manufactured and distributed by brebook publishing software (www.brebook.com)

Paul Wendland

Philos Schrift über die Vorsehung

Philos Schrift über die Vorsehung.

Ein Beitrag

zur

Geschichte der nacharistotelischen Philosophie.

Von

Paul Wendland.

BERLIN 1892.
R. Gaertners Verlagsbuchhandlung
Hermann Heyfelder.

Albrecht Dieterich

Siegfried Sudhaus

zugeeignet

zur Erinnerung an die Bonner Studienzeit.

Vorwort.

Nicht nur in Bibliotheken, in Gräbern und auf Steinen macht die Philologie neue Funde, auch die Quellenuntersuchungen, wenn sie auch oft in Willkür auszuarten drohen, vermögen Resultate zu gewinnen, die sich an Wert mit neuen Funden vergleichen lassen. Wenn wir in den dorischen $\Delta\iota\alpha\lambda\acute{\epsilon}\xi\epsilon\iota\varsigma$, in einer Schrift des hippokratischen Korpus, in Excerpten bei Jamblich verschiedene Vertreter der sophistischen Litteratur kennen gelernt haben, wenn Müllenhoff als Quelle von Avienus' Ora maritima einen alten Periplus erwies, wenn Bernays grofse Stücke des Porphyrios auf Theophrast $\Pi\epsilon\rho\grave{\iota}$ $\epsilon\mathring{v}\sigma\epsilon\beta\epsilon\acute{\iota}\alpha\varsigma$ zurückführte und derselbe uns das pseudophokylideische Gedicht als Tendenzprodukt jüdischer Propaganda kennen lehrte, wenn Diels in den Orakelversen bei Phlegon echte, einst auf dem Kapitol bewahrte Sibyllenverse erkannte, wenn Usener eine unechte Schrift des Boethius dem Marius Victorinus als Verfasser zurückgab, wenn Kihn nachwies, dafs die Instituta des Junilius Africanus die Bearbeitung eines älteren Kompendiums der antiochenischen Theologie sind, so kommen diese Erkenntnisse wohl an Wert neuen Funden gleich. Denn diese setzen stets die Gunst äufserer Umstände voraus, sind mitunter (wiewohl nicht so häufig, wie Unkundige meinen) lediglich Sache des Glücks und des Zufalls; jene Erkenntnisse sind, weil durch planmäfsige Forschung gewonnen, das eigenste Verdienst des Philologen. — In der vorliegenden Arbeit[1]), die auf dem bezeichneten Gebiete als bescheidener Versuch auftreten soll, will ich, ein in meinen Neu entdeckten Fragmenten gegebenes Versprechen einlösend, eine wenig beachtete Schrift Philos in den richtigen historischen Zusammenhang rücken und auf ihre Quellen zurückführen. Wenn mir der Nachweis gelungen

---

[1]) Der erste Teil erschien auch als wissenschaftl. Beilage zum Progr. des Köllnischen Gymn. zu Berlin 1892. Nr. 59.

ist, dafs in der Schrift vorzügliche philosophische Quellen (Posidonius, Epikur, Karneades) benutzt sind, so wird sie künftig nicht selten in der Geschichte der nacharistotelischen Philosophie genannt werden. Der Weg zum Ziele war mühevoll. Welche Mühe es oft gekostet, auch nur den Gedanken des für mich durch eine zweifache Übersetzung hindurchgegangenen Textes festzustellen, wird man jetzt, wo der Sinn jedem einleuchtet, kaum ahnen, vielleicht an dem Ballast der Anmerkungen übel empfinden. Dieser mifsfällt mir selbst, schien aber unvermeidlich. Mit Absicht habe ich z. B. S. 19 ff. 52 ff. die weite Verbreitung der Gedanken der stoischen Ethik verfolgt. Denn nur wer sie überschaut, wird vor voreiligen Schlüssen über den Zusammenhang der Quellen bewahrt bleiben, wird den Wert dieser Ideen für ihre Zeit ermessen und begreifen können, dafs die Grundgedanken der stoischen Moral wie die der neuplatonischen Mystik von der christlichen Kirche übernommen und als unveräufserliches Erbe des Hellenismus bis auf die Gegenwart bewahrt werden mufsten, um fort und fort die Massen zu ergreifen und zu erheben. Oder war es Befangenheit des Philologen, wenn ich zu Rom in S. Maria in Aracoeli und in S. Carlo al Corso manches Mal die wohlbekannten Töne der stoischkynischen Diatribe von der christlichen Kanzel herab zu vernehmen meinte? Ich glaube es nicht, habe vielmehr allen Grund zu der Annahme, dafs eine wirkliche Geschichte der christlichen Ethik, wie wir sie noch nicht besitzen, die fortlaufende Entwickelung auf diesem Gebiete im einzelnen wird nachweisen können. Auch der Beweis der Echtheit unserer Schrift mufste ausführlich erbracht werden. Und wenn derselbe mit einer Gewifsheit, wie sie überhaupt in solchen Fragen irgend möglich ist, geführt werden konnte, so ergeben sich daraus die wichtigsten Konsequenzen für die Beurteilung Philos und seines Schrifttums. Denn wer zugiebt, dafs unsere Schrift mit mehreren andern (S. 2), die denselben, von dem sonstigen Schrifttum Philos wesentlich abweichenden Standpunkt vertreten, steht und fällt, und meine Gründe für die Echtheit von De prov. anerkennen mufs, wird auch diese andern Schriften nicht anzweifeln dürfen. Die Echtheit der Schrift Περὶ βίου θεωρητικοῦ werde ich in einer zum gröfseren Teile druckfertigen Arbeit zu erweisen suchen, in der ich die Hypothese von Lucius zu widerlegen hoffe, aber auch von der vor Lucius herrschenden Auffassung der Therapeuten völlig abweiche.

Die Schriften Philos zitiere ich mit den üblichen lateinischen Titeln (D. V. C. = De vita contemplativa) und mit Angabe der Kapitel und der Seiten der Ausgabe Mangeys. Die beiden Bände Mangeys glaubte ich nicht unterscheiden zu brauchen. Die Teile der Schrift De spec. leg. habe ich nicht unterschieden, da sie sich aus der Seitenzahl leicht ergeben. Die Schriften De post. Caini und einen Teil von De spec. leg., De opificio mundi, Περὶ ἀφθ. habe ich meist nach Seiten und Zeilen der Ausgaben von Tischendorf (Philonea Leipzig 1868), Cohn, Cumont, Marc Aurel nach den Seiten und Zeilen der Teubnerschen Textausgabe zitiert.

Zum Schluſs sei mein Dank ausgesprochen meinem Freunde L. Cohn für die Hilfe bei Durchsicht der Korrekturbogen und Herrn Conybeare in Oxford, ohne dessen Hilfe ich mich nicht an die Arbeit gewagt hätte. Auch an Stellen, wo sein Name nicht genannt ist, ist meine Auffassung des Textes durch seinen mir stets bereitwillig gewährten Rat bestimmt worden.

Berlin, im Juni 1892.   P. Wendland.

Inhalt.

	Seite
Vorwort	V
Kap. I Quellen des ersten Buches	1
Kap. II Charakteristik und Echtheit des ersten Buches	38
Kap. III Quellen des zweiten Buches	47
Kap. IV Charakteristik und Echtheit des zweiten Buches	83
1. Resultate der Quellenuntersuchung	83
2. Echtheit des zweiten Buches	84
3. Parallelen	89
4. Textkritische Bemerkungen	94
5. Sprachlicher Index	100
6. Sprachliches	113
Sachregister	118
Nachträge	120

Kapitel I.

Quellen des ersten Buches.

Das Judentum, das in Palästina Kraft genug besafs, fremdartige Einflüsse zu überwinden und in schroffer Abgeschlossenheit zu beharren, konnte in Alexandria dem übermächtigen Geiste griechischer Kultur sich nicht verschliefsen. Auf demselben Boden, wo die verschiedensten Religionen und Philosophieen zu einem seltsamen Synkretismus zusammenflossen, wo neue Formen des Glaubens und Aberglaubens, neue Kultgemeinden und Konventikel, abenteuerliche Mythologieen und Kosmogonieen sich erzeugten, ist, vielleicht als edelster Trieb jenes erst neuerdings in seiner vollen Bedeutung erkannten religiösen Gährungsprozesses, auch die jüdische Religionsphilosophie erwachsen.

Die Frage, wie sich das Judentum zur griechischen Kultur und vor allem zur Philosophie, die den besten Geistern beim Zusammensturz der Religionen die Religion zu ersetzen begann, zu verhalten habe, war hier eine unabweisbare, sie war nicht nur von religiöser, sondern auch von sozialer Bedeutung. Und wie sie die Geister in Bewegung setzte, wie sie das Judentum in verschiedene Richtungen spaltete, läfst sich noch aus manchen Andeutungen erschliefsen. Manch einer kostete nicht ungestraft die fremde Weisheit, gab sich dem Zauber des griechischen Geistes widerstandslos gefangen und wurde zum Apostaten der väterlichen Religion, zu einem Vertreter des „denationalisierten Judentums". Auch seine eigenen Landsleute konnte der Dichter unter der Maske des Phokylides ermahnen: *μηδ᾽ ὡς πετροφυὴς πολύπους κατὰ χῶρον ἀμείβου.*

Starke, in der väterlichen Religion fest wurzelnde Geister sahen in den griechischen Einflüssen nur eine Gefahr für das eigentümliche

Wesen ihres Volkes und riefen eine Reaktion hervor, der die Zukunft des Judentums gehörte und die es erklärt, dafs die hellenistische Periode — von einigen polemischen Beziehungen abgesehen — nur wenige Spuren im späteren jüdischen Schrifttum hinterlassen hat. Wer aber einerseits den Wert der griechischen Kultur und Philosophie zu schätzen und zu empfinden vermocht hatte, andererseits auf das jüdische Nationalbewufstsein und den Glauben an die geoffenbarte Religion nicht verzichten konnte und wollte, dem mufste sich das Bedürfnis eines Ausgleiches aufdrängen, wie ihn vorher ganz ähnlich die stoische Religionsphilosophie zwischen dem Volksglauben und dem Fortschritt des Denkens versucht hatte und wie ihn später die christliche Lehr- und Dogmenentwickelung in Jahrhunderte langer Arbeit vollzieht. In Philos Denkweise waren die Voraussetzungen zu einem solchen Kompromifs gegeben. Durch Geburt und Erziehung im Judentum wurzelnd, ja einer der angesehensten Familien der alexandrinischen Judenschaft angehörig, mufs er die philosophischen Anschauungen seiner Zeit in jüngeren Jahren gründlich kennen gelernt, ja ihnen zeitweise einen Einflufs auf sein Denken eingeräumt haben, der das jüdische Bewufstsein in ihm zurücktreten und das Bedürfnis einer Ausgleichung mit den grundverschiedenen jüdischen Anschauungen erst sehr allmählich aufkommen liefs. Dafs er eine solche, man könnte fast sagen griechische Periode in seiner Entwickelung durchgemacht hat, in der das $\mu\acute{o}\nu\eta\ \gamma\grave{\alpha}\rho\ \acute{\eta}\ `E\lambda\lambda\grave{\alpha}\varsigma\ \mathring{\alpha}\lambda\eta\vartheta\tilde{\omega}\varsigma\ \mathring{\alpha}\nu\vartheta\rho\omega\pi o\gamma o\nu\epsilon\tilde{\iota},\ \varphi\nu\tau\grave{o}\nu\ o\mathring{\nu}\rho\acute{\alpha}\nu\iota o\nu\ \varkappa\alpha\grave{\iota}\ \beta\lambda\acute{\alpha}\sigma\tau\eta\mu\alpha\ \vartheta\epsilon\tilde{\iota}o\nu,\ \mathring{\eta}\varkappa\rho\iota\beta\omega\mu\acute{\epsilon}\nu o\nu\ \lambda o\gamma\iota\sigma\mu\grave{o}\nu\ \mathring{\alpha}\pi o\tau\acute{\iota}\varkappa\tau o\nu\sigma\alpha\ o\mathring{\iota}\varkappa\epsilon\iota o\acute{\nu}\mu\epsilon\nu o\nu\ \mathring{\epsilon}\pi\iota\sigma\tau\acute{\eta}\mu\eta$ keine Phrase war, sondern voll und ganz von ihm empfunden wurde, müfste man voraussetzen, um die Genesis seines späteren Systems psychologisch zu erklären, wird aber auch bewiesen durch eine Reihe von Schriften, die man wahrscheinlich in diese Periode setzen mufs. Ich meine die Schriften $\Pi\epsilon\rho\grave{\iota}\ \mathring{\alpha}\varphi\vartheta\alpha\rho\sigma\acute{\iota}\alpha\varsigma\ \varkappa\acute{o}\sigma\mu o\nu$, $\Pi\epsilon\rho\grave{\iota}\ \tau o\tilde{\nu}\ \pi\acute{\alpha}\nu\tau\alpha\ \sigma\pi o\nu\delta\alpha\tilde{\iota}o\nu\ \epsilon\tilde{\iota}\nu\alpha\iota\ \mathring{\epsilon}\lambda\epsilon\acute{\nu}\vartheta\epsilon\rho o\nu$, $\Pi\epsilon\rho\grave{\iota}\ \pi\rho o\nu o\acute{\iota}\alpha\varsigma$, $\mathring{A}\lambda\acute{\epsilon}\xi\alpha\nu\delta\rho o\varsigma\ \mathring{\eta}\ \pi\epsilon\rho\grave{\iota}\ \tau o\tilde{\nu}\ \lambda\acute{o}\gamma o\nu\ \mathring{\epsilon}\chi\epsilon\iota\nu\ \tau\grave{\alpha}\ \mathring{\alpha}\lambda o\gamma\alpha\ \zeta\tilde{\omega}\alpha$. Ihnen allen ist gemeinsam ein besonders enger Anschlufs an die griechische Philosophie, auch in Ansichten, die dem jüdischen Bewufstsein, zum Teil auch dem späteren Standpunkte Philos widerstreiten, ein fast völliges Zurücktreten der biblischen Lehren. Sie alle erscheinen uns zum grofsen Teil als ziemlich rohe, oft mechanisch aneinander geschobene Massen von Exzerpten, welche — auch die beiden letztgenannten Schriften trotz ihrer dialogischen Einkleidung — die Hand des den Stoff kunstvoll gruppierenden und von einer einheitlichen Gesamtanschauung aus beherrschenden Künstlers vielfach vermissen lassen; sie erscheinen als flüchtig hingeworfene Jugend- oder Übungsarbeiten. Aber vielleicht sind diese Schriften gerade aus dem Grunde, weshalb sie schriftstellerisch an Wert hinter den späteren Werken zurückstehen, für den Forscher von besonderer Bedeutung. Sie gewähren einen Einblick in eine seinen späteren Standpunkt erklärende Epoche der Entwickelung Philos, sie lassen philosophische Anschauungen, die später nur als Einschlag in eine mystisch-theosophische Weltanschauung erscheinen, noch klarer und reiner, noch in ihrem ursprünglichen Zusammenhange erscheinen. Sie sind mehr als die späteren Schriften wertvolle, wenn auch bis jetzt über Gebühr vernachlässigte Quellen für die Geschichte der Philosophie.

In besonderem Mafse gilt dies von der Schrift Περὶ προνοίας. Leider ist dieselbe nur in armenischer Übersetzung erhalten, abgesehen von einigen gröfseren Stücken, die Eusebius in der Praep. ev. im Originale mitteilt. Es könnte als sehr gewagt erscheinen, dafs ich, selbst des Armenischen unkundig, auf die lateinische Übersetzung Auchers[1]) eine Quellenanalyse der Schrift gründe. Aber einmal hat Aucher in Anbetracht der grofsen Schwierigkeiten, die der armenische Text besonders im 1. Buche bietet, im ganzen gut übersetzt[2]), und ferner ermöglicht in sehr vielen Fällen, wo seine Übersetzung unklar oder unrichtig ist, oder wo er selbst den armenischen Text nicht verstanden zu haben bekennt, die Vergleichung mit philonischen Parallelen und philosophischen Quellen die Feststellung des ursprünglichen Sinnes. An vielen Stellen, an denen ich mich der liebenswürdigen Unterstützung des Herrn F. C. Conybeare erfreute, liegt die Schwierigkeit bereits im armenischen Texte, über den man zum Originale hinauszugehen suchen mufs. Für das erste Buch kommt noch die weitere Schwierigkeit hinzu, dafs dieses, wie Diels (Doxographi 1 ff.) gezeigt hat, schon bevor es ins Armenische übersetzt wurde, überarbeitet worden ist. Aber wenn auch eine plumpe Hand die dialogische Einkleidung des Buches zerstört und auch die Gedanken mitunter aus dem ursprünglichen Zusammenhang herausgerissen hat, so haben wir hier doch, wie die folgende Untersuchung zeigen soll,

---

[1]) Venedig, 1822. Ein Abdruck der Übersetzung Auchers findet sich im 8. Bande der Ausgabe Philos von Richter.

[2]) Dies Urteil, das sich mir aus der Übereinstimmung der Übersetzung mit den Aucher unbekannten griechischen Parallelen ergab, wurde mir durch de Lagarde bestätigt.

1*

wenn wir von zwei gröfseren Interpolationen absehen, durchaus echt philonische und aus vorzüglichen Quellen geschöpfte Gedanken vor uns.[1]

I. Philo schickt einige Bemerkungen über die Methode der Untersuchung (§ 1) und einige dialektische Argumente für die Vorsehung voraus.[2]) Eine Berufung auf das Zeugnis der Sinne, durch die das Wesen der Welt besser erschlossen werde als durch Büchergelehrsamkeit (§ 5), leitet dann die Behandlung der Frage der Weltentstehung ein:

1. Zuerst wird die Ansicht, dafs die Welt keinen zeitlichen Ursprung habe, sondern von Ewigkeit her bestehe und unvergänglich sei, abgewiesen. Als absurd und blasphemisch wird der im wesentlichen aristotelische Grund, auf den die Vertreter dieser Ansicht sich berufen, bezeichnet: Es ist unziemlich, Gott ohne Thätigkeit sich vorzustellen; damit giebt man ihm Trägheit schuld[3]).

---

[1]) Die folgende Analyse dürfte wohl zur Genüge die mit Unrecht bestrittene Echtheit des ersten Buches mit dieser Einschränkung beweisen. Genauer werde ich auf diese Frage im zweiten Kapitel meiner Arbeit eingehen.

[2]) Die Grundgedanken dieses besonders schwierigen Teiles möchte ich auf Grund der Übersetzung Conybeares, die ich im zweiten Kapitel mitteilen werde, so formulieren:

Wer die Vorsehung anklagt, thut dies mit oder ohne Vernunft. Im letzteren Fall hätte er selbst offenbar keinen Teil an der $\pi\rho\acute{o}\nu o\iota\alpha$ (stoische Voraussetzung vom menschlichen $\nu o\tilde{\nu}\varsigma$ als Absenker des göttlichen), hätte also auch kein Recht, jene anzuklagen, bevor er nicht ihr Wesen kennen lernt. Nur auf solcher Kenntnis könnte eine wohl gegründete Anklage beruhen. Gerade ein solcher guter Ankläger aber würde durch seine der $\dot{\alpha}\pi\rho o\nu o\eta\sigma\acute{\iota}\alpha$ entgegengesetzte $\pi\rho\acute{o}\nu o\iota\alpha$ (= $\nu o\tilde{\nu}\varsigma$), auf die seine Anklage sich gründet, auch Zeugnis ablegen für die allgemeine $\pi\rho\acute{o}\nu o\iota\alpha$ nach dem (unten zu behandelnden zenonischen) Syllogismus vom Teile des Kosmos auf den Kosmos selbst. Die Form der Schlüsse spricht für stoischen Ursprung, der für den letzten ausdrücklich bezeugt ist, auch durch den Vergleich mit § 50 (s. unten) wahrscheinlich wird. — Das dialektische Verfahren ist dem weit verbreiteten Syllogismus aus dem aristotelischen $\Pi\rho o\tau\rho\epsilon\pi\tau\iota\varkappa\acute{o}\varsigma$ Fr. 51 (Diels im Arch. f. Gesch. d. Phil. I, 487) nachgebildet und berührt sich besonders mit der von Diels bei Clemens nachgewiesenen Fassung.

[3]) Vergl. Bernays, Abh. d. Akad. d. Wiss. zu Berlin 1882, S. 41, den Epikureer bei Cic. De nat. deor. II, 20 sciscitor, cur mundi aedificatores repente exstiterint, innumerabilia saecula dormierint 22 laboremne fugiebat? Lucret. V 173. Denselben Grund richtet der peripatetisch beeinflufste Stoiker Boethos $\Pi\epsilon\rho\grave{\iota}\ \dot{\alpha}\varphi\vartheta$. S. 27, 3 gegen das stoische Schulddogma von der Vergänglichkeit der Welt: πάντων δ'ἀναιρεθέντων ὑπ' ἀργίας καὶ ἀπραξίας δεινῆς ἀβιώτῳ βίῳ χρήσεται· οὗ τί γένοιτ'ἂν ἀτοπώτερον; ὀκνῶ λέγειν, ὃ μηδὲ θέμις ὑπονοεῖν, ὅτι ἀκολουθήσει θεῷ θάνατος, εἴ γε καὶ ἠρεμία. Man vergleiche De prov. sine operatione ... otii atque inertiae. De Cherub. 26 De opif. S. 2, 13 Cohn De somn. II, 43 S. 696.

2. Es bleibt den Gegnern die Ausflucht, eine zwar präexistente, aber gestaltlose Materie anzunehmen, die dann von Gott geformt sei. Aber so würde die Materie ein Prinzip neben Gott sein. Die Thätigkeit Gottes ist mit seiner Intelligenz untrennbar verbunden. Er wirkt ewig, indem er denkt, und ruft dadurch das Sinnliche ins Dasein. (Eine einmalige Einwirkung Gottes auf die Materie nach vorherigem passiven Verhalten zur Materie ist also undenkbar)[1].

Das ἄτοπος wird dem Boethos hier zurückgegeben *(absurditatem)*. Auch die Schrift Περὶ ἀφθ. stellt die peripatetische Ansicht an die Spitze. Polemische Beziehungen auf diese Ansicht finden sich auch De opif. S. 66, 19 Cohn De decal. 10 S. 190 De plant. 12 S. 337 De prof. 2 S. 547. Das Problem, ob die Welt ungeworden oder geworden, ob vergänglich oder unvergänglich, wird berührt Quis rer. div. her. 50 S. 508 De ebr. 48 S. 387 De Abr. 31 S. 24. Dafs Philo auch in der Schrift Περὶ ἀφθ. keineswegs sich zur Anfangslosigkeit der Welt deutlich bekennt, glaube ich in der Berl. philolog. Woch. 1891 S. 1030. 1031 gezeigt zu haben. — Die Worte § 6 Ende: *absque initio, aiunt, condidit deus universa* würden, wenn sie echt und richtig übersetzt sind, eine völlige Verkennung des peripatetischen Standpunktes verraten.

[1]) Es ist unleugbar, dafs Philo hier die später bei ihm vorherrschende Ansicht von der Weltbildung bekämpft. Die Annahme einer wirklichen Weltschöpfung wird ja auch darauf (No. 3) von ihm bewiesen. Gegen eine Verdächtigung der Echtheit unserer Stelle könnte ich mich auf philonische Äufserungen berufen, die man allgemein nach Mafsgabe jener vorherrschenden Anschauungen im Sinne einer Weltbildung umzudeuten pflegt (zuletzt Drummond I, 301 ff.) und die man vielleicht besser als versteinerte Reste einer älteren Entwickelungsperiode auffassen würde. Beweiskräftiger ist die Beobachtung des durchaus philonischen Sprachcharakters des Abschnittes: *materiam ornatu ac forma et figura carentem qualitate ac forma ab eo donatam fuisse*... bald darauf nach Conybeare ἀτάκτου καὶ ἀκόσμου καὶ συγκεχυμένης ὕλης. § 8 *substantiam ornatu carentem omnique ordine destitutam*. Philo braucht ὕλη und οὐσία wie die Stoa als Synonyma (Zeller III 2, 387). Attribute der Materie: ἄμορφος, ἀνείδεος, ἀσχημάτιστος, ἀνάρμοστος, ἄτακτος (die Belege bei Zeller 387, Drummond I, 289). De opif. 6 τροπὴν δὲ καὶ μεταβολὴν ἐδέχετο τὴν εἰς ... τάξιν, ποιότητα κτλ. De prof. 2 S. 547 Quaest. in Gen. I 55 De deo 3. 6 Kleanthes Hymnus Vers 19 καὶ κοσμεῖν τἄκοσμα ‖ *quae antea sine ordine ac lege atque errabunde moveri solita erat materia*, De plant. 1 S. 329 ἄτακτον καὶ συγκεχυμένην οὖσαν ἐξ ἑαυτῆς De sacrif. 13 S. 261 πεφυρμένης ὕλης ... ἡ δὲ πολλὴν ἀταξίαν εἰσηγεῖται καὶ σύγχυσιν De opif. Kap. 9. 6. Quis rer. div. her. 32 S. 495 πλημμελῆ ... ἀνώμαλον ‖ *deus enim non prius intellegere coepit quam agere, nec umquam fuit, quando non ageret ... itaque semper intellegendo facit*, De opif. 3 ἅμα γὰρ πάντα δρᾶν εἰκὸς θεὸν οὐ προστάττοντα μόνον, ἀλλὰ καὶ διανοούμενον De sacr. Ab. et Caini 18 S. 175 ὁ γὰρ θεὸς λέγων ἅμα ἐποίει De decal. 11 S. 188 V. Mos. I 51 S. 125 Leg. all I 3 S. 44 παύεται γὰρ οὐδέποτε ποιῶν ὁ θεὸς κτλ. 7 S. 47. De Gig. 10 S. 268 ποιῶν ἀεί. Wenn Philo hier eine beständige Schöpferkraft Gottes,

3. Nach der Zurückweisung der gegnerischen Ansichten führt Philo folgende Gründe für die übrig bleibende Annahme einer Weltschöpfung an:

a) Die zeitliche Entstehung der integrierenden Teile der Welt beweist auch die der Welt und die Existenz eines Schöpfers (§ 12), wie der Untergang der Teile der Welt die Vergänglichkeit der Welt (§ 9). Die Entstehung der Teile der Welt wird an einem Beispiele, am Menschen nachgewiesen, indem aus der zeitlichen Entstehung des Individuums auf die der Gattung geschlossen wird (§ 10—12).[1]

b) Nur die Kehrseite des voraufgehenden Schlusses ist die Folgerung vom Untergange des Teiles auf den des Ganzen (§ 13 ff.). Der

---

eine fortgesetzte Hervorbringung des Sinnlichen annimmt, so widerspricht dies scheinbar der im Folgenden begründeten Ansicht einer einmaligen Weltschöpfung. Erst seit der Schöpfung der Materie konnte doch das Wort gelten: *semper sensibilibus principium existendi praebet etc.* Sollte Philo in dieser Periode zur stoischen Annahme eines Wechsels von Weltentstehung und Untergang neigen (S. 13 Anm. 6)? Über Cumonts Deutung unserer Stelle siehe meine Bemerkung a. O. 1031.

[1] Auch Περὶ ἀφθ. Kap. 24 S. 39 wird von der Entstehung des Menschengeschlechts auf die der Welt geschlossen. Jene wird aber anders als hier durch die Jugend der Künste erwiesen (dagegen wird die peripatetische Lehre Vita Mos. III 36 S. 175 vorausgesetzt). Gerade in dieser Ausführung möchte ich eine altstoische Lehre erkennen, die wir aus der peripatetischen Theorie fast mit Notwendigkeit herauswachsen sehen. Indem Zeno die peripatetischen nur einzelne Teile der Erde treffenden Verheerungen auf die ganze Welt und das gesamte Menschengeschlecht ausdehnte, ließ er auf den Weltbrand eine neue Weltbildung und Urzeugung des Menschen folgen, nicht nur, wie Aristoteles, eine neue Kulturentwickelung. Er bekämpfte dann den Aristoteles mit seinen eigenen Waffen, indem er aus dem in eine junge Epoche fallenden Aufkommen der Künste die zeitliche Entstehung des Menschengeschlechts folgerte. Man mag diese Erwägung oberflächlich finden (v. Arnim, Quellenstudien zu Philo S. 45); sie kann trotzdem bereits von Zeno herrühren. Macrobius, In somn. Scip. II 10, 6 ff. geht in letzter Linie mit Philo auf dieselbe Quelle zurück. Denn auch die peripatetische Widerlegung (Philo S. 43, 6 ff. — Macr. a. O. § 9) stimmt im wesentlichen, wenn auch bei Macr. Stoisches eingestreut ist. Von der chronologischen Liste der Erfindungen, die eine Lücke im philonischen Text uns geraubt, hat auch Macr. nur einen dürftigen Rest, den er mit eigener Zuthat ausschmückt. S. auch Lucret. V 332 ff. — Der Gedanke zu Anfang von De prov. § 10, daß es nichts Seiendes außerhalb des Kosmos gebe, findet sich in fast wörtlicher Übereinstimmung περὶ ἀφθ. S. 7, 17. 23, 20. 25, 12. 32, 19. 34, 18, Cic. De nat. deor. II 35 wieder (Bernays a. O. S. 36). — Unser Argument wird § 88 wiederholt; danach dürfte auch § 9 statt *etenim* „wie auch" vorausgesetzt werden, während v. Arnim S. 45 hier die Disposition des Folgenden findet.

Untergang auch nur des kleinsten integrierenden Teiles eines Körpers deutet auf den Untergang des Ganzen. Nun sind aber alle Dinge in der Welt dem beständigen Wechsel des Entstehens und Vergehens unterworfen, sie sind im Flusse (§ 13. 14. 16)[1]). Was von den Einzeldingen gilt, gilt auch von den Elementen. Sie entstehen und vergehen, wie sie auch mannigfaltigen Wandelungen unterliegen[2]). Die Erde verliert ihre Fruchtbarkeit durch übermäfsige Hitze oder Überschwemmung (§ 15)[3]). Sie kann deshalb auch nicht unsterblich sein. Auch die Luft erfährt mannigfache Änderungen. Sie wird verdorben und dadurch Ursache der menschlichen Krankheiten, und sie wird wieder gesund. Wie kann sie, da sie solchen Veränderungen zum Schlechteren ausgesetzt ist, unsterblich sein? In einem unsterblichen Elemente könnten die Menschen, die durch die Luft ernährt werden, nicht sterben[4]). Was aber für die Erde und Luft gilt, das gilt auch für alle Teile der Welt, dafs sie nämlich dem Untergange unterworfen sind (§ 18. 19).

---

[1]) Es liegt zu Grunde die heraklitisch-stoische Anschauung vom ewigen Flufs und vom Wechsel der Dinge; vgl. De ebr. 49. De Jos. 22 ff. De somn. II 36. 39 τῶν σωματικῶν ἅπερ ἐν ῥύσει καὶ φθορᾷ φθειρομένῃ καὶ φθειρούσῃ (= De prov. I 16 corpora sub fluxu atque corruptione esse). De conf. lingu. 22 S. 420 τὸ ἐν συνεχεῖ ῥύσει γεῶδες αἰσθητόν. Quaest. in Exod. II 55 De post. Caini S. 135, 14 De somn. I 23 S. 643. 42 S. 657 Leg. all. I 3. II 9 De mon. I 2 τροπὰς καὶ μεταβολὰς παντοίας ἐκδεχόμενα (§ 15 subiecta mutationi, variationi et conversionibus)... ἤδη γάρ τινες καὶ τὰ ἄλλα πάντα ζῷα καὶ φυτά, ὧν γένεσίς ἐστι καὶ φθορά, συνεχῶς μὲν καὶ ἀπαύστως φασὶ ῥεῖσθαι. De Cherub. 6 τὸ μὲν θεῖον ἄτρεπτον, τὸ δὲ γενόμενον φύσει μεταβλητόν (= De prov. I 16 Ende) Q. o. pr. l. 4 S. 449. Grossmann Quaest. Philon. I 1 S. 18.

[2]) Über die Wandlungen der Elemente De prov. II 100 (= Eus. VIII 14 45), Περὶ ἀφθ. S. 33, 10. V. Mos. III 18 S. 158 Quaest. in Exod. II 118. 81. 88. De prov. I 15 „et tamen...“ übersetzt Conybeare ἑκάτερον αὐτῶν γενέσεως καὶ φθορᾶς ἔχειν πέρας.

[3]) De Abr. 1 ἢ τὰς μεγίστας τῶν ἐπὶ γῆς φθορὰς διὰ πυρὸς καὶ ὕδατος, meine „Neuentdeckten Fragmente" S. 10, 17. De caritate 9 S. 391 ὡς μήτε θέρος περιφλέγοι μήτε κρύος περιψύχοι Quaest. in Gen. I 14 II 63. Hier ist natürlich noch nicht die ἐκπύρωσις (und ἐξυδάτωσις) gemeint, da es sich zunächst nur um vorübergehende Wandlungen der Erde handelt, aus denen die gänzliche φθορά erschlossen wird; vgl. Ocellus Lucanus De univ. nat. III, § 4.

[4]) De somn. I 3, S. 623 ἀὴρ... ὄργανον ὢν ζωῆς... τροπάς τε καὶ μεταβολὰς παντοίας τρεπόμενος καὶ μεταβαλλόμενος De Cherub. 26 S. 155, De Gig. 2 S. 263, Q. o. pr. l. 12 S. 457, Leg. ad Gai. 18 S. 563, Quaest. in Exod. II 55 S. 63 Harris, Π. ἀφθ. S. 37, 17, v. Arnim S. 46. 47, De Prov. II 24 (= Eus. VIII 14, 23). Über die (stoische) Lehre von der Ernährung des Menschen durch

c) In einem Korollarium (§ 20. 21) beruft sich Philo auf Plato als Zeugen für die Schöpfung und Vergänglichkeit der Welt, indem er dessen Äufserungen anführt, dafs die Zeit zugleich mit dem Himmel erschaffen sei (Timaeus S. 38 B)[1]), dafs die sinnliche Welt ein Abbild der geistigen und wegen ihrer sinnlichen Natur erschaffen sein müsse[2]) (Tim. S. 28 B. 92 B. 29 B.). Es folgt dann eine stoische, hier fälschlich dem Plato zugeschriebene Definition des Kosmos[3]), worauf Moses als Vorgänger der platonischen Ansicht von der dem Kosmos voraufgehenden, gestaltlosen Materie genannt wird[4]). Für die Weltschöpfung, fährt Philo § 23 fort, hat man vier schöne Gründe angenommen: Gott als den Urheber ($τὸ\ ὑφ'\ οὗ$), den Stoff ($τὸ\ ἐξ$

---

die Luft vgl. De prov. II 67 und meine Bemerkung dazu. — Zu § 19 *delirum insanumque mihi videtur putare vitam immortalem in mortali inveniri posse* vgl. Leg. ad Gaium 16 S. 562, *II. ἀφθ*. S. 15, 1, Plut. Mor. S. 1075. — Dieser Schlufs von der Vergänglichkeit der Teile auf die der Welt wird als stoisch bezeugt von Laert. Diog. VII 141. Auf Grund der auf unsere Stelle sich zurückbeziehenden Interpolation § 22 glaubte man ihn früher Zeno zuschreiben zu dürfen. Dies äufsere Zeugnis ist durch Diels beseitigt. Aber aus einem innern Grunde, nämlich der Übereinstimmung der Schlufsform mit dem bald zu behandelnden Zeno-Fragment bei Cic. de nat. deor. II 22 bleibt der zenonische Ursprung sehr wahrscheinlich. — Die Beziehungen unserer Schrift auf *II. ἀφθ*. erklären sich am einfachsten durch die Annahme, dafs Philo die im verlorenen zweiten Teile der Schrift *II. ἀφθ*. vorgebrachten Gründe gegen die Weltewigkeit hier zum Teil wiederholt.

[1]) Auf diese Ausführung bezieht sich Philo auch sonst; s. Cumont zu *II. ἀφθ*. S. 16, 22, wo Tim. 37 E (nicht 38 E) zu lesen ist. Die platonische Lehre von der Unvergänglichkeit der Welt wird wohl als der Annahme der Schöpfung widersprechend ignoriert. Quaest. in Gen. I 10: generatio enim, ut sapientum fert sententia, corruptionis est principium.

[2]) Nur für den letzten Punkt verweise ich auf De opif. S. 3, 11 ff., wo ebenfalls Tim. 28 B benutzt ist, Drummond I, 292.

[3]) Vgl. *II. ἀφθ*. S. 2, 12 σύστημα ἐξ οὐρανοῦ καὶ ἄστρων κατὰ περιοχὴν γῆς καὶ τῶν ἐπ' αὐτῆς ζῴων καὶ φυτῶν, Doxogr. S. 464], 18. 465, 14, Posidonius bei Laert. Diog. VII 138,[Arist.] De mundo 391 b 9, Ocellus Lucanus I § 7.

[4]) Wenn hier dem Moses diese Annahme zugeschrieben wird, so mufs doch wohl wegen des Vorhergehenden diese gestaltlose Materie als früher geschaffen gedacht sein. Dieselbe Verbindung von Plato und Moses *II. ἀφθ*. S. 6, 17. Es folgt die von Diels nachgewiesene Interpolation aus Ps. Plut. De plac., die auch dadurch kenntlich ist, dafs Plato so eingeführt wird, als wäre von ihm nicht schon vorher die Rede gewesen. — Ich mache darauf aufmerksam, wie genau die Disposition der nach *II. ἀφθ*. S. 3, 18 ff. 44, 21 für den verlorenen Teil dieser Schrift vorauszusetzenden Disposition entspricht: 1. Abweisung der Weltewigkeit. 2. Beweis der Weltschöpfung. 3. Die hier freilich nicht genau entwickelte platonische Ansicht.

οὗ), den λόγος als Werkzeug (τὸ δι' οὗ), den Grund (τὸ δι' ὅ), dafs nämlich das Werk zeuge von seinem Schöpfer[1]).

II. Nach diesen einleitenden Bemerkungen über die Schöpfung, deren Berechtigung offenbar auf dem philonischen Gedanken beruht, dafs der Schöpfer natürlich für sein Werk sorge (vgl. §. 26. 88), kommt Philo § 24 zu seinem eigentlichen Thema, dem Erweis der Vorsehung, der, wie die Parallelen unter dem Texte beweisen, mit stoischen Argumenten erbracht wird: Die Vorsehung des Schöpfers ergiebt sich daraus, dafs auch einzelne Kreaturen und Teile der Welt Weisheit und Vorsehung besitzen[2]). Der Vater sorgt für die Kinder, der Hirt für das Vieh, der Reitknecht für die Rosse, der Schiffsherr für das Schiff, der Arzt für den Kranken. Selbst die Biene und Ameise zeigt Vorsehung[3]). Daraus wird der als zenonisch bezeugte (Cic. de nat. deor. II 22) Schlufs gezogen, dafs das Ganze, dessen Teile mit Weisheit begabt sind, selbst weise sein mufs[4]). Alle diese Wesen haben eine zeitliche Entstehung und müssen daher die Ursachen ihrer Entstehung in einem andern, in Gott haben, von dem erst die Einzelwesen Vorsehung und Weisheit empfangen haben[5]). Es ist thörichter

---

[1]) Das griechische Original ist zu gewinnen aus De Cherub. 35 S. 162; vgl. meine „Neu entdeckten Fragmente" S. 128, zum einzelnen Drummond I 300. Ein ähnliches Schema wird von Sen. Epist. 65, 8 Plato zugeschrieben; über Aristoteles viererlei Gründe, s. Zeller II 2, 327.

[2]) § 24. Derselbe Beweis § 4. 29 am Schlufs. § 30 (mit besonderer Beziehung auf die richterliche Thätigkeit des Menschen und der Vorsehung). § 31. 32. 49. 50. 51. 67. 68.

[3]) § 25. Vgl. Die Ansichta des Kleanthes (Stein, Psychologie der Stoa I 162). Über die Biene s. Aelian V 13, Sen. Ep. 121, 22, Celsus bei Orig. Contra Cels. IV 85, Philo De anim. 20, über die Ameise auch Cic. De nat. deor. III 21, Plin. H. n. XI 108 ff., Philo a. O. 41 formicam non vides exigui corporis animal et magnorum operum providum? 43 provide sane procurant 22 quid hirundo? nonne providentia quadam praeditum...., was in dem stoischen Vortrage § 77 nur wenig abgeschwächt wird. Das Argument wird De prov. I § 51. 52. 53 wiederholt.

[4]) Nach dem ursprünglichen Sinne der Schlufsfolgerung kann unter dem totum nur der κόσμος verstanden sein, d. h. es liegt zu Grunde die stoische Idee des der Welt immanenten Gottes. In Περὶ ἀφθαρσίας S. 4, 17 Cum. ὁρατὸν θεὸν und 7, 7 sollte man um so weniger einen Beweis der Unechtheit dieser Schrift sehen, als die Worte einem Berichte über peripatetische Ansichten angehören und die philonische Bezeichnung der Gestirne als Götter doch gar nicht fern liegt.

[5]) § 25 Ende, 26: Cic. a. O. II 18 ex ipsa hominum sollertia esse aliquam mentem et eam quidam acriorem et divinam existimare debemus 79, Sext. Emp. IX 95. 77, Laert. Diog. VII 143 (Sen. Ben. IV 6, 3), zum Teil nach Xen. Mem. I 4, S.

Neid, wenn die, die selbst auf πρόνοια Anspruch erheben, sie Gott absprechen wollen. Ein wohlgeordnetes Haus- und Staatswesen nennen wir das Werk der Vorsehung und des Fleifses; dem Weltall wollten wir eine gleiche Fürsorge aberkennen[1])? Ist es nicht Thorheit, die Fürsorge des Menschen für den Körper, das Vieh, die Sklaven, die Kinder anzuerkennen, eine entsprechende Fürsorge des Leiters des Alls zu leugnen? Wie der Geist den Körper beherrscht und dessen Glieder als Werkzeuge in Bewegung setzt, so durchwaltet die Vorsehung mit ihren Kräften das Weltall[2]). Wer hat die Gedanken weiser Vorsorge dem Menschen verliehen? Wenn es keine Vorsehung (im Weltall) giebt, warum handeln nicht auch wir Menschen sorglos, planlos, unbedacht, d. h. ohne Vorsehung (§ 31)? Die menschliche Vorsehung

[1]) § 27. Der Vergleich mit dem Hause findet sich z. B. bei Cic. a. O. II 15. 17 (78). 154 III 18, De leg. I 23, Sen. Ben. VII 1, 7, Sext. IX 122, [Arist.] De mundo 398 a 8, der mit der Stadt Cic. a. O. II 154, Epiktet II 14, 26. 5, 26. 10, 3. 5. 15, 10. III 22, 4. S5. 24, 10. 11. 19. 53. 107, De mundo 400 b 7. 27, Sen. Dial. VIII 4, Marc Aurel S. 19, 13 Stich 28, 6. 32, 4. 33, 9 ff. 76, 14. 58, 17. In der Schrift über die Vorsehung findet sich der Vergleich mit der πόλις auch II 3. 55. 82 (homo civis mundi: De prov. I 40. 70. 90, vgl. V. Mos. I 28 S. 106 De conf. lingu. 22 S. 420 De opif. S. 1, 12). Ganz ähnlich unserer Stelle ist Leg. all. III 32. Die Vergleichung der Welt mit einer Stadt kehrt aber auch wieder De Cherub. 34. 35, De opif. 5. 50, De Abr. 15 S. 12, De Jos. 6 S. 46, De decal. 12 S. 189, De mon. I 1 S. 213. 4 S. 216. 217, De somn. II 37 S. 691, De spec. leg. 34 S. 331, De praem. et poen. 7 S. 414, Quaest. in Exod. II 42. Zum Vergleich der Welt mit einem Hause s. Leg. all. III 32 S. 107, De Cherub. 35 S. 162, auch De post. Caini S. 85 2, De opif. S. 54, 10, De plant. 11 S. 337. — Das Gesetz des κόσμος, der stoische λόγος ὀρϑός, wird aufser an unserer Stelle namentlich De Jos. 6, Quaest. in Exod. II 46, De migr. 23 S. 456, De praem. et poen. 9 S. 417, Q. o. pr. lib. 7 S. 452. 10 S. 455, V. Mos. II 1 S. 135. III 23 S. 163 erwähnt; vgl. Cic. De nat. deor. II 79.

[2]) Das *motus illi in orbem terrarum diffusi* (Conybeare freilich τὰς ἐκ προνοίας ἐπὶ κόσμον κεκηρυγμένας κινήσεις) und § 32 *quae ab initio inest universis, providentiam* (vgl. 67) ist ein Rest des stoischen Pantheismus (s. oben S. 11[4] und die stoischen termini διήκειν διοικεῖν, Zeno Fr. 34 Pearson, Chrysipp bei Cic. a. O. I 39), mit dem sich bei Philo fortwährend die transcendentalen Vorstellungen der Gottheit kreuzen. Dieser Schlufs vom menschlichen Geiste auf den göttlichen ist bekanntlich stoisch (Stein a. O. I 207 ff. Villoison im Anhange zum Cornut S. 399 ff. Die Belege lassen sich noch sehr vermehren). Er wird bei Laert. Diog. VII 138 (Schmekel S. 248) dem Posidonius zugeschrieben (Sen. Clem. I 3, 5 vergleicht das Wirken des Geistes mit dem des Herrschers) und findet sich oft bei Philo: De prov. I 40. 42. 45, De opif. 23, De migr. Abr. 33. 35, De Abr. 16 οὐ γὰρ ἐν σοὶ μὲν ὁ νοῦς ἐστιν ἡγεμὼν ἐπιτεταγμένος, ᾧ καὶ τοῦ σώματος ἅπασα κοινωνία πειϑαρχεῖ καὶ ἑκάστη τῶν αἰσϑήσεων ἕπεται (= De prov. l. 29. 40), ὁ δὲ κόσμος, τὸ κάλλιστον καὶ μέγιστον καὶ τελειότατον ἔργον, οὐ πάντα

aber leugnen, das hiefse die Musik, Philosophie, Nautik[1]), überhaupt alle weisen Entdeckungen aufheben. Die Welt ist ein harmonisches, durch die Sympathie aller ihrer Teile getragenes Ganze[2]). Die mit Weisheit begabten Teile zeugen durch ihre κατορθώματα[3]), die sich nur aus jener Sympathie erklären, für die allgemeine, alles einzelne bewegende Vorsehung. Zeugt nicht auch für sie der Ertrag der Früchte, die wunderbare Ordnung der Sterne, der regelmäfsige Lauf der Sonne und des Mondes, die Verteilung des Meeres und der Berge, kurz die Harmonie aller der einem unwandelbaren Gesetze unterworfenen Wesen[4])?

Wie Gott in der Schöpfung seine Schöpferkraft, so offenbart er in der Vernichtung der Welt seine richterliche Thätigkeit (§ 35, vgl. 55. 89. 90)[5]). Die allgemeine Sittenverderbnis veranlafst ihn, die Welt, die nur die Begierden der verdorbenen Menschheit nährt, in ihren ursprünglichen chaotischen Zustand zurückzuversetzen[6]). Wenn

τὰ ἄλλα συμβέβηκεν εἶναι μέρη, βασιλέως ἀμοιρεῖ τοῦ συνέξοντος καὶ ἐνδίκως ἐπιτροπεύσοντος, De mon. I 1 παγγέλοιον δὲ οἴεσθαι ὅτι νοῦς μὲν ὁ ἐν ἡμῖν βραχύτατος ὢν καὶ ἀόρατος (dies wirft ein Licht auf die schwer verständlichen Worte § 29 invisibile consilium animae, vgl. § 40) ἡγεμὼν τῶν αἰσθητικῶν ὀργάνων (§ 29 instrumenta) ἐστίν, ὁ δὲ τοῦ παντὸς κτλ. Der hier kurz angedeutete Vergleichspunkt, dafs der menschliche wie der göttliche νοῦς unsichtbar ist, obgleich er selbst alles sieht, unbegreiflich, obgleich er alles begreift, ist ausgeführt De opif. Kap. 23, Leg. all. I 29 (III 73), De Abr. a. O., De mut. nom. 2 (Cic. Tusc. I 70).

[1]) Vielleicht korrupt (doch s. Cic. De nat. deor. II 152); zum ganzen vergl. Sext. IX 123 ff; vielleicht ist μαντική zu lesen (Sext. a. O. 132).

[2]) S. Zeller III 1, 169. 170, Drummond I 285 ff.

[3]) Mit diesem stoischen Terminus gebe ich wohl richtig das acta perfecta wieder.

[4]) Es genüge hier, auf Cic. De nat. deor. II 15. 98 ff., den Stoiker bei Lucian Jupp. trag. 38, für das einzelne auf das 2. Buch Philos zu verweisen. In ganz ähnlicher Zusammenfassung begegnet dieser kosmologische Beweis bei Philo De Abr. 30 S. 24. 13 S. 10, V. Mos. I 38 S. 114. 115, De mon. I 4 S. 217, De spec. leg. 34 S. 330. 331, De praem. et poen. 7 S. 414. 415, Quaest. in. Gen. II 34 Harris S. 22, Leg. all. III 32 S. 107. — § 33 Ende: immutabilem prorsus seriem ordinis: Doxogr. S. 324a 1 οἱ Στωικοὶ εἱρμὸν αἰτιῶν (sc. τὴν εἱμαρμένην) τουτέστι τάξιν καὶ ἐπισύνδεσιν ἀπαράβατον, Gercke Chrysippea im Index unter εἱρμός, Sen. Ep. 19, 6, Dial. XII 8, 3, Ben. IV 23, 3, Nat. quaest. II 32, 1. 4, Philo De somn. II 6 S. 664, De mut. nom. 23 S. 598 εἱμαρμένη, ἀκολουθία καὶ ἀναλογία τῶν συμπάντων εἱρμὸν ἔχουσα ἀδιάλυτον, De opif. S. 8, 13; s. auch den Index von Cumont, De Post. Caini S. 90, 5, De conf. lingu. 5 S. 407, De profug. 27 S. 568.

[5]) Über den Gegensatz ἀγαθότης, θεὸς-δύναμις, κύριος s. Dähne I 232.

[6]) Ganz aus dem Spiele lasse ich § 34. Sicher interpoliert sind die

die Menschheit trotz aller erzieherischen Arbeit Gottes an ihr immer tiefer in Gottlosigkeit versinkt und die göttliche Vorsehung leugnet, so stellt Gott seine fürsorgende Thätigkeit ein und überliefert sie dem Untergange.

III. Im Folgenden richtet sich Philo gegen die von den Übeln hergenommenen epikureischen Beweise für die ἀπρονοησία[1]): Die Blitze, sagen die Gegner, treffen ohne Zweck Baum und Stein[2]). Die Regengüsse bleiben bald hinter dem nötigen Mafse zurück, bald brechen

Worte *et pulcherrimus* bis *improbitatem eorum;* denn die Worte *cum caelum et terra transierint* knüpfen an an Ev. Marc. 13, 31 ὁ οὐρανὸς καὶ ἡ γῆ παρελεύσονται (Matth. 24, 35, Luc. 21, 33), die Worte *iudex in retributione iusta mensura rependet iniquis hominibus secundum inprobitatem eorum* wohl an II Cor. 5, 10, Col. 3, 25. Der ganze Abschnitt enthält die dem Philo fremde christliche Idee eines Weltgerichtes zur Ausgleichung der irdischen Ungerechtigkeit (Clem. Rec. X 48). Diese Idee ist auch später bei der Behandlung der Frage des Übels nie verwertet. § 35 schliefst sich sehr passend an 33 an. Vgl. die christliche Interpolation Quaest. in Exod. II 117.

Die Grundgedanken der folgenden Ausführung sind echt wegen ihrer Beziehung zu Seneca und anderen philonischen Schriften: Die sittliche Verderbnis ist auch in Senecas Schilderung Nat. quaest. III 27—30 Ursache des Unterganges. Philo denkt sich wohl den Untergang analog dem durch die Sintflut bewirkten. Denn auch durch diese läfst er die Welt zum Urzustande vor der Schöpfung zurückkehren (Neu entdeckte Fragmente S. 49, Sen. Dial. XI 1, 2); vgl. Sen. a. O. 29, 5 cum partes eius interire debuerint abolerique funditus totae, ut de integro rudes innoxiaeque generentur, 30, 1. Auch Seneca erinnert an die deukalionische Flut. Mit Sen. und unserer Philostelle bieten mancherlei Berührungen die Schilderung der Sintflut Quaest. in Gen. II De Abr. 8 und die des Unterganges von Sodom und Gomorra De Abr. 26. Die Worte Quaest. in Gen. II 100 nescio qua astrorum concordia atque periodo, quibus genus mortale constanter servatur aut dissolvitur, beziehen sich offenbar auf eine Theorie wie die des Berosus bei Sen. a. O. 29, 1 (vgl. Chrysippea Fr. 15 Gercke) und zeigen, dafs Philo einen periodischen Wechsel von Weltentstehung und Untergang annimmt; was ein ganz neues Licht auf Περὶ ἀφθαρσίας und den Inhalt des verlorenen zweiten Teiles dieser Schrift wirft. Wahrscheinlich kannte Philo den von Seneca benutzten Posidonius. Auf eine ἐκπύρωσις deutet De prov. I 55, von abwechselnden ἐκπυρώσεις und ἐξυδατώσεις ist V. Mos. III 36 S. 175 (Josephus Ant. I § 70. 71), von der ἐκπύρωσις De victimis 6 S. 242 die Rede. Als Zweck der Sintflut wird auch Quod det. pot. ins. 46 S. 223 die κάθαρσις angegeben. Auch Orig. C. Cels. IV 64. 69 läfst die Welt durch κατακλυσμοί und ἐκπυρώσεις gereinigt werden.

[1]) = improvidentia. In der ursprünglichen Gestalt der Schrift waren diese Einwände jedenfalls Alexander in den Mund gelegt. Aus dessen Vortrage ist § 37 ein dürftiger Auszug.

[2]) Dies Moment fehlt hier, ist aber mit Usener, Epicurea S. 355, 22 aus der Widerlegung § 38 hierhin gerückt.

sie mit Gewalt über die leblose Materie herein. Der Hagelschlag zerstört die grünenden Saaten. Dieselbe Plage, Krieg, Pestilenz, Hungersnot rafft ohne Unterschied Gute und Schlechte dahin. Die Guten sind von Armut bedrückt, die Schlechten leben in Glück und Überflufs. — Dafs es epikureische Argumente sind, die hier berichtet werden, beweist schon der Umstand, dafs Philo in der Entgegnung Epikur anredet (§ 50). Indem die epikureische Naturerklärung die Erscheinungen rein mechanisch durch Zusammenstofs der Atome erklärte, liefs sie die Götter ganz aus dem Spiele und lehnte die stoische Teleologie ab[1]). Das erste Argument der philonischen Leugner der Vorschung begegnet uns denn auch bei Lucian Jupp. confut. 15 τί δήποτε τοὺς ἱεροσύλους καὶ λῃστὰς ἀφέντες καὶ τοσούτους ὑβριστὰς καὶ βιαίους καὶ ἐπιόρκους δρῦν τινα πολλάκις κεραυνοῦτε ἢ λίθον . . . (Sen. Nat. quaest. II 42, 1. 51 Lucret. VI 396); dafs sich die Gegner der Stoa auf die Vernichtung der Saaten durch Unwetter beriefen, geht aus Sen. Ben. II 28, 3, Cic. De nat. deor. II 167 hervor. Und auch Epikur weist bei Lactantius (S. 249, 3 ff. Usener) darauf hin sine dilectu morum, sine ordine ac discrimine annorum saevire mortem . . . in bellis potius meliores vinci et perire. Das vom unschuldigen Leiden der Guten und dem unverdienten Glück der Bösen hergeleitete epikureische Argument wird uns im zweiten Buche in ausführlicherer Darlegung begegnen.

Der epikureische Angriff wird mit stoischen Waffen abgewiesen (§ 38 ff.): 1. Die strafende Vorsehung richtet sich zunächst gegen die empfindungslose Materie, sendet ihre Blitze gegen Bäume und Steine, um den Menschen ihr Dasein und ihre Macht ins Gedächtnis zu rufen und sie zum Nachdenken anzuregen, woher diese drohenden Himmelserscheinungen stammen[2]), die sich nur aus der Annahme der Vorsehung erklären. Denn gäbe es keine Vorsehung und keinen Beweger des Alls, so könnte es überhaupt keine Bewegung in der Welt geben[3]). Wäre die Welt unbeseelt, so wären alle seelischen Regungen uner-

---

[1]) Zeller III 2, 399, Usener S. 229 ff. und S. 35 ff; vgl. auch Orig. a. O. IV 75 οἴεται γὰρ πρῶτον μὲν μὴ ἔργα θεοῦ εἶναι βροντὰς καὶ ἀστραπὰς καὶ ὑετοὺς ἤδη σαφέστερον ἐπικουρίζων . . . συντυχικῶς διδοὺς καὶ οὐ κατὰ πρόνοιαν ὡς ἀληθῶς 'Επικούρειος ταῦτα συμβαίνειν.

[2]) So peitschen die Landleute, wenn Unwetter den Saaten droht, die Luft, nicht um diese, sondern um die schädlichen Stoffe in derselben zu treffen (§ 39). Mir ist kein Zeugnis für diesen Gebrauch gegenwärtig.

[3]) § 40. Vgl. Cic. De nat. deor. I 102.

klärlich¹). Wie die Bewegungen des Menschen, des μικρὸς κόσμος inmitten des μέγας κόσμος, sich nur aus den den Körper in Bewegung setzenden Wirkungen der Seele erklären, wie wir auch z. B. die Wirkung des Pfeiles oder der Lanze auf den durch das Werkzeug der Hand wirkenden Willen des Menschen zurückführen, so wirkt auch die Weltseele in allen Teilen der Welt²). — Auch die Kunstwerke zeugen für ihren Schöpfer, wenn man ihn auch nicht mit Augen sieht³). Dafür wird das Beispiel der Sonnenuhr⁴) und der Wasserorgel⁵) angeführt. Wer dies Kunstwerk sieht, bewundert nicht die leblose Materie, sondern den Künstler und verlangt ihn zu schauen⁶). So

---

¹) Dies die Umkehrung des Schlusses von den beseelten Teilen auf die Weltseele (S. 11. 12); vgl. § 91 Sext. IX 98. Auch hier wie im Folgenden tritt noch deutlich der stoische Pantheismus hervor.

²) § 40. 41. Über diesen Vergleich und seine weitere Ausführung § 42, dessen erster Teil auch im Arm. unklar ist, s. S. 12. Die Begriffe μέγας oder μικρὸς κόσμος begegnen bei Philo De plant. 7 S. 334, De post. Caini 16 S. 100, 3, V. Mos. III 14 S. 155, Quis rer. div. her. 31 S. 494 (wo Philo auf seine Quelle hindeutet), De migr. Abr. 39 S. 471 τὸν μέγιστον καὶ τελεώτατον ἄνθρωπον τόνδε τὸν κόσμον De Abr. 15 S. 12 μετανάστηθι πρὸς ὀλίγον χρόνον ἀπὸ τῆς μεγίστης πόλεως τοῦδε τοῦ κόσμου πρὸς βραχυτέραν De opif. S. 30, 16 βραχύν, εἰ δεῖ τἀληθὲς εἰπεῖν, οὐρανόν Quis rer. div. her. 48 S. 505. Für diesen stoischen Begriff des Mikro- und Makrokosmos verweise ich auf Stein, Psychologie der Stoa I 205 ff., dessen Belege sich leicht vermehren liefsen.

³) Epikt. I 6, 7 καὶ μὴν ἐξ αὐτῆς τῆς κατασκευῆς τῶν ἐπιτετελεσμένων ἀποφαίνεσθαι εἰώθαμεν, ὅτι τεχνίτου τινὸς πάντως τὸ ἔργον... ἆρ' οὖν τούτων μὲν ἕκαστον ἐμφαίνει τὸν τεχνίτην...; κτλ. Hermes Trismegistos S. 45, 13 ff. Parthey, Lucian Icarom. 6. S. auch Cic. de nat. deor. II 57 (Zeno). 81. 87. 142 Sext. IX 75. 93. 99. 115. 197.

⁴) Derselbe Vergleich bei Cic. De nat. deor. II 87 (97), wo Schömann zu vergleichen ist.

⁵) Über die Wasserorgel s. Friedländer, Sittengesch.¹ III 238. 252. Auf dies Instrument bezieht sich auch die fast wörtlich übereinstimmende Stelle Quaest. in Gen. III 3 S. 172.

⁶) Derselbe Schluſs De prov. I 72: ecce enim statuam videntes statuarium intelligimus et imaginem venuste pictam cernentes pictorem ipsum admiramur atque navem ingeniose fabricatam intuentes architectum navis laudibus celebramus etc.; vgl. De mon. I 4 S. 216 τίς γὰρ ἀνδριάντας ἢ γραφὰς θεασάμενος οὐκ εὐθὺς ἐνενόησεν (so die meisten Hss.) ἀνδριαντοποιὸν ἢ ζωγράφον; τίς δὲ... ναῦς ἢ οἰκίας ἰδὼν οὐκ εὐθὺς ἔννοιαν ἔλαβεν... ναυπηγοῦ καὶ οἰκοδόμου κτλ. Leg. all. III 32 S. 107. Mit De prov. I § 72 vgl. auch Quaest. in Gen. II 34. — Philonea ed. Tisch. S. 78, 1 οὐδὲ γὰρ μουσικὴν ἐπιδεικνύμενόν τινα δι' αὐλῶν ἢ λύρας καὶ σφόδρα κατορθοῦντα παραμειψάμενοι (so ist natürlich für παραλ. zu schreiben; s. z. B. De post. Caini S. 89, 2) τὰ ὄργανα κηρυγμάτων καὶ τιμῶν ἀξιοῦμεν = De prov. I 43 Ende.

sind auch die Blitzschläge ein Werk der Vorsehung, der alle Teile der Welt gehorchen wie die Bewegungen der Sonnenuhr dem Willen des Menschen[1]) (§ 42—44). Wenn der Mensch, ein so kleiner Teil der Welt, aus der ihm verliehenen Kraft klugen Sinnes nützliche Werke hervorzubringen vermag, warum sollte nicht die Vorsehung, d. h. die Weltseele, der die andern vernünftigen Wesen ihr Sein verdanken, auch ohne äufsere Werkzeuge allein aus innerer Kraft ihren Willen ausführen? Warum sollte sie nicht einer guten Amme gleich, die auch durch Ohrzupfen, Schläge, Drohungen das Kind erzieht, die Menschen durch alle Mittel, Furcht, Güte, Zucht zum Guten leiten? Solche Erziehungsmittel in der Hand der Vorsehung sind Hagel, Blitzschläge, Heuschreckenschwärme. Wer die Vorsehung nicht anerkennen will, mufs sie eben unter Schmerzen erfahren. Aber wie die Vorsehung die Schlechten straft, so spendet sie auch neidlos dem Guten ihre Gaben. Wenn der Empfänger dieser Gaben, der ja nur ein kleiner Teil der Welt ist, Vorsehung besitzt, wie sollte ihrer der Geber selbst entbehren (§ 49)? Und wie will Epikur selbst sich dieser Schlufsfolgerung entziehen, wenn er doch gewifs beansprucht, dafs auch seine Schriften mit $\pi\varrho\acute{o}\nu o\iota\alpha$ und Weisheit verfafst sein sollen (§ 50)?[2]) Er selbst zeugt so für die Vorsehung; denn der Teil besteht nicht ohne das Ganze, wie das Ganze nicht ohne die Teile[3]). Wenn es keine $\pi\varrho\acute{o}\nu o\iota\alpha$ des Universums gäbe, gäbe es auch keine $\pi\varrho\acute{o}\nu o\iota\alpha$ der einzelnen Seele. Die Leugner der allgemeinen Vorsehung müfsten diese vorerst den Teilen der Welt absprechen. Sie mögen sich aber auch die gefährlichen sittlichen Konsequenzen ihrer Weltanschauung klar machen. Der Richter würde fürder nicht mehr über Unrecht zu Gericht sitzen, der Herrscher nicht mehr für seinen Staat Sorge tragen, wenn es keine Vorsehung gäbe, von der sie dies lernen. Es ist ein Widerspruch, die Vorsehung nicht nur beim weisen Herrscher[4]),

---

[1]) Hymnus des Kleanthes Vers 10 ff.
[2]) Vgl. § 68. Eine ähnliche drastische Abweisung Epikurs bei Epikt. II 20, 9. 15. I 20, 19. II 23, 21 $\tau\iota\; \acute{\varepsilon}\sigma\tau\iota\nu,\,$'$E\pi\iota\kappa o\upsilon\varrho\varepsilon,\,\tau\grave{o}\,\tau\alpha\tilde{\upsilon}\tau\alpha\,\grave{\alpha}\pi o\varphi\alpha\iota\nu\acute{o}\mu\varepsilon\nu o\nu,\,\tau\grave{o}\,\pi\varepsilon\varrho\grave{\iota}\,\tau\acute{\varepsilon}\lambda o\upsilon\varsigma\,\sigma\upsilon\gamma\gamma\varepsilon\gamma\varrho\alpha\varphi\grave{o}\varsigma\ldots$; $\acute{\eta}\,\sigma\grave{\alpha}\varrho\xi:\tilde{\eta}\,\acute{\eta}\,\pi\varrho o\alpha\acute{\iota}\varrho\varepsilon\sigma\iota\varsigma$; Plut. Mor. S. 1128 C. Vgl. Sen. Nat. quaest. Prol. 15. Ich erinnere auch an die ähnlich drastische Polemik gegen die Skepsis bei Epiktet und Lucian Vit. auctio 27.
[3]) Es schliefst sich ein Kettenschlufs an, wie die Stoa ihn liebte, dessen nicht ganz deutlich erkennbare Glieder etwa folgende sind: Die Weisheit ist *sapiens*, also *provida*. Einzelne Teile der Welt nun besitzen *sapientia*, also auch das Ganze.
[4]) S. oben S. 9. De praem. et poen. 6 S. 413 De mon. I 4 S. 216. 217.

sondern sogar bei der Ameise, der Biene, dem Kranich[1]) anzuerkennen, auch den Richter, wenn er den Verbrecher zum Tode verurteilt, nicht zu tadeln[2]), die Vorsehung des Alls aber, wenn sie Blitz und Hagel sendet gegen Bäume, Steine und Gottlose, zur ἀπρονοησία zu stempeln. Man sollte vielmehr die Weisheit der Vorsehung darin erkennen, dafs sie wenige Gottlose mit ihrem Blitze straft, um so die Schlechten vor einem allgemeinen Strafgerichte zu bewahren, dafs sie ihre Macht auch an der leblosen Natur zeigt, um die Menschen einzuschüchtern und zur Anerkennung ihres Wirkens zu bringen (§ 54). Wie der Mensch aus dem Steine das in ihm verborgene Feuer[3]) hervorlockt, so kann auch die Vorsehung durch den ganzen Kosmos das in den Elementen enthaltene Feuer verbreiten und zur Bestrafung gegen die Gottlosen richten; denn der Gerechte wird von ihr verschont.

Halten wir hier einen Augenblick ein, um den stoischen Standpunkt dieser Erklärung der scheinbar zwecklosen oder dem Walten einer Vorsehung widersprechenden Naturerscheinungen zu beleuchten. Auf einzelnes ist bereits hingewiesen worden. Kleanthes zählt die elementaren Welterscheinungen zu den Ursachen, die den Götterglauben herbeigeführt haben (De nat. deor. II 14), und Sen. Nat. quaest. II 42, 3 (vgl. VI 3, 3) beruft sich auf die stoische Lehre, dafs die Blitze die Menschen einschüchtern und zur Gottesfurcht bringen (Lucretius V 1220 ff.).

Wenn wir den Vergleich der Vorsehung mit der Amme der Stoa vindicieren, so gewinnt das epikureische Witzwort von der anus fatidica besondere Kraft. Die Auffassung der äufsern Übel als Strafe der Gottlosen wird als stoisch bezeugt[4]). Auch die Konsequenzen der

---

[1]) Vgl. § 53 und oben S. 9. Über den Kranich s. Cic. De deor. nat. II 125.
[2]) Sen. Dial. III 6, 3. 16, 3 Clem. I 12, 1. 13, 4.
[3]) § 55. Conybeare übersetzt: itaque continerent quidem elementa naturalem sibi ignem, providentia motum in subiectam corporum materiam inserente velut anima sensibilia corpora ad manifestum motum praedestinante. nam per totum mundum spargit providentia invisibilem elementorum ignem in impiorum iudicium obrutorum (oder deprehensorum); nam impossibile est fulminibus obrui (oder deprehendi) et iustum. Derselbe Vergleich bei Lucretius VI 161. 314. Die Vorstellung des in allen Dingen enthaltenen Feuers ist stoisch (Kleanthes bei Cic. De deor. nat. II 24 ff.).
[4]) Plut. De Stoic. repugn. 15, 2 ταυτά φησι τοὺς θεοὺς ποιεῖν, ὅπως τῶν πονηρῶν κολαζομένων οἱ λοιποὶ παραδείγμασι τούτοις χρώμενοι ἧττον ἐπιχειρῶσι τοιοῦτόν τι ποιεῖν 35 (Philo § 38. 54). Zeller III 2, 177.

Leugnung der Vorsehung werden von der Stoa ähnlich wie bei Philo gezogen [1]). Für den stoischen Ursprung der philonischen Beweisführung gegen Epikur spricht aber besonders die Thatsache, dafs sie sich erweitert zu einem allgemeinen Erweis der Vorsehung, dessen Hauptgedanken, nämlich der Schlufs vom Teile aufs Ganze, vom Mikrokosmos auf den Makrokosmos, von der menschlichen auf die göttliche Vorsehung, von der Entstehung des menschlichen Kunstwerks auf die Weltschöpfung als stoisch bekannt sind.

2. Durchweg folgt Philo der Stoa auch in der Bestreitung der vom Leiden der Guten hergenommenen Argumente (§ 56 ff.): Die Zerstörung der Feldfrüchte durch Hagel, Regen und andere Unfälle kann den Gerechten nicht empfindlich berühren. Da er nichts besitzt, was man ihm rauben kann, so kann er auch keinen Schaden erleiden [2]). In unwandelbarer Gemütsruhe und Apathie nimmt er die Übel hin, ja er sieht in ihnen eine willkommene Gelegenheit, seine Tugend zu bewähren [3]). Liefse der Gerechte durch Verlust seines Besitzes, durch Gefahr eines ungerechten Todes sich irgendwie erschüttern [4]), so wäre er nicht mehr gerecht, indem er nur um der

---

[1]) Epikt. II 20, 23 ff. Usener a. O. S. 246 ff., namentlich S. 247, 17. 18. 248, 7, oben S. 11 Anm. 1.

[2]) Seneca De prov. 2, 1 nihil accidere bono viro mali potest 4, 16 aequo animo ferre quae non sunt mala nisi mala sustinenti 6, 6 ille (sc. deus) extra patientiam malorum est, vos supra patientiam Ep. 9, 2 qui respuat omnis mali sensum . . . qui nullum ferre possit malum 41, 8 lauda in ipso, quod nec eripi potest nec dari 36, 6 Dial. XII, 8, 4, Epikt. III 26, 28 ἀνδρὶ ἀγαθῷ οὐδέν ἐστι κακὸν οὔτε ζῶντι οὔτε ἀποθανόντι.

[3]) Die von Aucher unter dem Texte gegebene Übersetzung pro exercitio vel probatione accipit ist unzweifelhaft die richtige; vgl. § 58 si providentia haud leves exercitationis causas ipsis relinquat De Jos. 5 S. 45 ἀθλητής εἰμι τῶν ἀβουλήτων, εἰκῇ γεγύμνασμαι πολλαῖς κακοπαθείαις 38 S. 73 ταῖς ἐπαλλήλοις δυστυχίαις, ὑφ' ὧν γυμναζόμενος αθλητοῦ τρόπον De prof. 6 S. 551 πρότερον οὖν ἐγγυμνάσασθε (so H₂ ἐνγ. Pal. 248) καὶ προεμμελετήσατε (H₂) τοῖς τοῦ βίου πράγμασιν (weiter unten ist zu lesen στείλασθε mit Pal. 248, die Indikative und Fragen der vulg. haben hier keinen Sinn). Sen. De prov. 2, 2 omnia adversa exercitationes putat 7 (deus) fortunam illis, cum qua exerceantur, adsignat 3, 3 Epist. 13, 1. 2. 64, 4. 5. 66, 50. 85, 39. De remed. fortuit. VI 1. VIII 4. X 9. Epikt. III 10, 7 ἕνεκα τούτου ἐγυμναζόμην, ἐπὶ τοῦτο ἤσκουν III 22, 56. 20, 9. Marc Aurel S. 69, 11. Alle Schicksalsfälle sind dem Weisen nur ein Stoff, den er durch seine Tugend gestaltet: Sen. Ep. 66, 38. 39. Epikt. II 5, 22. III 24, 113. I 29, 2 Marc Aurel S. 30, 20. 21. 95, 3. 139, 9 Stich.

[4]) Sen. De. prov. 2, 1 adversarum inpetus rerum viri fortis non vertit animum. manet in statu 2 quietus placidusque.

Gaben und des Lohnes willen der Gottheit diente[1]); es wäre der gröfste Übermut, nur Ehre und Ruhm, keinen Schmerz vom Leben zu erwarten[2]). Wie der Arzt durch Heilmittel der Krankheit zuvorzukommen sucht und der Weise ihn darum nicht tadelt[3]), so bleibt die vorsehende Allnatur weise, auch wenn sie die Felder des Gerechten vernichtet; denn sie weifs, dafs auch der Überflufs manchem schaden kann, und nimmt die Ursache der Schlechtigkeit hinweg[4]). Solche Übel sind Heilmittel, durch welche die Vorsehung die Schuldlosen vor seelischen Krankheiten bewahrt. Sie stärkt die Gerechten[5]), indem sie ihnen beständig Anlafs zur Übung ihrer sittlichen Kräfte giebt. Nimmt sie den Gerechten den äufseren Besitz, so ist sie darum nicht zu tadeln; denn sie thut es nur, um sie um so sicherer im Besitz der Tugend (aequitas) zu erhalten.

Weiter sagen die Gegner der Vorsehung: Im Kampfe fallen die

[1] Lucian Jupp. confut. 7 Sen. Ben. IV 19, 4.

[2] Sen. De prov. 4, 1 semper vero esse felicem et sine morsu animi transire vitam ignorare est rerum naturae alteram partem, De rem. fort. XVI 9 neminem illaesum fata transmittunt, Ep. 96, 4 Marc Aurel S. 107, 15 Epikt. I 12, 16. III, 24, 28.

[3] Vgl. § 58 oportebat providentiam medicinam praestare und wenig anders De praem. et poen. 5 S. 413 καθάπερ γὰρ ἰατρὸς μὲν ἐν ταῖς μεγάλαις καὶ ἐπισφαλέσι νόσοις ἔστιν ὅτε μέρη σωμάτων (so F statt σωμ. μ. ohne Hiat) ἀφαιρεῖ στοχαζόμενος τῆς τοῦ λοιποῦ σώματος ὑγείας καὶ μέμψις οὔτε τῷ ἰατρῷ τῆς πηρώσεως (vgl. De prov. I 52 non vituperant), so soll man die Allnatur auch nicht zu bewundern aufhören εἴ τι μὴ καθ' ἡδονὴν ἰδίαν (ἰδ. fügt F richtig hinzu) συμβέβηκεν, Quod deus immut. 14 S. 282, De agric. 9 S. 306, De somn. II 44 S. 698, Quaest. in Gen. III 25. Das Beispiel des Arztes ist mit dem des Richters (De prov. I 52) zu ähnlichem Zwecke verbunden De Jos. 12 S. 51; vgl. auch Sen. De prov. 3, 2, De rem-fort. XI 3.

[4] § 57; vgl. § 58 cum causam iniquitatis effectricem auferat (die Uebersetzung trifft wohl den Sinn des unklaren Originales); vgl. Rupefucaldinus f. 171 Harris S. 109 φιλοῦσι τὰ ἁμαρτήματα ἀπὸ πλήθους ὄχλων (so, nicht ὄχλου R, ὄλβου Harris, χορηγιᾶν?) καὶ εὐθηνίας τῶν ἀναγκαίων τίκτεσθαι, das Original von Quaest. in Gen. II 76 tot et tantarum rerum copiosa possessio multis detrimentum tulit, De agric. 9 S. 306 De congr. erud. gratia 28 S. 542 De conf. lingu. 34 S. 431 ἔστι δὲ καὶ κόλασις οὐκ ἐπιζήμιον ἁμαρτημάτων οὖσα κώλυσις De post. Caini S. 129, 14 ἕνεκα προμηθείας τῶν χρηζόντων, οὓς ἡ συνεχὴς τῶν ὁμοίων δωρεῶν ἀπόλαυσις βλάψειν μᾶλλον ἔμελλεν ἢ ὠφελήσειν. Harris S. 70b. Derselbe Gedanke bei Sen. Ep. 39, 4 (auch in Bezug auf Wasserschaden) De rem. fort. X 8 Dial. IX 9, 3 exilia interdum calamitatesque in remedium cessere.

[5] § 58 S. 27 arx magna patet iustis. Der Sinn dieser dunklen, von Aucher richtig übersetzten Worte mag erklärt werden durch Quaest. in Gen. II 72 S. 158 sapiens armatus comperitur ac conclusus munitusque. Q. o. pr. I. 5 S. 449, 18 S. 464 ἀρετήν..., ἣν ἐπίβουλος οὐδεμία πώποτε δύναμις κατέζευξε Quaest. in

Guten mit den Schlechten¹). Beim Schiffbruch sterben ohne Unterschied zugleich die Gerechten und Ungerechten. Dem ist zunächst entgegenzuhalten, dafs das menschliche Urteil nicht mit Sicherheit zwischen Guten und Schlechten zu scheiden vermag, dafs die verborgenen Frevel derer, die gut erscheinen, sich leicht unserer Kenntnis entziehen, dafs die Vorsehung dagegen ein untrügliches Urteil zu fällen vermag²). Aber Philo selbst scheint die Schwäche dieses Arguments einzusehen, er will den Gegnern gern die, wie er freilich meint, nicht erweisbare Thatsache zugeben, dafs die Frommen mit den Gottlosen umkommen, und giebt ihnen § 61 ff. die Antwort, die vom stoischen Standpunkte aus allein befriedigt: Wenn die Vorsehung den Weisen schlägt, so straft sie ihn nicht vermöge ihrer richterlichen Thätigkeit. Sie raubt ihm nicht die Tugend³), sie unterwirft ihn nicht unfreiwilligen Lastern⁴). Wenn der Edle⁵) sich stets gleich bleibt, mit Gleichmut in die Schlacht zieht, sich durch nichts bekümmern läfst, so kann man auch daraus kein Zeugnis gegen die Vorsehung entnehmen, dafs er mit dem Schlechten fällt. Denn darin sieht er gar kein Übel, weil ja seine Seele unversehrt, sein ἡγεμονικὸν (mente principaliter dominante) vor Fehlern bewahrt bleibt. Wie könnte er die Vorsehung anklagen⁶), da er doch an seiner

---

Gen. IV, 59 S. 293 armati munitique virtute tamquam muro inaccesso et indestructo 80 S. 307 sapiens saeptum murumque usurpat. Sehr ähnlich Sen. Ep. 59, 7. 8. 74, 19. 82, 5 De prov. 1, 6. 2, 6. Dial. VII 8, 3. 27, 3. Hor. Epist. I 1 ,60 Plut. Mor. S. 1057 D.

¹) § 59, statt mortis pavorem ist wohl periculum vorauszusetzen. Todesfurcht kennt der Weise eben nicht. „voici le sens litéral: quomodo pavorem iniceret providentia mortem iustorum proelio incumbente" (Conybeare).

²) Die gleiche Unterscheidung des göttlichen und menschlichen Urteils De prov. 72. [75. (= Eus. VIII 14, 35. 36. 29). 102 = Eus. a. O. § 54 οὐκ εἴ τινες ἀγαθοὶ παρ' ἡμῖν νομίζονται, καὶ πρὸς ἀλήθειάν εἰσιν κτλ. De leg. spec. 10 S. 308 ἄνθρωποι μὲν τῶν ἐμφανῶν ἐπιγνώμονες (= Eus. § 35 τὰ μὲν φανερὰ ἡμεῖς ἐρευνῶμεν) De praem. et poen. 12 ὁ λογισμὸς δ' οὗτος ἀνθρώπινος (ἀνθρώπου AB) τὸ μέγα δικαστήριον οὐ βλέποντος Neu entdeckte Fragmente S. 48 ἑτέρως γὰρ ἄνθρωποι δοκιμάζουσι τοὺς βίους (De prov. 60 uniuscuiusque vitam... singulorum vita) κτλ. Quaest. in Gen. IV 76.

³) S. oben S. 17 Anm. 2 Epikt. I 18, 17 τί οὖν οὐ δήσει οὐδ' ἀφελεῖ; τὴν προαίρεσιν 17, 21 Marc Aurel S. 46, 4 ff. Teles S. 4, 7. 15, 13 H., Plut. Mor. S. 475 E. Über den voraufgehenden Gedanken, dafs das; Leiden des Guten keine Strafe sei, s. Chrysipp bei Plut. De Stoic. repugn. 35.

⁴) Q. o. pr. lib. 5 S. 450 πρὸς οὐδενὸς οὖν ἀναγκάζεται und vorher θᾶττον ἀναγκάζει τὸν βιαζόμενον ἀπειπεῖν ἢ ὑπομένει τι δρᾶσαι τῶν παρὰ γνώμην Sen. Dial. VII 16, 2 Ep. 37, 2 Ben. IV 34, 4 Epict. IV 1, 98 ff.

⁵) generosus (= Quaest. in Gen. IV 76) das stoische γενναῖος.

⁶) Vgl. § 69. Epikt. I 14, 16 τί ὁμόσετε; μὴ ἀπειθήσειν μηδέποτε μηδ'

Seele keinen Schaden leidet? Denn nur was ihm wider seinen Willen widerfährt, nicht was er freudig und freiwillig auf sich nimmt, wenn es auch äufsern Schmerz bereitet, wird er als Leiden bezeichnen. Darin gerade besteht ein grofser Vorzug des Weisen, dafs er auch den Tod nicht fürchtet[1]); darum gerade heifst er standhaft, weil auch der Tod seine Tugend nicht zu erschüttern vermag. Ihn läfst die Vorsehung nie im Stich. Freilich verlangt er auch gar nicht von ihr, vor dem Tode mit den Gottlosen bewahrt zu bleiben[2]). Das achtet er für nichts, und durch seine fehllose Gesinnung ist er beständig auf den Tod vorbereitet. Wer nichts von der Vorsehung weifs, der mag, wenn er krank ist und sterben mufs, trauern, da er den Trost, den (das Vertrauen auf) die Vorsehung gewährt, nicht kennt. Der Gerechte wird tapfer, ja heiter[3]) den Tod auf sich nehmen, im Vertrauen auf die Vorsehung wird er sich der Bewahrung seiner Seele freuen. Denn Reichtum, Gesundheit, Ruhm, wenn damit die Tugend nicht verbunden ist, machen das Glück nicht aus[4]). Was hat dem Krösus der Paktolus mit seinem Goldreichtum geholfen? Des Xerxes gewaltiges Kriegsheer ist dahin. Auch Alexander ist nicht mehr. Ein Weib hat Cyrus' Kriegspläne zu Schanden gemacht. Wo sind nun die Vorbereitungen zu den Schmausereien[5])? Wie es mit der Körperkraft steht, mögen Aias und Achilles, wie mit der Schönheit, Paris, Helena, die Amazonen bezeugen[6]). Wenn alle diese

ἐγκαλέσειν μηδὲ μέμψεσθαί τι τῶν ὑπ' ἐκείνου (Gott) δεδομένων μηδ' ἄκοντες ποιήσειν τι ἢ πείσεσθαι τῶν ἀναγκαίων III 5, 8 μή τί σοί ποτ' ἐνεκάλεσα; μή τι σοῦ ἐμεμψάμην τὴν διοίκησιν; ... ἀλλ' ἐγὼ πένης ἐγενόμην σοῦ θέλοντος, ἀλλὰ χαίρων IV 7, 9. 10, 15. III 10, 13. 22, 13 Sen. Ep. 120, 13 numquam ... fortunae maledixit, numquam accidentia tristia excepit 13 numquam de fato suo questus est. De rem. fort. II 2 quid habeo, quod indignor? in haec verba iuravi (s. Epiktet oben, Sen. Dial. VII 15, 7 in hoc sacramentum).

[1]) De Jos. 14 S. 51. 52 Q. o. pr. 1.5 S.:450. Der Tod ist, ganz gleich unter welchen Verhältnissen, für den Weisen nie ein Übel: Epikt. III 22, 33. II 150. IV. 1, 90. I 18, 22 Marc Aurel S. 60, 17 καὶ τοῦ ζῆν ἔξιθι· οὕτως μέντοι ὡς μηδὲν κακὸν πάσχων 114, 18 Sen. Ep. 123, 16 De rem. fort. II.

[2]) § 63 veritatis colorem sibi assumit, vgl. das Bild bei Sen. Ep. 71, 31. Dial. VII 7, 3. III 16, 3.

[3]) § 64 S. 22 Anm. 2.

[4]) Über die Vergänglichkeit und Wertlosigkeit der äufseren Güter s. zu De prov. II 17 (= Eus. a. O. § 9 ff.).

[5]) Vielleicht ist vorher die Erwähnung des Sardanapal (s. folgende Anm. ausgefallen.

[6]) Sonst führt Philo für die Vergänglichkeit der irdischen Güter mit Vorliebe den Untergang der Weltreiche an; s. v. Scala, Studien des Polybios I S.

Güter die Zufriedenheit[1]) der Seele, die sich von ihnen nur unter Schmerzen und Seufzern trennt, nicht ausmachen, wie kann man meinen, dafs der äufsere Besitz die Gottlosen glücklich mache? Mag der Gottlose reich sein, um so mehr wird er, wenn er seinen Reichtum verliert, trauern, wie der Schiffer, der seine Ladung verliert. Des Gerechten Geist bleibt unverletzt, wenn ihm auch der äufsere Besitz verloren geht. Es kann nicht oft genug wiederholt werden, dafs der Gerechte bei allen Körperschmerzen kein Leiden kennt, wenn nur sein Geist im Besitze der vollen Tugend bleibt. Auch Armut, Hunger, Krankheit ficht ihn nicht an; denn auch in den Übeln erkennt er die weisen Absichten der Vorsehung (§ 66).

Die gleiche Fürsorge, die der Mensch als Teil des Kosmos für Tiere und andere Menschen beweist, die übt die Vorsehung im Grofsen für alle Wesen. Wenn sie nicht strafte und belohnte und Befehle gäbe, so gliche sie dem Vater, der sein Kind nicht erzöge[2]), dem Lehrer, der seinen Schüler nicht belehrte. Du meinst doch zu wissen, welche Behandlung du jedem schuldig bist, und auch kein Unrecht zu thun, wenn du Böses mit Bösem vergiltst. Woher willst du diese Kenntnis haben, wenn du der Welt die Beseeltheit und

---

177 Philo De Jos. 23 S. 16 Quaest. in Gen. IV 43. Die Beispiele unserer Stelle stammen aus der kynisch-stoischen Diatribenlitteratur: Der sprichwörtliche Reichtum des Krösus begegnet bei Philo Q. o. pr. 1 19 S. 466 Cic. Fin. III 45 IV 29 Musonius (meine Quaest. Muson. S. 64, 12) Epikt. I 2, 37 Lucian Timon 23 Apol. 1 De merc. cond. 20 Navig. 26, der Wechsel seines Geschickes wird erwähnt Philo De Jos. 23 S. 16 Epikt. III 22, 27 Sen. Ep. 47, 12 Dial. IX 11, 12 Lucian Gallus 23 Menipp. 16 Pittaci Epist. Manil. Astron. IV 64. Galen Protr. 4. — Xerxes: Buresch, Leipz. Stud. IX S. 63. 106 Philo De somn. II 17 S. 674 Lucret. III 1027 ff. Philodem De vitiis liber X ed. Sauppe S. 24, 8 Sen. Ben. VI 31, 1 Manil. IV 65. — Alexander: Philo De Cherub. 19 Marc Aurel S. 137, 8 αὐλὴν ὅλην Φιλίππου, Ἀλεξάνδρου, Κροίσου 22, 8. 70, 4. 97, 12.121, 16. Clem. Alex. Paed. I 55 Sen. Ben. VII 3, 1 Ep. 59, 12. 94, 62 Nat. quaest. III Praef. 5 VI 23 Lucian Dial. mort. XII 3 ff.XIII. XIV. — Cyrus: Sen. Ben. VII 3, 1 Galen a. O. — Aias Kraft: Sen. Dial. IV 36, 5 Epikt. II 9, 22. 24, 25. — Achilles: Dio Chrys. I S. 229, 19 Dind., sonst auch Beispiel der Schönheit Epikt. II 24, 24. 23, 32 Dio I S. 328, 30 Lucian Dial. mort. XV Adv. indoct. 7. — Lucian a. O. XX läfst als Beispiele der Vergänglichkeit unter, andern Achilles, Aias, Kyros (s. auch Charon 9. 13), Krösus, Sardanapal, ebenda XVIII Achilles und Helena auftreten.

[1]) πρόνοιαν des Arm. („la traduction semble être iuste" Conybeare), ist unverständlich.

[2]) Der Wortlaut des Arm. ist unklar. Auch Sen. De prov. 2,5 (Clem. I 14. 16, 2 Vergleich des Herrschers mit dem Vater) vergleicht die erziehende Thätigkeit der Vorsehung mit der des Vaters.

Vorsehung absprichst? Ohne universale Vorsehung giebt es keine partikuläre. Bist du wie aus dem Mutterleibe aus der Allnatur[1]) hervorgegangen, so kannst du, wie auch der Embryo seine Nahrung aus dem Mutterleibe zieht, nur von ihr deinen Anteil an Vorsehung empfangen haben. Auf die Frage, warum denn der Gute leide, kann man nur erwidern: Wäre er denn gut, wenn er nicht die unverdiente Armut, als wäre es Reichtum, freudig[2]) auf sich nähme? Nichts kann den Tugendhaften erschüttern oder beugen. Er klagt die Vorsehung nicht an[3]), sondern ihrer Ankläger spottend preist er[4]) sie mitten in den Krankheiten (Leiden?).

Die Erde bringt unaufhörlich dieselben Pflanzen hervor, der Himmel bewahrt seine Ordnung, Sonne, Mond und Sterne weichen nicht aus ihrer Bahn, auch die andern Wesen folgen den ihnen bestimmten Gesetzen. Nur der Mensch, dem allein die Freiheit, das Bürgerrecht der Welt und die Herrscherstellung in ihr verliehen ist, verwirft die Vorsehung und wird ihrem Gesetze untreu[5]). Dafs er dann selbst auch keinen Anspruch auf πρόνοια habe, vergifst er. Gegenüber der Undankbarkeit der Menschen zeugen die Elemente selbst für den

---

[1]) Vgl. De opif. Kap. 45. 11. 13 (S. 13, 7. 8) Quod deus immut. 8 S. 278 De plant. 4 S. 332 De carit. 17 S. 397. Dieser Vergleich ist stoisch, wie die Polemik des Boethos Περὶ ἀψ⋅ϑ. S. 21, 13 beweist, und hängt mit der stoischen Lehre von der Urzeugung der Menschen aus der Erde (Arch. f. Gesch. d. Philos. I 208) zusammen. S. auch „Neu entdeckte Fragmente" S. 23 Nr. 6. Zu diesem Fragmente bieten recht interessante Parallelen auch Epikt. III 21, 12 Clem. Recogn. IX 9 Homil. XIX 22.

[2]) Epikt. III 24, 77 εἰς φυλακήν σε δεῖ χαίροντα ἀπιέναι 5, 10 IV 1, 105 Sen. Dial. VII 4, 4 Nat. quaest. III Praef. 12. 13, in Bezug auf den Tod (oben S. 20) Epikt. I 1, 22 ἀποθανεῖν με δεῖ· μή τι οὖν καὶ στένοντα; ... φυγαδευθῆναι· μή τις οὖν κωλύει γελῶντα καὶ εὐθυμοῦντα καὶ εὐροοῦντα; 2, 21 ἐμὸν ἀποθανεῖν μὴ τρέμοντα Marc. Aurel S. 20, 3 τὸν θάνατον ἵλεῳ τῇ γνώμῃ περιμένοντα 45, 12 ἵλεων καταλῦσαι 62, 5. 108, 8. 132, 5. 6. Cic. Tusc. I 74 ille vir sapiens laetus ex his tenebris in lucem illam excesserit 100 Sen. Ep. 4, 5. 23, 4. 24, 4. 30, 3. 12. 71, 23. 96, 2 De rem. fort. II 8 Dial. X 11, 1 paventes moriuntur Ben. V 17, 5 Nat. quaest. VI 32, 4 Lucian Dial. mort. XXI ἐθελούσιοι, γελῶντες Socratic. Ep. XIV, 5 Teles S. 12, 2 H. Plut. Mor. S. 449 B, Harris Fragments S. 9.

[3]) S. oben S. 19. Anm. 6.

[4]) Epikt. I 16, 15 ff. II 6, 26 ὅταν ἐν φυλακῇ δυνώμεθα παιᾶνας γράφειν III 26, 29. IV 4, 22.

[5]) § 70, vgl. 77 De vict. offer. 8 S. 527 ἐπὶ μὲν οὖν τῶν αὐτῶν ὅρων ἕκαστον ἵδρυται εὐθύς, ἐφ' οἷς ἐξ ἀρχῆς ἐποίησεν ὅτε ἐτάχθη — Begründung des voraufgehenden Gebotes τῶν ἐντολῶν αὐτοῦ (Gottes) περιέχεσθαι καὶ τὰ δίκαια τιμᾶν. Q. deus immut. 7 S. 277: Gott lobt τὰ μὴ λείποντα (so M, Pal. 248, A, λιπόντα vulg.) τὴν τάξιν ... τὰ δὲ μεθιστάμενα τῇ κατὰ λειποτακτῶν

Schöpfer. Wie das Kunstwerk auf den Künstler, so läfst die weise Ordnung der Teile der Welt auf den Schöpfer und seine Vorsehung schliefsen[1]). Der Schlechte leugnet die Vorsehung, wenn ein Unwetter ihm die Felder verwüstet, indem er dies als ein Übel schmerzlich empfindet[2]). Er vergifst, dafs er selbst Unschuldigen manches Unrecht gethan, und will der Vorsehung das Recht bestreiten, Gleiches mit Gleichem zu vergelten (§ 73)[3]). Wer die Bewegungen eines Schiffes beobachtet, erkennt aus ihnen die Kunst des Steuermanns[4]). So setzen die Bewegungen der Elemente eine sie leitende Vorsehung voraus. Die Anordnung und die Formen der Dinge, wenn sie auch der Stimme entbehren, zeugen[5]) für ihren Urheber.

Die Grundsätze stoischer Moral, durch die Philo das uralte Problem vom Leiden des Gerechten zu lösen sucht, sind wohl nur von Epiktet mit gleicher Wärme und Innigkeit der Überzeugung verkündet worden. Wäre uns dieser Abschnitt im Original erhalten, so wäre er wie jenes Loblied auf den πόνος in De sacr. Abelis et Caini (Neu entdeckte Fragmente 143 ff.) zu dem Schönsten zu zählen, was Philo geschrieben hat.

ὡρισμένῃ μετέρχεται δίκῃ 10 S. 279 μόνην γὰρ αὐτὴν ὁ γεννήσας πατὴρ ἐλευθερίας ἠξίωσε ... δωρησάμενος αὐτῇ ... τοῦ ἑκουσίου μοῖραν .. Die Tiere dienen daher dem Menschen als ihrem Herrn ... μόνη δὲ ἡ ἀνθρώπου ψυχὴ δεξαμένη παρὰ θεοῦ τὴν ἑκούσιον κίνησιν .. κατηγορίας ἂν δεόντως τυγχάνοι, ὅτι τὸν ἐλευθερώσαντα οὐ περιέπει. τοιγάρτοι τὴν κατ' ἀπελευθέρων ἀχαρίστων (De prov. § 71 ingratos) ἀπαραίτητον δίκην ὀρθότατα τίσει. De conf. lingu. 34 S. 431, besonders λειποταξίου γὰρ οὐ θέμις ἀλῶναί ποτε τὸ θεῖον στράτευμα Quaest. in Gen. IV 87 Seneca Ep. 79, 8 numquid sol magnitudini adicit? numquid ultra, quam solet, luna procedit? maria non crescunt und ähnlich Marc Aurel S. 75, 18 Manil. I 33. 185 ff. 477. 527. II 72 ff. Ps.-Phokyl. 71 ff. Zu Grunde liegt wohl Heraklit Fr. 29 Byw. (dessen Stellensammlung zu vergleichen ist): ἥλιος οὐχ ὑπερβήσεται μέτρα. Vergl. auch Dümmler Proleg. zu Platons Staat 10. 11.

[1]) Oben S. 14, Anm. 3 ff.
[2]) De Cherub. 33 S. 160.
[3]) Lucian Cataplus 8.
[4]) Ein ganz ähnlicher Vergleich Cic. De nat. deor. II 89 ff. (85. 87) Sext. IX 27 und Lucian Jupp. trag. 47 ff,. wo der Vergleich als stoischer Gemeinplatz bezeichnet wird (Bis accus. 2).
[5]) Vgl. über diese Redefigur die reiche Sammlung bei Norden, In Varronis saturas Menippeas S. 344. 345, Philo De Cherub. 11 S. 145 καίτοι φωνητηρίων ὀργάνων ἀμοιροῦσαι τὴν δι' αὐτῶν τῶν πραγμάτων ῥήξουσι φωνήν De prof. 16 S. 558 μόνον οὐ γὰρ βοᾷ καὶ κέκραγεν Vita Mos. I 13 S. 92 (μόνον οὐχὶ manche Hss.) Philonea ed. Tisch. S. 4, 15 ὁ γὰρ τοῦτο ποιῶν μόνον οὐκ ἄντικρυς βοᾷ, κἂν ἡσυχάζῃ De congr. erud. gratia 27 S. 541 (μόνον οὐχὶ Vat 379 H). Diels im Arch. f. Gesch. d. Philos. III S. 452.

IV. Im Folgenden (§ 77—88) wendet Philo sich gegen den stoischen Fatalismus, speziell gegen die Astrologie[1]). Die Ansicht, welche alle Thaten der Menschen auf die Konstellation in der Geburtsstunde zurückführt, wird von vornherein diskreditiert durch das ihr zu Grunde gelegte Motiv, dafs der Mensch nämlich auf die Willensfreiheit verzichte, um einen Vorwand gegen alle wegen seiner Übelthaten ihm gemachten Vorwürfe zu haben[2]). Die Astrologie wird dann einfach in der Weise des Karneades[3]) widerlegt durch die Berufung auf die Thatsache der freien Selbstbestimmung und zugleich durch den Hinweis auf die sich aus ihr ergebenden gefährlichen Konsequenzen. Der Richter wird nicht mehr die Übelthäter zum Tode verurteilen dürfen, da sie ja nur durch die tyrannische Gewalt der Gestirne gewaltsam zum Bösen getrieben sind. Wer über sein eigenes Verhalten keine Macht hat, kann nicht für seine unfreiwilligen Übelthaten zur Rechenschaft gezogen werden. Wie kann er dem Schicksale sich widersetzen, von dem er selbst wider seinen Willen fortgezogen wird[4])? Wer freie Selbstbestimmung besitzt, dem mag das Gesetz Befehle geben. Wer aber der Willensfreiheit entbehrt, der kann mit Fug und Recht dem Richter entgegenhalten: Befreie mich zuerst vom Zwange der Gestirne; dann gieb mir Gesetze, und halte ich sie nicht, so lafs mich martern, fesseln, ja töten[5]). Welcher

---

[1]) Allgemeine Polemik gegen die Astrologie auch De migr. Abr. 32 S. 463. 35 S. 466 (Lehre von der Sympathie und Vergötterung der Welt) Quis rer. div. her. 20 S. 486 De congr. erud. gr. 9. 10 S. 526 De somn. I 10 S. 628. 26 S. 645 De Abr. 15 S. 11ff. (συμπάϑεια) De mut. nom. 3 S. 581. 10 S. 589 De nobil. 5 S. 441. 442 Quaest. in Gen. III 1. Die Willensfreiheit ¦nimmt er gegen die Annahme der εἱμαρμένη in Schutz Quis rer. div. her. 60 S. 516, Neu entdeckte Fragmente S. 40. 41. 52 Quaest. in Gen. I 21 (S. 13 Harris) III 13.

[2]) Vgl. Chrysippea Fr. 32 Gercke, Alexander Aphr. De fato S. 20 und 134 Orelli, Orig. bei Eus. Praep. ev. VI 11, 7 (ed. Lommatzsch VIII S. 9), Prokops Kommentar zur Genesis S. 93 AB Migne, Ambrosius Hexaem. IV 4, 17 Ende.

[3]) Cic. De fato 9. 23. 31. 41 (Schmekel, Die Philosophie der mittleren Stoa 1892 S. 155 ff.). Ähnlich Sext. Adv. astrol. 48 Favorin bei Gell. XIV 1, 23, auch der Epikureer Diogenian bei Eus. Praep. ev. VI 8, 30 ff. 38.

[4]) § 80. Die von Sen. Epist. 107, 10 zitierte ciceronische Übersetzung fügt den auch griechisch erhaltenen vier Versen des Kleanthes (Zeller III 2, 304 Stein a. O. II 190. 329, der unrichtig von einer Übersetzung Senecas redet) den fünften volentem ducunt fata, nolentem trahunt bei. Dafs dieser Vers nicht etwa, wie man anzunehmen scheint, frei hinzugedichtet ist, beweist die Anspielung an unserer Stelle und Sen. Dial. VII 15, 6 Hermes Trism. S. 103, 8. 9 Parthey, Bardesanes bei Eus. Praep. ev. VI 10, 7 und S. 38 Merx (s. S. 27[1]), wo es heifst, dafs die Menschen oft wider ihr Begehren „durch Gewalt gezogen werden".

[5]) § 80. Derselbe Gedanke wird § 81 wiederholt.

Vater- oder Muttermörder, welche Ehebrecherin, welcher Verbrecher überhaupt kann dem Urteil des Richters unterworfen werden, wenn er durch seine Konstellation zum Verbrechen gezwungen wird¹)? Das unverbrüchliche Fatum überhebt ihn aller Verantwortung. Wenn die Gestirne alles Thun der Menschen bestimmen, dann kann es kein Gesetz²), kein Recht, keine Gerechtigkeit, keinen Richterspruch, kein Lob der Tugend und auch keinen Tadel des Lasters³), ja überhaupt keine Tugend geben. Die Kerker werden leer stehen oder die Gerichte werden ungerecht sein. Wie könnte man den zum Tode verurteilen, der unschuldig ist an seiner Übelthat, den mit Ketten und Kerker bestrafen, den das Fatum in die schlimmeren Fesseln der $\dot{\alpha}\nu\dot{\alpha}\gamma\varkappa\eta$ geschlossen hat⁴)? Umgekehrt beweist vielmehr die Besserung der Bösen durch Furcht vor Strafe die freie Selbstbestimmung und widerlegt die Annahme eines Fatums (§ 83). Haben nicht auch die Juden aus freier Entschliefsung das Gesetz der Beschneidung, der Sabbathheiligung, der Enthaltung von manchen Fleischarten angenommen und unverbrüchlich bewahrt? Das Gesetz des Geistes also, nicht das der Gestirne beherrscht sie. Denn niemand kann behaupten, dafs sie alle die gleiche Konstellation haben, die sie das Gesetz zu halten zwinge. Wenn die zu verschiedenen Zeiten, Stunden und Tagen geborenen Juden doch alle die gleiche Lebensweise und gesetzliche Ordnung einhalten, so können nicht alle Menschen den astrologischen Gesetzen unterworfen sein. Das Gleiche gilt von den Skythen, die auch nicht alle denselben Horoskop haben und doch ihre besonderen Gesetze und Sitten, auch die Blutschande mit der Mutter, bewahren, von den Ägyptern und ihrem Tierdienst.

Der Untergang einer Stadt im Kriege trifft oft alle Bürger, die Pest rafft oft eine zahllose Menschenmenge hinweg.⁵) Soll man erklären, dafs alle die vom Unglück Betroffenen auch die gleiche Na-

---

¹) Lucian Jupp. confut. 18 Dial. mort. XXX 2. 3 Apol. 8.

²) Alex. Aphr. S. 114 Orelli.

³) Dieser Einwand findet sich oft bei Alex. Aphr. Bardesanes bei Eus. Praep. ev. VI 10, 10 Origenes bei Eus. VI 11, 2. 31 (ed. Lommatzsch Bd. VIII S. 7. 19) Ambr. Hexaem. IV 4, 19 Clem. Recogn. IX 4 III 26. Schon Chrysipp wies diesen Einwand zurück.

⁴) Cic. De fato 20: mentem hominis voluntate libera spoliatam neccessitate fati devinciunt.

⁵) Sext. Adv. astrol. 91. 92 (Beispiel der Schlacht bei Marathon) Cic. De div. II 97 (Schmekel Philos. der mittleren Stoa S. 176) Favorin bei Gell. XIV 1, 27—29.

tivität hatten? — Eine grofse Rolle in der astrologischen Schicksalsbestimmung spielt ferner die Stunde der Zeugung. Es ist aber unmöglich, diese, wie die Astrologen freilich meinen thun zu können, aus der Geburtsstunde zu berechnen; und könnte man dies, so wäre es doch wieder unmöglich, die Konstellation der Zeugungsstunde zu berechnen.[1]) Denn die Bewegung der Gestirne ist nach dem Zeugnis der Sachverständigen eine so geschwinde, dafs bei dem raschen Wechsel eine genaue Beobachtung der Konstellation eines Momentes nicht möglich ist[2]).

Man soll daher den Menschen vielmehr auf die eigene sittliche Kraft verweisen und diese nicht durch den Sternglauben zu Schanden machen[3]). Auch die Gestirne stehen im Dienste der Vorsehung und sind wie alles Seiende von ihr erschaffen.

---

[1]) Nach der sogleich anzuführenden Parallele aus Sext. sollte man vielmehr den Gedanken erwarten dafs sogar (praesertim) die Konstellation der Geburtsstunde unberechenbar sei, und der mit si quidem angefügte Grund bezieht sich zunächst auf den Horoskop der Geburtsstunde. Doch könnte auch folgender, sei es durch Philo, sei es durch den Übersetzer willkürlich gekürzter Gedankengang zu Grunde liegen: Die Konstellation der Zeugungsstunde ⟨rückwärts zu berechnen, ist unmöglich; ja sogar den Horoskop für die Geburtsstunde⟩ sicher zu bestimmen, ist unmöglich.

[2]) Dieselbe Argumentation findet sich bei Sextus. a. O. 55 ff. Entweder, sagt er, bestimmt man das Schicksal aus der Konstellation bei der Zeugung oder aus der bei der Geburt (Favorin bei Gell. XIV 1, 19). Das erstere ist nicht möglich: ἀκατάληπτος γάρ ἐστιν ὁ ἀκριβὴς ταύτης χρόνος, wie ausführlich dargelegt wird. Auch die 'Bestimmung nach der Geburt ist unmöglich (65 ff.). Denn einmal läfst sich der Moment der Geburt nicht scharf fixieren. Sodann (70) ἐν ᾧ οὗτος ἀναβλέπει καὶ περισκοπῶν ἐξετάζει τὸ ἐν τίνι τῶν ζῳδίων ἐστὶν ἡ σελήνη καὶ τῶν

λοιπῶν ἀστέρων ἕκαστος, φθάνει ἀλλοῖον γενέσθαι τὸ περὶ τοὺς ἀστέρας διάθεμα τῆς τοῦ κόσμου κινήσεως ἀλέκτῳ τάχει περιφερομένης, πρὶν τηρητικῶς παραπλάσασθαι τῇ τοῦ γεννηθέντος ὥρᾳ τὰ κατ' οὐρανὸν βλεπόμενα (Favorin bei Gell. XIV 1, 26).	Philo § 87: siquidem dixerunt qui satis periti istarum rerum erant, velocissimam esse ac nimis festinantem natalium circulationem, ita ut fugiat eruditissimos quoque certus cursus.

Vgl. auch Procopius v. Gaza (nach Origenes s. unten) Migne Patr. graeca Bd. 87 S. 92 D ποῦ δυνατὸν τοῦ τεχθέντος τὸν ὡροσκόπον καταλαβεῖν, ἐπὶ τίνος τῶν λεπτοτάτων ἐτύγχανεν; οὕτως ὀξυτάτης οὔσης τῆς οὐρανίας φορᾶς καὶ πλεῖστα παραιρεχούσης λεπτὰ ἐν τῷ τὸν ἀστρολόγον, κἂν τύχῃ παρών, διὰ τοῦ ἀστρολάβου τὴν τοῦ ὡροσκόπου πῆξιν δι' ἀκριβείας ἐθέλειν εἰδέναι.

[3]) Vgl. Ambr. Hexaem. IV 4, 13 Alex. Aphr. S. 58. § 88: „id exercitationis etc." übersetzt Conybeare ἄσκησιν ἀγαθὴν νομίζοντες τὸ πόνῳ ψυχῆς τὴν εὕρεσιν

Ehe wir auf die Frage nach den letzten Quellen dieser philonischen Polemik gegen das Schicksal und die Astrologie eingehen, ist noch ihr Verhältnis zu einigen christlichen Schriften zu besprechen, welche in gleicher Weise gegen das Schicksal polemisieren. Im Jahre 1855 veröffentlichte W. Cureton in seinem Spicilegium Syriacum eine syrische Übersetzung eines aus des Gnostikers Bardesanes Schule stammenden Dialogs über das Schicksal, von dem bis dahin nur ein gröfseres Originalexcerpt bei Eus. Pr. ev. VI 10 erhalten war[1]). Dieser Dialog, der gute griechische Quellen benutzt, berührt sich in wesentlichen Punkten mit Philo. Wäre der Mensch von einer Schicksalsnotwendigkeit abhängig, so sagt der unbekannte Gnostiker (S. 28 Merx, vgl. S. 36), so könnte Lob und Tadel nicht auf ihn, sondern nur auf seinen Schöpfer sich richten. „Wer nicht aus eigenem Antrieb das Gute oder Böse thut, dessen Rechtfertigung und Verdammung steht bei dem Schicksal, das ihn gemacht hat" (S. 29). „Wäre der Richter nicht ungerecht, der den Menschen um solcher Dinge willen anklagte, die er nicht vollbringen kann?" (S. 91; vgl. Clem. Rec. III 22. IX 30. X 10). Als Beweis der Willensfreiheit wird S. 35 die Erfahrung angeführt, dafs sich die Menschen von bösem zu gutem und von gutem zu bösem Leben wenden (vgl. Clem. Recogn. IX 8. 11. 12. 15). Der Schicksalsglaube erklärt sich daraus, dafs die Menschen ihre eigene

---

τοῦ ζητηθέντος λαβεῖν — wohl als Gegensatz gegen den ἀργὸς λόγος gedacht. — Auf den Inhalt von § 88 Schlufs bis 92 brauche ich nicht näher einzugehen: Der Schlufs vom Anfang und Untergang der Teile auf das Ganze (S. 6) wird wiederholt, das Weltgericht ähnlich geschildert und begründet wie früher (S. 11). Nochmals wird die allgemeine Vorsehung als Quelle aller menschlichen Tugend, Gerechtigkeit, Weisheit hingestellt, nur alles Böse von ihr ausgeschlossen.

[1]) Eine deutsche Übersetzung giebt Merx, Bardesanes von Edessa, Halle 1863 S. 25 ff. Dafs der Dialog nicht von Bardesanes selbst herrührt, zeigen Hilgenfeld Theolog. Jahrb. 1854 S. 531 und Merx S. 11. Dafs der Dialog ursprünglich in griechischer Sprache abgefafst war, macht Hilgenfeld, Bardesanes der letzte Gnostiker, Halle 1864 S. 73 ff. gegen Merx wahrscheinlich, und dafür spricht auch der aus den angeführten Parallelen sich ergebende enge Anschlufs an die griechischen Quellen sowie manche Wendungen des syrischen Textes, die nur als Übersetzungen griechischer Sätze sich ganz verstehen lassen. Zu S. 31 ist zu vergleichen die stoische Definition des νόμος als des λόγος ὀρθὸς προστακτικὸς μὲν τῶν ποιητέων, ἀπαγορευτικὸς δὲ τῶν οὐ ποιητέων. S. 33 erinnert an die stoische Unterscheidung der ἡδονή und χαρά. S. 40 „So wird ein Mann nicht Vater vor dem 15. Jahre" erinnert an Heraklit Fr. 89 Bywater (Harris, Fragments of Philo S. 20). Man beachte auch die Abschwächung des πυριλαμπὲς Ἄρεος in der syrischen Übersetzung S. 44. S. auch oben S. 24, Anm. 4. 25 Anm. 3.

Schuld dem Schöpfer aufbürden wollen (S. 35 Clem. Rec. X 50 Hom. VI 12 XIV 5)[1]). — Alle diese Gedanken sind uns bereits in ganz ähnlicher Fassung bei Philo begegnet. Die wichtigste Übereinstimmung aber betrifft das von der Verschiedenheit der Völkersitten gegen die Astrologie hergeleitete Argument, das nach Hilgenfeld a. O. 151 im wesentlichen aus den Recogn. lib. IX geflossen ist[2]). Eine zweite christliche Bestreitung der Astrologie, die sowohl mit Philo als auch mit Bardesanes sich berührt, giebt ein bei Eus. Praep. ev. VI 11 wie in der Philokalia Kap. 22 (23) erhaltener Teil aus Origenes Ἐξηγητικὰ εἰς τὴν Γένεσιν. Einige Übereinstimmungen mit Philo wurden schon oben hervorgehoben. Mit Origenes wiederum berührt sich aufs nächste die Ausführung des Prokop von Gaza in seinem Kommentare zur Genesis[3]) S. 69 ff. Mai = S. 92 ff. Migne. Beide stimmen überein in dem Beispiel des Judas (Pr. 96 D. 97 A (Migne) = Or. bei Eus. § 41. 42), in der Berufung auf Gottes Ermahnungen zur Reue, die doch die Möglichkeit der Besserung und damit die Willensfreiheit voraussetzen (Pr. S. 97 BC = Eus. § 46—50, Pr. 97 CD = Eus. § 52. 53), in der Bemerkung über die Unmöglichkeit, aus der Konstellation eines Menschen Schicksale und Charakter seiner Eltern zu bestimmen (Pr. S. 96 A—D = Or. § 54. 58. 59 (55). 60—68), über die Verschiedenheit der Völkersitten (s. unten), über die Himmelsteilung und Beobachtung (S. 92 D = Or. § 73—76).

Trotz dieser auffallenden Übereinstimmung wird doch, wer die Abweichungen im Wortlaut und in der Anordnung beobachtet, wer berücksichtigt, dafs manche Gedanken des Prokop bei Origines fehlen, und die Art der Entstehung des prokopischen Kommentars und dessen sonst nachweisbaren strengen Anschlufs auch an den Wortlaut der Quellen nicht vergifst, die Benutzung dieses Abschnittes des Origenes durch Prokop für ausgeschlossen halten. Die Berührungen wie die Differenzen beider Autoren scheinen sich aufs einfachste durch die Annahme zu erklären, dafs Prokop zwar Origenes, aber einen andern

---

[1]) S. 28 wird das alle Weltgebiete beherrschende Gesetz ähnlich wie bei Philo (oben S. 22) geschildert. Man vergleiche besonders die Worte: „Denn nimmer sagt die Sonne, ich gehe nicht auf zu meiner Zeit, nimmer der Mond . . . nimmer einer der Sterne . . . Auch das Meer sagt nicht, ich . . . beharre nicht in meinen Grenzen;" vgl. Clem Rec. III 24.

[2]) Der Abschnitt findet sich nicht in den syrischen Recogn. s. ed. de Lagarde Vorrede.

[3]) Über diesen Kommentar s. meine „Neu entdeckten Fragmente Philos".

Kommentar desselben (etwa die Σχόλια) benutzte. Und diese Vermutung scheint mir zur Gewifsheit zu werden durch die Beobachtung der sehr viel genaueren Übereinstimmung des Prokop mit Ambrosius'[1]) Kommentar zum Hexaemeron. Der Text des Ambr. erscheint an manchen Stellen geradezu als Übersetzung des Prokop. Offenbar haben beide die gleiche Quelle benutzt, und gerade an Origenes zu denken liegt besonders nahe, da dieser zu den von Ambrosius am meisten benutzten Schriftstellern gehört.

Endlich kommt noch in Betracht eine christliche Diatribe gegen die Lehre vom Fatum und die Astrologie, angehörig einem bis jetzt nur in lateinischer Übersetzung bekannten Iliobkommentare, dessen griechisches Original Dr. Hauler entdeckt hat und den Usener[2]) seinem wahren Verfasser wiedergeben wird. Ich stelle die Gedanken, so weit sie sich mit der von mir behandelten Litteratur berühren, hier zusammen: Es ist Thorheit, von der Gewalt der Sterne und damit im letzten Grunde von Gott die Übel herzuleiten. Dann würden die Gesetze mit Unrecht auf Mord und Ehebruch die Todesstrafe setzen, dann könnte nicht Gott die Schlechten strafen, die Guten belohnen (f. 122r, vgl. Philo § 81. 80). Wer von den Gestirnen die Ursache des Bösen herleitet, der darf den sich Vergehenden nicht schlagen, seinem Weibe wegen des Ehebruchs nicht zürnen, den Mörder nicht strafen, er mufs dem Diebe verzeihen. Dem Zwange der Gestirne unterworfen werden sie gezogen und bewegen sich nicht freiwillig[3]); sie verdienen eher Mitleid als Strafe (f. 123v). Die Konstellation der Geburtsstunde läfst sich nicht fixieren wegen des schnellen Überganges der Gestirne aus einem ζῴδιον ins andere[5]).

Um das Verhältnis der Quellen anschaulich zu machen, stelle ich die Beispiele der Verschiedenheit der Völkersitten einander gegenüber[1]).

---

[1]) Pr. 92 A = Ambr. Hexaem. IV 4, 12 (das Folgende berührt sich mit Or. a. O. 2), Pr. 92 D 93A Anf. = Ambr. IV 4, 14, Pr. 93 A = Ambr. 15, Pr. 93 A B = Ambr. 17 Ende, Pr. 93 B C = Ambr. 18.

[2]) Auch hier sei Usener mein Dank gesagt für die mir gewährte Einsicht in die wertvolle Diatribe. Ich citiere nach Folien der Hs.

[3]) ἕλκονται γάρ, ἀλλ οὐ θέουσιν ἑκοντί, εἱμαρμένης ἀνάγκῃ νικώμενοι. Auch hier Anspielung auf die Verse des Kleanthes (s. oben S. 24[4]).

[5]) f. 124r ταχείας μὲν μεταβάσεως γενομένης ἀπ' ἄλλου εἰς ἄλλο ζῴδιον ... f. 124v πολλὴ γὰρ ἡ ὀξύτης τῆς τοῦ παντὸς περιδινήσεως.

[1]) Das Argument fehlt bei Ambrosius. Der Usenersche Traktat führt f. 125r das Beispiel der Perser und Juden an.

Philo § 84.	Bardesanes bei Eus. Pr. ev. VI 10, 42.	Origenes bei Eus. Pr. ev. VI 11, 69.	Prokop S. 93 C.
Nonne et Iudaei legem circumcisionis libero arbitrio elegerunt, quam nusquam dimisere, sed potius per successionem posteris suis praebuere, ita ut nec natalicia neque constellationes potuerint eam tollere? lex enim mentis imperat eis, non genethlialogia . eodem modo cessant ab operibus die septima, quam Sabbatum ipsi appellant. nec non ab illis carnibus, quas lex non permisit, abstinent. nequit autem dici, quod unum atque idem omnibus contigerit natalicium, quo adiganturper vim id servare, quod Moysi deus in mandatis dedit. si ergo diversis temporibus, horis ac diebus Judaei prae se	Ἰουδαῖοι πάντες οἱ διὰ Μωσέως δεξάμενοι νόμον τοὺς γεννωμένους ἄρρενας παῖδας ἐν τῇ ὀγδόῃ ἡμέρᾳ αἱμάσσουσι περιτέμνοντες, οὐκ ἀστέρος παρονσίαν ἀναμένοντες, οὐ κλίματος ἐξουσίαν ἐνερπετόμενοι, οὐχ ὑπὸ νόμον ἄλλονου, οὐχ ὑπὸ νόμον ἄλλον τρίας χώρας ἀγόμενοι, ἀλλ' εἴτε ἐν Συρίᾳ εἴτε ἐν Γαλλίᾳ εἴτε ἐν Ἰταλίᾳ εἴτε ἐν Ἑλλάδι ἢ ἐν Παρθίᾳ ἢ ὅπου ἂν ὦσι, τοῦτο ποιοῦσιν. ὅπερ οὐκ ἔστι κατὰ γένεσιν· οὐ γὰρ δύνανται πάντες οἱ Ἰουδαῖοι μίαν γένεσιν ἔχειν. ἀλλὰ καὶ δι' ἡμερῶν ἑπτὰ πάντες ὅπου ἂν ὦσιν ἀργοῦσιν ἐκπαντὸς ἔργου καὶ οὔτε ὁδεύουσιν οὔτε πυρὶ χρῶνται οὔτε	οὐκ οἶδα δ' ὅπως δυνήσονται σῶσαι τὸ τῶν μὲν ἐν Ἰουδαίᾳ σχεδὸν πάντων τοιόνδε εἶναι τὸν σχηματισμὸν ἐπὶ τῆς γενέσεως, τὸ ὀκταήμερον αὐτοὺς λαμβάνειν περιτομὴν ἄχρωτηριαζομένους καὶ ἑλκουμένους καὶ φλεγμονῇ περιπεσουμένους καὶ τραύμασι καὶ ἅμα τῇ εἰς τὸν βίον εἰσόδῳ ἰατρῶν δεομένους.	πῶς πάντων Ἑβραίων οἱ παῖδες τῇ ὀγδόῃ τῶν ἡμερῶν περιτέμνονται.... καὶ μετασχόντες Ἑβραῖοι τῆς Ἰουδαίας καὶ πάντα χοῦ διασπαρέντες τῆς γῆς οὐδὲν ἧττον τὴν περιτομὴν ἐν τῇ ὀγδόῃ πάντες ὑφίστανται.

ferunt ex utero natalicium et nihilo minus una est illis ratio vitae atque ordo legisque disciplina, quomodo universos homines dicamus genethlialogiae esse subiectos?	ἀναγκάζει ἡ γένεσις Ἰουδαῖον οὐ κτίσαι οἶκον κτλ.
§ 85 Cum Scytharum[1] gentes praeter mores Judaeorum propria sibi lege disciplinaque utantur turpemque commixtionem cum matre adoptaverint idque filiis suis ac posteris Scythae tradiderint, ita ut processu temporis consuetudo illa vim legis obtinuerit, ubi est iam circulus zodiaci, ubi astrorum cursus? cum enim non simile omnium sit natalicium, unam tamen vitae rationem omnes sibi adscivere.	§ 16 παρὰ Πέρσαις νόμος ἦν γαμεῖν τὰς θυγατέρας καὶ τὰς ἀδελφὰς καὶ τὰς μητέρας ... παραδιδόντες τοὺς αὑτοῖς νόμους καὶ τὰ ἔθη τοῖς τέκνοις κατὰ διαδοχήν (vgl. Merx S. 34 unten, Eus. § 38). § 35 καὶ οὐκ ἀναγκάζει ἡ γένεσις ... τοὺς Πέρσας ἀθεμίτως μὴ γαμεῖν.

[1] Wahrscheinlich liegt hier eine Verwechselung mit den Persern (Sext. P. H. III 205 Philo De leg. spec. 3 S. 301) vor. Von manchen skythischen Stämmen wird nur überliefert, daſs sie Weibergemeinschaft haben.

Philo.	Bardesanes.	Origenes.	Prokop.
Auch das vom Tierdienst der Ägypter hergenommene Beispiel bei Philo § 86 war wohl in der Quelle des sogenannten Bardesanes angeführt, wie noch folgende Beziehung (§ 46) wahrscheinlich macht: οὐχ οἱ ἐν Αἰγύπτῳ Χριστιανοὶ θρησκεύουσι τὸν Ἆπιν ἢ τὸν κύνα ἢ τὸν τράγον ἢ αἴλουρον. Auch Philo Quaest. in Gen. III 48 erwähnt die Sitte der Beschneidung bei Ägyptern, Arabern, Äthiopen; vgl. De circumcis. 1 S. 210.	Bardesanes nennt § 29 auch die Amazonen, erwähnt aber andere Gebräuche derselben als Origenes und Prokop.	§ 70 τῶν δὲ ἐν Ἰσμαηλίταις τοῖς κατὰ τὴν Ἀραβίαν τοιόνδε, ὥσπανας περιτέμνεσθαι τρισκαιδεκαετεῖς· τοῦτο γὰρ ἱστόρηται περὶ αὐτῶν· καὶ πάλιν τοιόνδε¹) τινῶν τῶν ἐν Αἰθιοψίν, τοῖσδε τὰς κόγχας τῶν γονατίων περιαιρεῖσθαι καὶ τῶν Ἀμαζόνων τοῖς ἑτέρους τῶν μαστῶν. § 45 τί δὲ ἐροῦμεν περὶ τῆς Χριστιανῶν αἱρέσεως, ὅπως διοδοξασταὶ πολλοὶ ὄντες καὶ ἐν διαφόροις ἀνέστημεν κλίμασιν... οὕτινες πολλοὶ ὄντες ἑνὶ ὀνόματι κεκλήμεθα; κτλ.	S. 93 C πῶς δὲ παρ' Ἰσμαηλίταις πάντες οἱ τρισκαιδεκαετεῖς²) περιτέμνονται; καὶ παρ' Αἰθίοψιν οὐδέ τινες περιαιροῦνται τῶν γονάτων τὰς ⟨κόγχας¹)⟩ καὶ τοὺς ἑτέρους τῶν μαζῶν αἱ Ἀμαζόνες. οὐ γὰρ ἔνεστιν εἰπεῖν ὡς ἑνὶ ὁμοίως ὑποβάλλονται σχήματι. πῶς δὲ καθ' ὑμᾶς ἐξ ἑνὸς ἀστέρος λαμβάνονται παρὰ τὸ Χριστιανῶν ἔτι πορίην τὸ Χριστιανῶν ἔθνος εὐσεβείᾳ διέλαμψεν κατὰ τὰ πάλαι κυρωθέντα τῶν Ἑλλήνων ἐσβέσθη σεβάσματα.

¹) So oder τόδε ist zu schreiben statt τῶνδε.
²) So ist mit Orig. zu lesen statt ἱερεῖς δεκαετεῖς.
³) Eingeschoben nach Orig.

Die christlichen Quellen für die Bestreitung der Astrologie schieden sich bis jetzt in zwei Gruppen. Auf der einen Seite stehen die Rekognitionen und der von ihnen (d. h. von der Urschrift) abhängige bardesanische Gnostiker, auf der andern Origenes und die aus ihm schöpfenden Autoren. Über ihre direkten Quellen läfst sich Genaues nicht ausmachen. Der Abschnitt der Rekognitionen ist nach Hilgenfeld (Bardesanes S. 148. 150) die Bearbeitung einer älteren, vielleicht nicht einmal christlichen Schrift, welche gegen die Astrologie gerichtet war. Origenes mag zum Teil aus den von ihm ausdrücklich zitierten Περίοδοι Πέτρου (Philocalia Kap. 22, 14 Bd. VIII S. 41 Lommatzsch), wohl der Urschrift der Rekognitionen oder einer unsern Rekognitionen verwandten Parallelschrift, geschöpft haben, wenn er auch wohl noch andere Quellen hatte. So reduzieren sich denn unsere christlichen Berichte im wesentlichen auf eine Urschrift. Dafs in dieser Philo nicht benutzt war, beweist trotz der auffallenden Berührungen vor allem die gröfsere Fülle ihres Stoffes. Einen Anhalt für die Bestimmung der Quelle Philos giebt auch sie nicht; nur beweist sie die weite Verbreitung des von Philo gegebenen Argumentes und nötigt uns, da nur die Abhängigkeit Philos von einer älteren Schrift die Übereinstimmung mit den christlichen Berichten erklären kann, die Quellenfrage zu stellen.

Als älteste Bestreitung der Astrologie kommt der aus Panaetius[1]) geflossene Abschnitt Cic. De div. II 87—97 in Betracht. Die Bemerkung, dafs viele eine ungünstige Naturanlage überwunden haben, dafs diese also nicht von den Gestirnen herrühren könne (§ 96, vgl. De fato 10), berührt sich nun in der That entfernt mit Philo § 83. Und die Äufserung, dafs vielmehr klimatische Einflüsse die körperlichen und geistigen Verschiedenheiten ganzer Völker (Inder, Perser, Äthiopen, Syrer) erklären, erinnert wenigstens an das von der Verschiedenheit der Völkersitten hergenommene Argument bei Philo[2]). Doch diese Berührungen sind nur oberflächlich. Da aufserdem Panaetius wahrscheinlich nicht in einer besonderen Schrift, sondern nur in einem Abschnitte von Περὶ προνοίας die Astrologie bekämpfte, wird er nicht viel mehr gegeben haben, als was Cicero ausschreibt (Hart-

---

[1]) Hartfelder, Die Quellen von Ciceros zwei Büchern De div. S. 20 ff. Über die Verbreitung des Glaubens an die Astrologie s. Friedländer Sittengesch.[1]) I 101 III 467 und zu Petron K. 30. 35. 39 ff. Norden a. O. 269. Swoboda, P. Nigidii Figuli operum reliquiae S. 35 ff.

[2]) Vgl. dagegen Manilius IV 711 f. f., der nicht nur die Verschiedenheiten der Körperbeschaffenheit, sondern auch der Sitten von dem das Schicksal jedes Volkes besonders bestimmenden Sterne herleitet.

felder S. 23), und wird auch Philo bei ihm sein Material nicht haben finden können. Gegen die Benutzung des dissentierenden Stoikers spricht wohl auch die Thatsache, dafs die philonische Ausführung gegen die Astrologie sich zu einer scharfen Polemik gegen den von Panaetius, wenn auch mit Einschränkungen, festgehaltenen [1]) (stoischen) Determinismus, wie wir sahen, sogar mit deutlichem Gegensatz gegen dessen klassische Formulierung in den Versen des Kleanthes, erweitert. Die Quelle Philos polemisiert überhaupt gerade gegen die stoische Verwertung der Astrologie. Dafs in der That die Stoiker die chaldäische Kunst wie so viele Formen des religiösen Glaubens und Aberglaubens in ihr System einzuordnen wufsten, geht aus Sext. IX 132, wo die ἀστρομαντική als besondere Art der Weissagekunst gezählt wird, und aus der die Wahrheit ihrer Kunst überall voraussetzenden Auseinandersetzung des Chrysipp mit den Chaldäern (Cic. De fato 11 ff.) hervor[2]). Dieselbe Stellung nimmt Sextus Adv. Astrol. ein. Denn dessen Polemik richtet sich offenbar gegen die stoische Verwertung der Astrologie, wenn er (§ 2) bemerkt, dafs die Astrologie alles Handeln κατὰ τὸν ὀρθὸν λόγον aufhebe, sich gegen die Lehre von der ἕνωσις und der Sympathie des irdischen Gebiets mit dem himmlischen (Zeller III 1 S. 169. 170) wendet (§ 44. 4, hier Beziehung auf den stoischen Mikro- und Makrokosmos) und seine Gegner für die Gewalt des Schicksals über die Menschen die nach Cic. (De fato fr. 3) von den Stoikern gern zitierten Verse Od. XVIII 136 anführen läfst (§ 4), wenn er endlich § 45 ff. im allgemeinen die Lehre

---

[1]) S. Schmekel S. 190 ff. 318 ff. Nach reiflicherer Erwägung der Auffassung Schmekels möchte ich auf dies Argument weniger Gewicht legen als auf die gröfsere Übereinstimmung Philos mit der skeptischen Polemik.

[2]) Hartfelder S. 21, der auch auf Cic. De div. II 88 Panaetius, qui unus e Stoicis astrologorum praedicta reiecit hinweist. Aus dieser Stelle ergiebt sich die Beschäftigung der andern Stoiker mit der Astrologie. Für die Bedeutung der Astrologie in der stoischen Schicksalslehre sei noch auf Sen. Nat. quaest. II 32, 6 VII 4, Manilius und auf Vettius Valens, einen Astrologen aus der Zeit des Antoninus Pius hingewiesen, den ich aus handschriftlichen Auszügen Useners kenne. „Der Mann steht bereits auf den Schultern einer grofsen Litteratur, aus der er eine Blütenlese giebt" (Usener). Auch er beruft sich auf die Verse des Kleanthes, citiert für die Schicksalslehre Homerverse, die nach Aristokles (vgl. Gercke a. O. S. 715 ff. Lucian Apol. 8) auch Chrysipp brauchte, hat den bei der Stoa beliebten Vergleich des Lebens mit der πανήγυρις, des Menschen mit dem ὑποκριτής. Die pseudolukianische Schrift περὶ τῆς ἀστρολογίης giebt für meine Zwecke nichts, die Erörterungen bei Hippolyt sind aus Sextus geschöpft.

von der εἱμαρμένη bestreitet[1]). Der Standpunkt des Philo und des Sextus erscheint also als der gleiche. Beide streiten gegen die stoische Fassung und Begründung der astrologischen Theorie. Die Übereinstimmung aber erstreckt sich nicht nur auf die allgemeine Richtung der Beweisführung, sondern auch auf einzelne Ausführungen. Schon S. 25 wurde darauf hingewiesen, dafs Philo, wo er die viele Menschen treffenden Unglücksfälle und die Unsicherheit der Nativitätsstellung gegen die Astrologie geltend macht, sich auffallend mit Sextus berührt[2]). Danach werden wir für Philo eine skeptische Quelle anzunehmen haben, wofür auch spricht, dafs Philo sich oft skeptische Anschauungen aneignet, ja die Tropen Aenesidems reproduziert. Auf eine skeptische Quelle scheint mir aber auch das auf der Verschiedenheit der Völkersitten beruhende Argument hinzuweisen. Ähnliche Zusammenstellungen der Völkersitten finden sich nämlich auch in einem der Tropen Aenesidems, freilich zu einem andern Zwecke, um daraus die Relativität aller sittlichen Anschauungen zu erschliefsen[3]). Dies Argument selbst ist aber sehr viel älter als das Aufkommen der Tropen, es reicht zurück bis in die Sophistik, welche sich zuerst der νόμιμα

[1]) § 105 wird der μέγας ἐνιαυτός auf 9977 Jahre bestimmt. Am nächsten kommt die platonische (10 000) und die (wohl stoische) Berechnung Dox. 364, 6 auf 7777 Jahre. Ob an einer der Stellen ein Schreibfehler vorliegt? Nach dem Stoiker Diogenes (Dox. 364, 3) umfafste das grofse Jahr 365 $\times$ 1800 Sonnenjahre, nach Ciceros Hortensius (fr. 26. 27) 12954. Andere Angaben bei Censorin De die nat. 18. Schmekel S. 241 Anm. 3.

[2]) Die Einteilung der 12 Tierzeichen in je 30 μοῖραι, jeder μοῖρα in 60 λεπτά findet sich bei Origenes§ 74 Procop 92 D (= Ambr. IV 4, 14) wie Sext. 5. Die Unmöglichkeit, den Moment der Geburt genau zu fixieren, hebt Ambr. a. O. ganz ähnlich wie Sext. 65 ff. hervor; vgl. besonders Sext. 70 φθάνει πλείων διελθεῖν χρόνος μετὰ τὴν ἀπότεξιν... φθάνει ἀλλοῖον γενέσθαι τὸ περὶ τοὺς ἀστέρας διάθεμα, Ambr.: in alterius sortem iam nati fata migrarunt... fugit tempus irreparabile. Vgl.

Prokop 93 A πῶς δὲ οὐ τῶν ἀτοπωτάτων ἐκ τῶν παρ' ἡμῖν φαινομένων τοῖς ἐν τῷ οὐρανῷ ζῳδίοις παρέχειν τῶν ἀποτελεσμάτων τὰ ἰδιώματα

Sext. 95 δυσωπήσομεν αὐτοὺς καὶ ἐν οἷς συνοικειοῦν θέλουσι τοῖς τῶν ζῳδίων τύποις τάς τε μορφὰς καὶ τὰ ἤδη τῶν ἀνθρώπων

und die weitere Ausführung. Die Benutzung des Sext. durch Prokop und Ambr. d. h. Origenes wird niemand behaupten — an der ersten Stelle z. B. erwähnen jene die von Sext. übergangene Teilung des λεπτὸν in 60 λεπτεπίλεπτα —; also handelt es sich um verbreitete skeptische Argumente.

[3]) Die Hauptbelege giebt Sext. P. H. I 148 ff., auch III 198 ff. Laert. Diog. IX 83 ff. Das Argument ohne Beispiele bei Aristokles, Eus. Pr. ev. VIII 14, 11 Philo De ebr. 47. Die Sache mufste auch zur Sprache kommen im ersten τρόπος des Agrippa (Laert. Diog. IX 88 Sext. P. H. I 164).

βαρβαρικὰ zur Bestreitung und Auflösung der sittlichen Begriffe bediente, und es gehörte gewifs von Alters zum festen Bestande der pyrrhonischen und akademischen Skepsis[1]), wie es denn auch in dem karneadeischen Vortrage des Philus bei Cic. De rep. III 14 ff. ausführlich entwickelt wird[2]). Offenbar mufste es am ersten der akademischen Skepsis nahe liegen, in ihrer Polemik gegen die stoische Schicksalslehre das historische Material jenes Tropos in der Art zu verwerten, wie wir es bei Philo und in den verwandten Berichten gesehen haben. War auch der Zweck der Beweisführung ein anderer, so konnte sich dieselbe doch auf das so bequem zur Hand liegende Material gründen.

Wenn schon die Berührung mit Cic. De rep. III 14 ff. und De nat. deor. III den Gedanken an Karneades als letzte Quelle der uns erhaltenen Bestreitungen der Astrologie nahe legte, so läfst sich diese Vermutung von anderer Seite her zu ziemlicher Gewifsheit erheben. Auf eine gemeinsame skeptische Quelle deutet nämlich auch die Übereinstimmung der Polemik Favorins bei Gell. XIV 1 mit der des Sextus in ihrer allgemeinen Richtung gegen die Stoa und in einzelnen Argumenten[3]). Den entscheidenden Ausschlag aber giebt die mit Sicherheit auf Cic. De fato zurückzuführende Bestreitung der As-

---

[1]) S. Rohde Gött. Gel. Anz. 1884 S. 29. 30, der auf die dorischen Διαλέξεις Kap. 2 und a u Platos Eryxias 399 E ff. verweist. Vgl. auch Dümmler, Akademika S. 249 ff. Proleg. zu Platons Staat S. 29 ff. 46. 56. Chrysipp mag mit seiner Zusammenstellung der Gebräuche bei der Totenbestattung (Teletis reliquiae ed. Hense S. LXXXVIII) den Skeptikern wie öfters dankenswertes Material geliefert haben. Zusammenstellungen der Völkersitten aus historischem Interesse gab nach Herodot Aristoteles in seinen Νόμιμα βαρβαρικὰ und Nikolaus von Damaskus in seiner Ἐθῶν συναγωγή, mancherlei auch Posidonius. Kein Wunder, dafs dieser τόπος in verschiedener Tendenz uns oft begegnet: Cic. Hortensius fr. 29. Epikt. I 11, 12 (27, 4). 22, 4. II 11, 14. Clem. Hom. XIX 19. Lucian Jupp. trag. 40 De sacrif. 13. 14 Anach. 6. De luctu 21 ff. Philo De circumc. 1 S. 210 (Beschneidung) De Abr. 33 S. 26. 27. De Jos. 6 S. 46. 9 S. 48 V. Mos. II 4 S. 137 De spec. leg. 3 S. 301 (Perser) De concup. 4 S. 352 Legat. 31 S. 577. 45 S. 599. Crusius und Cohn, Zur handschriftlichen Überlieferung, Kritik und Quellenkunde der Parömiographen S. 296.

[2]) Vgl. Cic. De nat. deor. III 39. 47 ff. über Verschiedenheit des Götterglaubens.

[3]) Beide bestreiten, dafs das Alter der chaldäischen Beobachtung genüge (Fav. § 2. 14 ff. — Sext. 103 bis 105, Beziehung auf die ἀποκατάστασις F. 18 — S. 105), bemerken, dafs diese nicht für Länder, die einen andern Stand der Gestirne haben, gelten könnte (F. 8. 10 — Sext. 84. 85), heben energisch die Willensfreiheit hervor (S. 24[3]), betonen die Unmöglichkeit genauer Fixierung der

trologie durch Augustin zu Anfang des 5. Buches De civ. dei, da nämlich diesem Abschnitt wie der Schrift De fato im ganzen Karneades als Quelle zu Grunde liegt[1]). Nimmt man nun Karneades als letzten Urheber der in so mannigfachen Verzweigungen ausgebreiteten Gedanken an, so fällt auch ein ganz neues Licht auf die erwähnte Bestreitung der Astrologie durch Panaetius. Wenn wir ihn zum Teil mit den aus den skeptischen Quellen uns vertrauten Argumenten operieren sehen[2]), so erklärt sich diese Erscheinung einfach daraus, dafs auch hier wie auf andern Gebieten Karneades durch die durchschlagende Wirkung seiner Polemik den Panaetius zur Abweichung vom Schuldogma veranlafst hat. Auf Karneades dürfen wir die den Bestreitungen der Astrologie gemeinsamen Argumente mit ziemlicher Sicherheit zurückführen.

Konstellation (S. 19[3]), weisen auf den gleichzeitigen Untergang vieler Menschen bei verschiedener Konstellation hin (S. 26[2]), fragen, warum nicht unter gleicher Konstellation ein zweiter Plato geboren werden könne (F. 29 — Sext. 89), ob nicht auch das Schicksal der Tiere durch die Gestirne bestimmt werde (F. 31 — Sext. 94). Während Sextus die Möglichkeiten der Schicksalsbestimmung nach dem Horoskop des Augenblickes der Geburt oder der Empfängnis einzeln widerlegt (S. 26[2]), sieht F. § 19 schon in dieser doppelten Möglichkeit einen Widerspruch. Man vergleiche noch F. 5 $\pi\alpha\chi\upsilon\mu\varepsilon\varrho\acute{\varepsilon}\sigma\tau\varepsilon\varrho\omicron\nu$ mit Sext. 64. 68. 89, F. 20 ff. mit Orig. a. O. § 66 ff.

[1]) Beides, die Abhängigkeit des Augustin von Cicero, des Cic. von Karneades überzeugend nachgewiesen zu haben ist ein Verdienst Schmekels, a. O. S. 160 ff. — Ich bemerke, dafs dessen Werk mir erst wenige Tage, bevor ich meine Untersuchung in den Druck gab, zuging, dafs ich aber aufser hier am Schlufs nur formelle Äuderungen nötig fand und meine Arbeit nicht glaubte zurückhalten zu müssen; denn sie stützt sich auf wesentlich anderes Material, wie ich andererseits in der schönen Darlegung Schmekels, die vieles behandelt, was meinen Zwecken fern lag, eine unentbehrliche Ergänzung meiner Arbeit sehe. Trotzdem ich das Verhältnis des Augustin zu Cic. nicht erkannt hatte, wurde ich doch durch die Übereinstimmung der von mir betrachteten Bestreitungen der Astrologie zur Annahme einer (berühmten) skeptischen Quelle geführt. Auf Karneades wies mich vorzüglich das von den Völkersitten hergenommene Argument und die Erkenntnis, dafs diese Quelle schon von Panaetius verwertet war. So kam ich zum Teil auf anderm Wege zum gleichen Ziele wie Schmekel.

[2]) Hierfür kann ich jetzt auf die umsichtige Darlegung Schmekels S. 320 ff. verweisen. Hinzuzufügen habe ich nur, dafs das 7. Argument De div. II 96 jedenfalls durch die karneadeische Berufung auf die Verschiedenheit der Völkersitten veranlafst ist; nur dafs Panaetius hier, während der Skeptiker sich auf die Polemik und Negation beschränkte, eine positive Erklärung der Erscheinung versuchte.

Kapitel II.
Charakteristik und Echtheit des ersten Buches.

Fassen wir nun die Resultate der voraufgehenden Quellenuntersuchungen zusammen und verbinden sie zu einer allgemeinen Charakteristik des 1. Buches. Das S. 3. 4. gefällte Urteil über die Thätigkeit des Excerptors hat sich uns im einzelnen bestätigt. Die Hand desselben gab sich zu erkennen in zwei gröfseren Interpolationen (S. 8^4. 11^6), von denen die eine christlichen Charakter trägt. Ferner ist durch ihn die dialogische Einkleidung des Buches, die schon aus Andeutungen des zweiten Buches feststeht (Diels a. O. S. 4), vernichtet worden. Damit hängt zusammen, dafs die Gegenreden Alexanders teils im Auszuge Philo in den Mund gelegt sind (S. 12^1), teils wohl unterdrückt sind. Denn wahrscheinlich ging der Bestreitung der Astrologie eine Verteidigung derselben durch Alexander, dem in diesem Falle stoische wie sonst epikureische und skeptische Argumente in den Mund gelegt waren, vielleicht auch der Widerlegung der Weltewigkeit die Behauptung derselben durch Alexander vorauf. Manche Spuren des Dialogs sind freilich zurückgeblieben, namentlich zu Anfang der Schrift (unten S. 41), ferner in den Anreden § 17. 68. 69. 91. Dafs wir oft eine Verbindung der Gedanken vermissen, dürfen wir gewifs dem Excerptor schuld geben. Dagegen müssen wir die lästigen Wiederholungen[1]) wohl meist auf Philos Rechnung setzen, da dieselben für die Erstlingsschriften des Philo überhaupt charakteristisch sind. Charakteristisch für diese Schrift ist ferner der besonders enge Anschlufs an die philosophischen Quellen. Im ersten Teile sind wegen der Berührungen mit *Περὶ ἀφθ.* dieselben Quellen anzunehmen wie in dieser Schrift. Eine Darlegung der Gründe gegen die Vorsehung liefs sich mit gleicher Sicherheit auf Epikur

---

[1]) Wiederholt werden behandelt der Schlufs vom Teile auf das Ganze, von der partikulären *πρόνοια* auf die universale (S. 9^2. 14^1), der Vergleich der *πόλις* mit der Stadt (S. 10^1, auch De prov. II), der Seele mit der *πρόνοια* (S. 10^2), die Schilderung des Weltgerichts (S. 12. 26^3), der vom menschlichen Kunstwerk abgeleitete Vergleich (S. 14^6), die Unterscheidung des menschlichen und göttlichen Urteils (S. 19^2); vgl. S. 6^1. 15^2. 17^3. 18^4. 22^3. 24^5. 26^3. Über ähnliche Wiederholungen in der Schrift *Περὶ ἀφθ.* s. die Abhandlung von Arnims.

zurückführen wie die Bestreitung der Astrologie auf Karneades, wenn auch nicht mit Gewifsheit behauptet werden kann, dafs beide direkt benutzt sind. Die Verteidigung der Vorsehung verriet durchweg stoischen Charakter. Unterscheidende Merkmale, die auf einen bestimmten Autor schliefsen lassen, finden sich freilich nicht. Doch liegt es am nächsten an Posidonius als Hauptquelle zu denken, der sich als Gewährsmann für einzelne Partieen des 2. Buches ergeben wird und auch sonst von Philo benutzt zu sein scheint[1]). Diese Vermutung scheint dadurch bestätigt zu werden, dafs eine ausdrücklich dem Posidonius zugeschriebene Definition des κόσμος sich bei Philo wieder findet (oben S. 8[3]), dafs beiden der Vergleich der Seele mit der Gottheit (oder Vorsehung) gemeinsam ist (S. 10[2]) und dafs Philo besonders zahlreiche Berührungen mit Schriften zeigt, in denen mit Wahrscheinlichkeit Benutzung des Posidonius angenommen wird[2]). Die Gedanken über die Stellung des Weisen zu den Leiden (S. 17 ff.) waren durch die Wirksamkeit der kynisch-stoischen Predigt Gemeingut der Gebildeten geworden und könnten aus einer Diatribe stammen. Jedenfalls tritt uns in allen Teilen der echt philonische Standpunkt zu den philosophischen Schulen entgegen: Anschlufs an die Stoa in der Ethik, der Theodicee und der teleologischen Naturerklärung, heftige Bestreitung Epikurs (Neu entdeckte Fragmente S. 140), Polemik gegen die Annahme der Weltewigkeit, die Astrologie und die Schicksalslehre, gegen die beiden letzteren mit nachweisbarem Anschlufs an die Skepsis, deren Theorie Philo auch sonst als Voraussetzung seiner mystischen Theosophie adoptiert. Angesichts dieser Thatsache scheinen mir alle Zweifel gegen die Echtheit des 1. Buches ausgeschlossen, und gegen dieselben sprechen auch die Beziehungen des 2. Buches[3]), dessen Echtheit niemand bezweifeln sollte und das mit dem ersten fallen würde. Massebieau, Le classement des oeuvres de Philon S. 88 macht gegen die Echtheit des 1. Buches noch besonders geltend[4]), dafs Eusebius nur das zweite kenne. Dies an und für sich schon bedenk-

---

[1]) Schmekel a. a. O. S. 430.
[2]) Nämlich mit Cic. De nat. deor. II und Sext. Adv. math. IX (s. Schmekel S. 85 ff.); vgl. oben S. 6[1]. 9[5]. 10[12]. 11[1.; 4]. 14[1. 3. 4]. Auch die Berührungen mit Sen. in der Schilderung des Weltgerichtes (S. 12) liefsen sich aus gemeinsamer Benutzung des Posidonius erklären.
[3]) S. oben S. 7[2. 4]. 10[1]. 11[4]. 19[2]. 20[4].
[4]) Die andern Gründe von Massebieau sind durch die voraufgehende Untersuchung erledigt. Dafs Drummond I S. 306 (II S. 58) aus Diels' Nachweis einer

liche argumentum e silentio läfst sich in diesen Falle als falsch erweisen. Citiert Eus. auch unser Buch nicht, so hat er es doch gekannt und für eine eigene in seine Excerpte über die Schicksalslehre eingeschobene Darlegung benutzt (Praep. ev. VI 6). Dem bösen Dämon wird die Knechtung der Willensfreiheit durch den Glauben an die ἀνάγκη zugeschrieben (VI 6 § 4). Die Folge davon ist, dafs Philosophie und Gottesfurcht (§ 5, über Philo oben S. 11), das Lob der Tugend (§ 5 Philo § 82, oben S. 25) unmöglich ist. Die sich anschliefsenden Worte οὐδὲ τῶν ἐν ἀσκήσει πόνων καρπὸς ἐπάξιος (vgl. § 6 μελέτης καὶ ἀσκήσεως 8 μὴ ἄνευ καμάτων καὶ πόνων), erinnern an Philos Forderung (§ 88)[1]) der ἄσκησις und des πόνος. Als Konsequenz des Determinismus wird auch hier hervorgehoben, dafs man dann auch die schlimmsten Verbrecher nicht zur Rechenschaft ziehen dürfte (§ 6. 11. 18. 54, hier wie bei Philo das Beispiel des Mörders, oben S. 24). Der Frevler wird ähnlich wie bei Philo (oben S. 24) redend eingeführt (§ 13): τί με, ὦ ἄνθρωπε, νουθετεῖς; ταῦτα γὰρ οὐ δήπου ἐστὶν ἐπ' ἐμοί, τὸ μεταβάλλειν τὴν προαίρεσιν· ἡ γὰρ εἱμαρμένη προκατείληφε. Die Schicksalslehre richtet die Gesetze zu Grunde (oben S. 25[2]). τί γὰρ δεῖ προστάττειν ἢ ἀπαγορεύειν τοῖς ὑφ' ἑτέρας ἀνάγκης κατεσχημένοις (§ 18, vgl. Philo § 80 quicumque libertate donati sunt, illis quod libuerit lex imperet etc.). Die Menschen würden sich nur δίκην ἀψύχων (§ 20, vgl. Philo § 81 brutorum more) bewegen. Auch Eus. schiebt den Vertretern der Schicksalslehre die gleichen Motive unter wie Philo (Eus. § 53. 51, oben S. 24). Auch bei Eus. (§ 58, oben S. 11[4]) findet sich die stoische Definition der εἱμαρμένη[2]). Demnach können wir getrost Eusebius als Zeugen für unser Buch anführen. Für seine Echtheit spricht auch eine Reihe bereits oben nachgewiesener Parallelen aus philonischen Schriften, die bei der Verwerfung der Echtheit das Buch als eine Fälschung würden erscheinen lassen, deren Urheber mit einem bei Fälschern seltenen Geschick nicht nur die Gedanken, sondern auch sprachliche Eigentümlichkeiten und Lieblingsausdrücke Philos, die sich auch, nachdem die Schrift durch eine doppelte Übersetzung hindurchgegangen ist, nicht verkennen lassen, sich angeeignet und

---

Interpolation schliefst „we cannot, however, any longer appeal with confidence to this treatise", würde Diels am wenigsten billigen.

[1]) S. S. 26 die Übersetzung Conybeares.
[2]) Das Citat des Euripides § 2 kann aus Philo De Jos. 14 S. 53 stammen. Q. o. pr. l. § 4. 15 dasselbe Citat, ohne den ersten Vers. S. Fragm. trag. 687 N².

wiederzugeben verstanden hätte. Diesen Nachweis will ich hier noch vervollständigen, indem ich Parallelen nachtrage, die, weil sie teils nur die Sprache, teils manche für die Analyse der Schrift auf ihren philosophischen Gehalt unbedeutende Gedanken betreffen, oben übergangen wurden, um die ·Quellenuntersuchung nicht mit noch mehr Anmerkungen zu belasten. Ich verbinde damit Bemerkungen über die Auffassung einzelner Stellen, die sich teilweise auf Conybeares Mitteilungen stützen.

§ 2 ff. S. 2 Aucher „estne ipse quoque etc." übersetzt Conybeare wörtlich[1]): Ph. οὐκοῦν καὶ ἐκεῖνός ἐστιν ἐν ἀνοίᾳ (im Urtext stand wohl ἀπρονοησίᾳ) ὁ αἰτιώμενος (sc. τὴν πρόνοιαν); A. ἔστιν. Ph. καὶ πῶς ὁ ἐν ἀνοίᾳ ὢν ἐπίσταιτ᾽ ἂν τὴν πρόνοιαν μέμφεσθαι καὶ αὐτὸς οὐκ ὢν ἐν προνοίᾳ; ἀδυνατεῖ γὰρ ὁ καλῶς μέμψεις προφέρων[2]), ἐὰν μὴ προδιδαχθῇ τὴν ἐπιστήμην τοῦ ἀγαθοῦ (in diesem Falle der πρόνοια). A. ἀληθῆ λέγεις. Ph. εἰ δέ ὁ εὖ αἰτιώμενος ἐπιστήμων τοῦ ἀγαθοῦ, οὔ πως φήσομεν ἄνοιαν ἐπιστημονικῶς αἰτοῦσαν (oder αἰτοῦντα) νοῦν τὸν αἰτιώμενον[3]); A. οὕτως[4]). Ph. τὴν δὲ πρόνοιαν εἰδὼς ἔγνω τὴν ἀπρονοησίαν (Conybeare ἄνοιαν); A. ἔγνω. Ph. ὁ δὲ νοῦς ἀνοίᾳ ἐναντίος ἐστί; A. πῶς δ᾽ οὔ; Ph. ὥστε, εἰ ἔστι ταῦτα, αἰτιάσεται ἡ πρόνοια (nämlich die menschliche) τὴν ἄνοιαν (die im Kosmos sich zeigende ἀπρονοησία); A. ἀνάγκη.

---

[1]) Ich setze der Deutlichkeit wegen die Namen der Interlokutoren, Ph. = Philo, A. = Alexander, vor. Vgl. S. 38.

[2]) Für den Urtext vermute ich den Sinn: ἀδυνατεῖ γάρ τις καλῶς μέμψεις προφέρειν, und so übersetzt Conybeare neuerdings.

[3]) Indem ich ἐπιστημονικῶς zu αἰτιώμενον ziehe, finde ich in den Worten etwa den Sinn: „Den Zustand eines verständigen Anklägers, der doch νοῦς voraussetzt, darf man nicht als ἄνοια bezeichnen" oder bei der Lesart αἰτοῦντα „Einen νοῦς (verständigen Zustand), wie er bei einem ἐπιστημονικῶς αἰτιώμενος vorauszusetzen ist, darf man nicht . . ." — Conybeare übersetzt stets

Nacha — chnam — onthiun = πρόνοια
An — chnam — onthiun = ἄνοια
chnam (sonst φρόνησις oder ἐπιμέλεια) = νοῦς.

Nur muſs An — chnam — onthiun den Doppelsinn von 1. ἀπρονοησία des Alls, 2. menschliche ἄνοια haben. Solch ein Doppelsinn ist schon im griechischen Texte anzunehmen; denn auf der (unerwiesenen) stoischen Annahme der Wesensgleichheit menschlicher und göttlicher, partikulärer und universaler πρόνοια ruht das ganze Schluſsverfahren. Also stand im Griechischen wohl überall ἀπρονοησία mit ähnlichem Doppelsinn wie πρόνοια (Sen. Dial. VII 9, 4 providentia vom Menschen).

[4]) Für οὕτως denke man sich im griechischen Original überall etwa ἔστι ταῦτα.

Ph. μῶν ἡ πρόνοια ἐξ (oder ἀπὸ) ἀνοίας; A. οἰδαμῶς. Ph. εἴ τις οὖν αἰτιᾶται τὴν ἄνοιαν (die ἀπρονοησία des Alls), ἀπὸ νοῦ αἰτιᾶται; A. ἀληθῆ λέγεις. Ph. ἐάν οὖν ἀπὸ νοῦ αἰτιᾶται, ἔστι πρόνοια (zunächst die menschliche); A. οὕτως. Ph. ἆρ' οὐκ ἀγαθή[1]) ἐστι πρόνοια; A. ἀγαθή. Ph. ἡ δὲ ἄνοια οὐκ ἔστιν ἀγαθή; καὶ οὔ φησιν ἄνοιαν εἶναι ὁ αἰτιώμενος τὴν πρόνοιαν; A. οὕτως. Ph. ὥσπερ (ἄτε?) εἰδὼς τὴν πρόνοιαν; A. παντάπασι. Ph. ὅ δὲ οἶδεν, ἔχει ἐν ψυχῇ; A. οὕτως. Ph. ὅ δὲ ἔχει, ἢ μαθήσει ἢ ἀσκήσει ἢ φύσει ἔχει[2]); A. οὕτως. Ph. καὶ αἰτιᾶται (περὶ) τὴν ἄνοιαν (oder ob incuriam)[3]); A. οὕτως. Ph. μέρος ἐστὶ παντός; A. πῶς δ' οὔ; Ph. μέρος δὲ τῷ παντὶ ἡνωμένον[4]); A. ἀνάγκη. Ph. ὅ δὲ τοῦ παντὸς μέρος ἐστὶ καὶ[5]) οἶδε πρόνοιαν, ἀνάγκη ἀπὸ παντὸς ἔχειν τὸ προνοητικόν; εἰ δὲ ἀπὸ παντὸς ἔχει τὸ προνοητικόν, ὥσπερ μέρος ἐστὶ παντός, πῶς οὐκ ἂν εἴη πρόνοια;

§ 3 S. 3 Aucher (oben S. 4 Anm. 2) quod vero habet, aut didicit aut invenit aut ex natura iam habet = De somn. I 27 S. 646 τὴν ἀρετὴν ἢ φύσει ἢ ἀσκήσει ἢ μαθήσει περιγίνεσθαι κτλ. De Abr. 11 S. 9. De Jos. I S. 41. Vit. Mos. I 14 S. 93. De mut. nom. 13 S. 591. De profug. 30 S. 591. De prov. II 22 (= Eus. Praep. ev. VIII 14, 16).

§ 5 S. 4 illos iuvat non demonstratio ex voluminibus desumpta, sed comprehensio quae per sensibilia comparatur.... per manifestationem visus = De post. Caini S. 137, 2 τοῦ ὄντως ὄντος ἐναργείᾳ μᾶλλον ἂν καταλαμβανομένου (Tisch. ἀντικατ.) ἢ λόγων ἀποδείξει συνισταμένου, vgl. § 1 per evidentiam. Berufung auf die ἐνάργεια auch bei Cic. de nat. deor. II 98. 99 und häufig bei Philo.

§ 7 S. 5 „quodsi sapiens illa creatio ..." Die Hss. von Edschm. ergeben den Text: εἰ δὲ ἀπ' αὐτοῦ εἰσι (sc. σχήματα καὶ μορφή), σοφὴ κοσμοποιΐα καλλιμορφίαν (oder καλλιμορφία) ἀπειργάσατο, τῆς ὕλης τὴν πάνυ καλὴν ἰδέαν δεχομένης. καὶ πῶς (eine Hs. πότε) κοσμοποιεῖν θεὸς ἀρχόμενος, ἀτάκτου καὶ ἀκόσμου καὶ

---

[1]) Was dieser Begriff soll, verstehe ich nicht. In einer früheren Übersetzung gab Con. statt ἀγαθὴ überall πάντως.
[2]) So übersetze ich nach den sogleich anzuführenden Parallelen.
[3]) Eine der von Herrn Conybeare in Edschmiazin verglichenen Hss. liest καὶ αἰτιᾶται τὴν πρόνοιαν, eine andere καὶ αἰτιᾶται τὴν ἄνοιαν. „Es ist wohl zu kombinieren αἰτ. τὴν πρόνοιαν διὰ τὴν ἄνοιαν."
[4]) Stoischer Terminus.
[5]) Beide Hss. von Edschm. lassen καὶ aus.

συγκεχυμένης ὕλης εὐταξίαν νῦν δὴ ἅμα κόσμῳ δεχομένης, ἀρχὴν τὴν ὕλην ἐλάμβανε (oder λάβοι ἄν); ὁ δὲ δημιουργὸς ἀεὶ αὐτὴν (oder αὐτὸν) νοῶν ἐκόσμει.

§ 7 Ende S. 5 (vgl. § 49) über die Wechselwirkung von Geber und Empfänger der Wohlthat s. Sen. Ben. V 8, 1. 3. 10, 3. Philo De mut. nom. 4 S. 582.

§ 13 S. 7 „quid enim..." τί γὰρ διαφέρει τὰ προδιεφθαρμένα ὑφ' ἡμῶν (eine Hs. ἐν μέσῳ st. ὑφ' ἡ.) τῶν ὑποκειμένων μέρη καὶ μερῶν μέρη τῶν ἀφ' ὧν ἀνῃρέθη σωμάτων.

§ 22 S. 12 nec tamen ut alii quidam sapientum, animal esse mundus censendus est. Freilich trägt Philo diese stoische Ansicht De victimis 6 S. 243 Quaest. in Gen. IV 188 S. 388 vor: *universum caelum et mundus* (sc. laetatur), *quoniam animal est et rationale et animans virtute praeditus et natura philosophus*. Man vergleiche die Bezeichnung der Welt als θεὸς ὁρατὸς in Περὶ ἀφθ. und die von Gfrörer I 131 ff. angeführten Stellen, die gegen diese Vorstellung polemisieren. Doch kann man an der Echtheit auch noch dieser Worte zweifeln, wenn man z. B. De prov. I 40. 68 vergleicht.

§ 25 S. 13 providet enim et armentarius pecoribus et agaso equis et gregi pastor. Ähnliche Häufungen Leg. ad Gai. II S. 556 ἀγελάρχαι βουκόλοι καὶ αἰπόλοι καὶ νομεῖς Q. o. pr. l. 5 S. 450. De opif. S. 31, 16. De leg. spec. 5 S. 339.

§ 25 S. 13 Ende „et quod incepit..." τὸ δὲ ἀρξάμενον ἀπό τινος ἀρχὴν λαβὸν ἤρξατο καὶ τὸ ἀρξάμενον ἀφ' ἑτέρου ἀρχὴν ἔλαβε καὶ¹) γενόμενον σοφὸν καὶ πρόνουν.

§ 26 S. 13 siquidem oportet, ut creator provide curam habeat rerum ab ipso creatarum II 48 inspectione et cura habita tamquam pater proli suae et artifex operi suo officium praestans = De opif. S. 3, 2 τοῦ μὲν γὰρ γεγονότος ἐπιμελεῖσθαι τὸν πατέρα καὶ ποιητὴν αἱρεῖ λόγος 67, 4 De ebr. 3 S. 359 De Abr. 24 S. 19 De spec. leg. 6 S. 305. 34 S. 331 De praem. et poen. 7 S. 414 Quaest. in Exod. II 64 Harris S. 64 Quaest. in Gen. II 34 S. 23 Harris. Ähnlich ist auch *Π. ἀφθ.* S. 14, 15. Der Gedanke ist platonisch und aristotelisch (Bernays Abh. d. Berl. Akad. 1882 S. 44) und begegnet auch bei Cornut S. 51, 1 Lang.

§ 28 S. 14 Gott der *rector ac munerarius certaminis* = ἀγωνοθέτης De somn. I 21 S. 640. 26 S. 645 ὅσα θεάματα καὶ ἀκούσματα τῆς ὑμετέρας ἕνεκα ὠφελείας ὁ ἀγωνοθέτης ηὐτρέπισε De opif.

---
¹) καὶ ist wohl zu tilgen.

S. 28, 5 ὁ τῶν ὅλων ἡγεμὼν οἷά τις ἀθλοθέτης κτλ. Verwandt ist der Pythagoras zugeschriebene und in der stoischen Litteratur oft wiederholte Vergleich der Welt mit einer πανήγυρις (oder einem θέατρον), s. Berl. philolog. Woch. 1888 S. 233.

§ 28. 29 S. 14 „nonne id ..." ἢ μᾶλλον διανοητέον ἐστὶν ἐν ζῴου φύσει εἶναι σοφὴν φρόνησιν πᾶν διακοσμοῦσαν, σοφὰς κινήσεις ἀπεργαζομένην, ὥσπερ καὶ τῶν ὁρωμένων σωμάτων σαφῆς διήγησις ἐπιδηλοῖ τὰ αἰσθητικῶς ἀπειργασμένα ψυχῆς εἶναι κινήσεις, πρότερον κινησάσης καὶ πρότερον ἀπιδούσης τῆς ψυχῆς ἀοράτου νοήσεως πρὸς ὑπηρετούντων ὀργάνων τελειότερον ἔργον. παραπλησίως οὖν ἀποδεκτέον καὶ τὰς ὑπὸ (oder ἐκ) προνοίας κεκηρυγμένας κινήσεις κατὰ προνοίας ἀγνοουμένην βούλησιν ἐπιδήλως νυνὶ τελειουμένας.

§ 30 S. 14 „quomodo non ..." übersetzt Conybeare: quomodo non omnino oporteat certum consilium providum, immo divinam quandam providentiam dignam putare (= ἀξιοῦν) potentia, quae omnem in foro iudicii constantiam et vim habet?[1]) nonne scio veritatem amans iudicium (φιλαλήθη κρίσιν?) esse et certum iudicium intelligibilium sensibilia?[2])

§ 32 S. 15 quae enim a se invicem pendent, non sine utriusque motu actum sortiuntur ... acta perfecta, quae oriuntur ex ipsarum symphonia, vgl. De praem. et poen. 9 S. 417 ταῦτα μιᾶς ὄντα ἰδέας ἀλληλουχεῖν ὀφείλει τῆς ἁρμονίας δεσμοῖς ἑνωθέντα Quaest. in Exod. II 74; Gerckes Ind. zu den Chrysippea unter συναρτᾶν und συνδεῖσθαι.

§ 34 S. 16 Strafe der Gottlosen und Belohnung der Guten V. Mos. II 10 S. 143 Leg. ad Gai. 1 S. 546. Ebenda *distributiva iustitia*: Die stoische Definition der Gerechtigkeit De iudice 1 S. 344 δικαιοσύνην δ' εἰς τὴν τῶν κατ' ἀξίαν ἐπιβαλλόντων ἑκάστοις ἀπονομήν De Opif. S. 54, 19. Leg. all. I. 19 S. 56. 27 S. 61 De mut. nom. 28 S. 601 De iust. 1 Ende S. 360.

§ 35 S. 16 erit ergo causa creationis mundi ipsius dei creatrix natura, corruptio vero mundi ac consumptio referatur oportet ad iudiciale ius eiusdem dei (= § 23 Ende) = De Abr. 28 S. 22 ἐχρῆν

---

[1]) Von der richterlichen Gewalt des Menschen wird auf die Macht der Vorsehung ein Analogieschlufs gezogen.

[2]) Gesichert ist jetzt wenigstens der philonische Gedanke, dafs vom Sinnlichen (in diesem Falle die Gewalt des Richters, Forum) aufs Übersinnliche zu schliefsen sei. Auchers Versuche sind damit erledigt.

γὰρ διὰ μὲν τῆς κολαστηρίου γίνεσθαι τὴν φθοράν, σῴζεσθαι δὲ διὰ τῆς εὐεργέτιδος (De Cherub. 9 S. 144) V. Mos. I 17 S. 96 Quaest. in Gen. I 89 Neu entdeckte Fragmente S. 53.

§ 35 malitia trahit iudicem ad vindictam = Quaest. in Gen. I 95. § 36 S. 17 oculus tribunalis = De Cherub. 28 S. 156 τὸν τοῦ θεοῦ ὀφθαλμόν κτλ. V. Mos. I 10 S. 89 μὰ τὸν οὐράνιον τῆς δίκης ὀφθαλμόν, Neu entdeckte Fragmente S. 41 De prov. II 49.

§ 36 Erziehungsmittel Gottes: De prof. 18 S. 560. Ebenda: Wer die Fürsorge Gottes geleugnet hat, dem wird diese zur Strafe entzogen werden = Philonea ed. Tischendorf S. 10, 13 ὁ γὰρ ἀμελὴς τί δεινὸν, εἰ ἀνταμεληθήσεται (von Gott), οἷς δίδωσι τὰ ἴσα καρπούμενος. Dafs ich den Sinn der nach Conybeare auch im Originale dunklen Stelle richtig erraten, bestätigt dessen Bemerkung: Certainement le grec originel a eu le sens suivant: ἐπεὶ δὲ οὗτοι τὴν παρὰ τοῦ θείου πάντως ἀνθρωπίνην ψυχογονίαν τὴν ἀπὸ προνοίας ἀπώλεσαν, ähnlich § 89, 90.

Ebenda compotationem iucundae laetitiae illis deus adimet = Quaest. in Gen. IV 8 possunt haurire potum laetitiae in ipsa compotatione (vgl. Holtzmanns Kommentar zum Joh. Ev. S. 46. 47); vgl. auch das bei Philo häufige Bild des νηφάλια μεθύειν.

§ 39 S. 19 flagellum von der Strafe der Vorsehuug § 47 variis flagellis... flagellaret... deerit enim ei admonitor. § 54 monitionis causa = De somn. II 44 S. 698 Gott μάστιξι καὶ κέντροις ἀναμνήσει τῆς δεσποτικῆς ἐξουσίας V. Mos. 16 S. 95 De congr. erud. gratia 28 S. 542 ὀξὺ κέντρον... μάστιγι μόλις καὶ ἀγωγῇ Panaetius bei Gell. XIII 28 fortunae verbera Plut. Mor. S. 168 C πληγαὶ θεοῦ.

§ 45 S. 22: Die Vorsehung führt ihren Willen aus, quin ullis instrumentis utatur. Zum Sprachgebrauche vgl. V. Mos. I 19 S. 98 θεός... ὧν οὐδενὸς χρεῖος, ἐάν που βουληθῇ καθάπερ ὀργάνοις τισὶ χρήσασθαι πρὸς τὰς τιμωρίας.

§ 46 S. 22 nonne nimia fiducia, immo extrema audacia est denegare, vgl. De mut. nom. 20 S. 596 τὸ δ᾽ οἴεσθαι... εὐήθεια πολλή 34 S. 606 πολλὴ δὲ ἄγνοια νομίζειν, und ähnliche Verbindungen sind sehr häufig (De leg. spec. 4 S. 273).

Zu derselben Stelle vgl. über den Nutzen und die gute Absicht der Schläge bei der Erziehung De Jos. 14 S. 52 Quaest. in Gen. III 25 S. 196 (Seneca Dial. II 12, 3, auch Ben. VI 24.)

§ 47 S. 23 at si non corripiatur, non acquiret mentis sanitatem = De post. Caini S. 112, 3 ἡ δὲ ῥάβδος παιδείας σύμβολον· ἄνευ γὰρ τοῦ δυσωπηθῆναι καὶ περὶ ἐνίων ἐπιπληχθῆναι νουθεσίαν ἐνδέξασθαι καὶ σωφρονισμὸν ἀμήχανον Quod det. pot. ins. 39 S. 219.

§ 54 S. 25. quid imperite agit providentia in impios paucos numero fulmine animadvertens, ut mali timore acti providentiam ediscant... ne universim morti tradantur.. monitionis enim causa ita disponit... nolens penitus delere = De creat. princ. 13 S. 372. 373 καὶ ὑπὲρ τοῦ νουθετῆσαι φόβῳ τοὺς ὁμόρους, ἐπειδὴ τοῖς ἑτέρων πάθεσιν ἄνθρωποι νουθετοῦνται De leg. ad Gai. 1 S. 546. V. Mos. I 20 S. 97 ὁ θεὸς νουθετῆσαι μᾶλλον ἐβούλετο ἢ διαφθεῖραι Harris S. 101 b Sen. Dial. III 19, 7, oben S. 16.

Zu § 55 S. 26 vgl. das Bild De somn. II 28 S. 683 τρίβοντες γὰρ ἀεὶ τοὺς περὶ ὁσιότητος λόγους καθάπερ ἐκ πυρίων τὸ θεοσεβέστατον εὐσεβείας γένος ποιοῦσιν ἐκλάμπειν.

§ 61 S. 29 multa nec ea tamen verbis comptis neque falso ornatu ficta scribentes, sed vera = De opif. S. 1, 1 οἱ μὲν ἀκαλλώπιστα (Heraklit Fr. 12) καὶ γυμνὰ τὰ νομισθέντα παρ' αὐτοῖς εἶναι δίκαια διετάξαντο, οἱ δὲ πολὺν ὄγκον τοῖς νοήμασι προσπεριβαλόντες ... μυθικοῖς πλάσμασι τὴν ἀλήθειαν ἐπικρύψαντες De Cherub. 12 S. 146 οὗτοι δ' εἰσὶν οἱ τὴν ἀληθῆ καὶ οὖσαν ὄντως ἀκαλλώπιστον εὐσέβειαν μετὰ ἀτυφίας ἀσκοῦντες... τύφῳ ῥημάτων καὶ ὀνομάτων γλισχρότητι Quod. det. pot. ins. 11 S. 198. 13 S. 199 Q. o. pr. l. 13 S. 459 δίχα περιεργείας ἑλληνικῶν ὀνομάτων (falsch Ohle, die Essäer des Philo S. 28) Περὶ ἀφθ. S. 18, 5 De anim. 73. S. 161. 162 Aucher.

§ 62 S. 29 connumeretur, Leg. all. II 24 S. 83 συγκαταριθμεῖν.

§ 65 S. 31 nauta opibus navalibus deperditis, vgl. De praem. et poen. 5 S. 413.

§ 78 S. 36 lapis utique repertus durus = De profugis 22 S. 564 ἀψύχου καὶ κωφῆς λίθου τρόπον V. Mos. III 28 S. 168 μετέβαλεν ὁ νοῦς εἰς κωφὴν λίθον. De ebr. 38 S. 381.

§ 79 S. 36 und 86 S. 40 (77 genethliaca commenta) genethlialogia nach Aucher = γενεθλιαλογική De migr. 32 S. 464. 35 S. 466 Sext. Adv. astrol. 2 γενεθλιαλογία. Wörtlich ἄστρων γένεσις nach Conybeare.

§ 83 S. 38. 39 scelesti veriti tormenta modestam ac pacatam eligunt sibi vitam, trepidantes ex metu mortis aut in 'deserta loca demigrantes oberrant.... vexationem tormentorum timentes, vgl. Quaest. in Gen. IV 165 S. 372: ruralis exsors civitatis, ut refuga legum atque popularitatis alienus iugum iustitiae vitando etc. De sacrif. Ab. et Caini 12 S. 171 ἄγων αὐτὰ εἰς ἐρημίαν τοῦ μὴ ἀδικεῖν.

Kapitel III.
Die Quellen des zweiten Buches.

Das zweite Buch knüpft an das Gespräch des ersten eng an. Eine Reihe von Bedenken sind Alexander noch zurückgeblieben und haben ihn des Nachts nicht ruhen lassen. Er trägt sie Philo vor (§ 3—11), um von ihm belehrt zu werden[1]). Die Verwirrung und Verdorbenheit[2]) in allen menschlichen Verhältnissen, meint er, spreche nicht für das Wirken einer Vorsehung. Den Schlechtesten fliefsen alle Güter reichlich zu. Die, welche Weisheit und Tugend lieben und pflegen, sind fast alle arm, unangesehen, ruhmlos, niedrig[3]), von allen möglichen körperlichen Leiden behaftet. Wollte ein Gesetzgeber den Schlechten ehren, dem Guten Strafe zuerkennen, so wäre er selbst wert, gesteinigt zu werden. Und doch begegnet einem in der Welt, dem allumfassenden Staate, überall diese schreiende Ungerechtigkeit in der Verteilung von Lohn und Strafe. Es ist doch ungerecht, Gott als Richter in einem Wettkampfe[4]) vorzustellen, in dem die Sieger des Kranzes beraubt, die Besiegten bekränzt werden[5]). Denn Sieger sind doch die, welche den Kampf für die Tugend glücklich bestanden haben, wegen der Wahrheit verurteilt sind, welche mannhaft die Mauern der Laster niederreifsen, Besiegte aber die, welche unter der Herrschaft der Leidenschaften[6]) stehen. Welcher Lohn nun wird jenen, welche Strafe diesen? Vielmehr trifft diese der Lohn, jene die Strafe. Als flagrantes Beispiel dieser Ungerechtigkeit wird das Mifsverhältnis der grausamen Tyrannei des Polykrates, unter der gerade die Gottesfürchtigen zu leiden hatten, des

---

[1]) Die nächsten Sätze sind im Urtext erhalten bei Eus. Praep. ev. VIII 14.
[2]) Mangey falsch φορᾶς statt φθορᾶς, was durch den armenischen Text *corruptione* bestätigt wird; s. *Π. ἀφθ.* S. 32, 22.
[3]) Hier endet das Citat des Eus.
[4]) Ein ähnlicher Vergleich bei Epikt. I 24, 1; s. oben S. 43 unten.
[5]) Vgl. das bekannte Apophthegma De agric. 24 S. 317 und De migr. 6 S. 440 Q. deus immut. 31 S. 294 De praem. et poen. S. 409 Q. o. pr. l. 17 S. 462. 463 Quaest. in Gen. IV 129 das Bild des ἀγών.
[6]) Vgl. Q. o. pr. l., wo auch § 13 S. 459 in stoisch-kynischem Bilde (falsch Ohle, die Essäer des Philo S. 55 des Sonderabdruckes) die Essäer als ἀθληταὶ ἀρετῆς bezeichnet werden.

frevelhaften Übermutes des älteren Dionysios¹) gegen Menschen und Götter und des Glückes, dessen sich beide erfreuen, angeführt. Das traurige Schicksal des jüngeren Dionysios²) dürfe man nicht etwa als Strafe für die Bosheit seines Vaters ansehen; denn so wenig jemals ein verständiger Mensch statt der Übelthäter deren Angehörige mit seinem Hasse verfolgen wird, so wenig der Lehrer für die Trägheit der Schüler deren Anverwandte zur Verantwortung ziehen wird, so wenig der Arzt statt der kranken Eltern den gesunden Sohn brennen und schneiden wird, ebenso wenig und noch viel weniger wird Gott den Unschuldigen statt des Schuldigen leiden lassen³). Uns hindern freilich viele Schwächen und falsche Rücksichten (in der Ausübung der Gerechtigkeit), Gott sollte von dem allen frei sein und nicht zu den Ungerechten gehören⁴). Und doch scheint es also sich nicht zu verhalten. Wie hätte sonst Sokrates⁵) unschuldig den Tod leiden, Zenon und Anaxarchos die grausamsten Martern der Tyrannen erdulden können?⁶) Und so könnte man noch viele Beispiele weiser Männer anführen, deren Leben im Elend verlief.

Fragen wir nun nach den Quellen dieser Polemik, so sind es zwei Philosophen, die mit gleicher Energie und mit ähnlichen Argumenten im Altertum den Vorsehungsglauben bestritten haben, Epikur und Karneades. Bei beiden finden sich Parallelen zu der philonischen Argumentation. Auch Epikur findet in dem Leiden der Guten und Frommen, deren sich die Götter doch am ersten annehmen müfsten, und im Glücke der Schlechten und Gottlosen einen deutlichen Beweis gegen die Vorsehung⁷). Und Lucian, der im Jupp. trag. Kap. 22 dies

---

¹) Dionysios ist typisches Beispiel eines grausamen Tyrannen. S. Cic. De rep. I 28 Tusc. V 57 ff. Norden a. O. 312.

²) Die Belege bei Kühner zu Cic. Tusc. III 27; s. auch Diogenis Epist. VIII Philo De Jos. 23 S. 60 Galen. Protr. K. 4.

³) Vgl. Harris, Fragments S. 31, meine „Neu entdeckten Fragmente Philos" S. 72.

⁴) Über das Äschyloscitat s. Fr. Trag. 344 N².

⁵) Epikt. I 29, 16 Σωκράτης οὖν ἵνα πάθῃ ταῦτα ὑπ' Ἀθηναίων; Lucian Jupp. confut. 17 Jupp. trag. 47.

⁶) In zum Teil wörtlicher Übereinstimmung giebt Philo die Beispiele des Zenon (Zeller I S. 536) und Anaxarchos (Zeller I S. 861) in Q. omn. prob. lib. § 16, jenes auch Quod det. pot. 48 S. 224. Die drei Beispiele verbindet auch Philodem Περὶ θανάτου δ' S. 45 Mekler, die Beispiele des Sokrates und Zenon Plut. Mor. S. 1051 C.

⁷) Usener Fr. 370, der auch die Stelle des Lucian anführt. Freilich ist dies Argument auch kynisch, s. Cic. De nat. deor. III 83. 88. Es ist überhaupt sehr

epikureische Argument adoptiert, hebt in fast wörtlicher Übereinstimmung mit Philo die Verwirrung in den äufseren Lebensverhältnissen (τοσαύτην ἐν τῷ βίῳ ταραχήν, Philo ἐν τοσαύτῃ τῶν πραγμάτων ταραχῇ) hervor, zählt ähnlich die Güter der Bösen und die Leiden der Guten auf und meint, dafs sich die Götter um den Unterschied von Guten und Bösen nicht zu kümmern schienen. An Epikur als Quelle zu denken könnte auch der Umstand veranlassen, dafs sich die nah verwandte Ausführung des 1. Buches gegen die Vorsehung mit Sicherheit auf ihn zurückführen liefs. Jedoch läfst sich aus Cic. De nat. deor. III 80ff., der bekanntlich auf Karneades zurückgeht, noch der urkundliche Beweis liefern, dafs diesem Philosophen vielmehr die Grundgedanken und vor allem die Beispiele Philos entnommen sind. Wenn es Götter gäbe, so heifst es bei Cic. § 79, so müfste es den Guten gut, den Schlechten schlecht gehen. Das Glück der Gottlosen widerlegt die Annahme göttlicher Macht und Vorsehung. Hält man doch auch einen Staat nicht für vernünftig verwaltet, in dem es für die guten Thaten keinen Lohn, für die schlechten keine Strafe giebt (§ 85). Auch Cotta beruft sich nach Karneades auf das Beispiel des Tyrannen Dionysios[1]) (§ 81. 81), auf das Märtyrertum des Anaxarchos, Zeno (vgl. Tusc. II 52) und Sokrates. Die Ansicht, dafs die Götter etwa wie menschliche Herrscher nicht jedes Unrecht beachten, würde ihrer Allwissenheit widerstreiten (§ 90. 92). Auch Cotta weist wie Philo die hier ausdrücklich als stoisch[2]) bezeichnete Ausflucht ab, dafs die Strafe der Götter oft erst Kinder oder Kindeskinder treffe. „Das wäre doch eine sonderbare Art der Gerechtigkeit. Denn würde wohl irgend ein Staat sich einen Gesetzgeber gefallen lassen, der den Sohn oder Enkel strafte für die Sünden des Vaters oder Grofs-

---

verbreitet und volkstümlich: Epikt. I 22, 15. 27, 13. III 15, 14. 17, 2 ff. Plut. Mor. S. 168A. Lucian Jupp. trag. 37. Jupp. conf. 9. 17. Sen. Epist. 74, 10. Clem. Rec. IX 13. III 40.

[1]) Man vergleiche besonders das Witzwort des Dionysios:

Cic. 83 aureum ei detraxit amiculum gravi pondere... cavillatus est aestate grave esse aureum amiculum, hieme frigidum, eique pallium iniecit, quum id esse aptum ad omne anni tempus diceret. | Philo § 6 aureis vestibus meliores ad indumentum purpureas esse... ideoque ab imaginibus simulacrisque pium opus esse demere aurum velut aggravatis pondere. S. auch Plut. Mor. S. 379 D.

Philo und Cic. heben das bis zum Tode unveränderliche Glück des D. hervor.

[2]) Vgl. Philo Quaest. in Gen. II 77 (Neu entd. Fragm. S. 60). Damit hängt die Ausführung bei Sen. Ben. IV 31. 32 zusammen, dafs die Götter mitunter auch die Schlechten belohnen für das Gute, was ihre Vorfahren gestiftet.

vaters (§ 90)?" Dies Argument können wir sogar noch über Karneades hinaus verfolgen. Plut. De sera num. vindicta K. 19 bezeugt es als bionisch: ὁ γὰρ Βίων τὸν θεὸν κολάζοντα τοὺς παῖδας τῶν πονηρῶν γελοιότερον εἶναί φησιν ἰατροῦ διὰ νόσον πάππου καὶ πατρὸς ἔκγονα ἢ παῖδα φαρμακεύοντος — ein Wort, das uns mitten in den Streit des Borystheniten mit der Stoa führt[1]).
Somit kann kein Zweifel sein, dafs uns in De prov. II 3—11 eine karneadeische Bestreitung der stoischen Vorsehungslehre vorliegt[2]). Wir können Cicero danken, dafs er die griechischen Beispiele nicht wie oft durch römische völlig ersetzt, sondern nur an diese herangerückt hat, wenn auch Philo das gemeinsame Original wohl treuer wiedergiebt[3]).

Da wir es also mit einer zwischen der Akademie und der Stoa verhandelten Streitfrage zu thun haben, dürfen wir von vornherein erwarten, dafs Philo die Kosten der Widerlegung mit stoischer Münze bestreitet. Die Armut, meint er, hat für den Weisen wenig zu bedeuten[4]). Hat doch Anaxagoras seinen ganzen Besitz freiwillig preisgegeben, auch Demokrit den wahren Reichtum höher als den blinden und vergänglichen geschätzt[5]). Auf diese Beispiele folgt eine allgemeine bei Eus. VIII 14 im griechischen Text erhaltene Erörterung zum Erweise der Vorsehung (§ 23), welche auf die „Vorkämpfer[6]) der Wahrheit", unter denen, wie wir sehen werden, die Stoiker verstanden werden, zurückgeführt wird:

In seiner Weltregierung zeigt sich Gott nicht als grausamen

---

[1]) Danach gehören wohl sämtliche Vergleiche bei Philo § 7, vielleicht auch die § 3 und 4, die ganz nach dem Philosophen schmecken, der zuerst τὴν φιλοσοφίαν ἀνθινὰ ἐνέδυσεν, Bion an.

[2]) Doch sei auf die Möglichkeit hingewiesen, dafs Karneades, der sich vielfach an Epikur anschliefst, von diesem beeinflufst sein kann.

[3]) So knüpfte wohl Karneades die bionische Polemik bei Cic. § 90 an das Beispiel des jüngeren Dionysios, das bei Cic. fehlt, an.

[4]) Neu entd. Fragm. S. 69. 70: κυριώτερος γὰρ ὁ φρόνιμος πένης ἄφρονος πλουσίου κτλ.

[5]) § 12. 13. S. Zeller I[4] S. 766. 870. Anaxagoras und Demokrit finden sich zu demselben Zwecke zusammengestellt in D. V. C. 2 und bei Cic. Tusc. V 114. 115. Über die Fabel vom Wahnsinn Demokrits sind besonders die Briefe X bis XXI der hippokratischen Sammlung zu vergleichen; s. auch Sen. Ep. 79, 14 videbatur furere Democritus.

[6]) impugnatores Aucher, qui de veritate pugnant Conybeare; vorher rerum urgentium Aucher, des choses pénibles Conybeare.

Tyrannen[1]), sondern als milden König. Er sorgt für die Welt wie ein Vater[2]), wie die Eltern für die Kinder, der König für die Stadt. Wie die Eltern auch für die verdorbenen Söhne Sorge tragen, ja oft gegen die Schmerzenskinder besondere Liebe zeigen[3]), so sorgt auch Gott für alle Menschen, auch für die Sünder, teils mit der Absicht ihnen Zeit zur Besserung zu geben[4]), teils weil er sein eigenes Wesen, die Gnade[5]), nicht verleugnen kann.

Daran reiht sich ein anderes Argument. Die Berufung auf das Glück der Schlechten und das Unglück der Guten geht von einer falschen Vorstellung über Güter und Übel aus. Es ist ein thörichter Wahn, einen Schlechten für glücklich zu halten, wäre er auch reicher als Krösus, scharfsichtiger als Lygkeus, stärker als Milon, schöner als Ganymedes[6]). Niemand, der den eigenen Dämon[7]), seine Vernunft, in die Knechtschaft aller möglichen Laster begeben hat[8]), kann glücklich

---

[1]) Plut. Mor. S. 166 D. 167 D. 1101 EC.

[2]) Der Vergleich Gottes mit einem Vater und König in Kleanthes' Hymnus 34. 14. Vgl. Boethos in Περὶ ἀφθ. S. 26, 17 ff. Cumont. Ähnliche Vergleiche häufig bei späteren Stoikern, die wohl dank der weiteren Ausbildung der teleologischen Naturbetrachtung und der Anlehnung an Plato (Xenophon) und Aristoteles die ethische Fassung des Gottesbegriffes und die Idee eines persönlichen Gottes mehr hervortreten lassen, und bei Philo De decal. 10. 29 De opif. 2. 23. 29. Vita Mos. II 9. De plant. 4, oben S. 21². 11.

[3]) εἰδότες ὡς ἐκείνοις μὲν ἄφθονος εἰς εὐπορίαν ἀφορμὴ πάρεστιν ἡ σωφροσύνη, τοῖς δ' ἐλπὶς μία οἱ γονεῖς, vgl. Neu entd. Fragm. S. 86 ἐκεῖνον (Jakob) οἶδε καὶ δι' αὐτοῦ κατορθοῦν δυνάμενον (der Text des Prokop, obgleich durch den Arm. bestätigt [εὐμένειαν ... benedictionis], ist mir verdächtig), τοῦτον (Esau) δὲ μηδεμίαν ἔχοντα σωτηρίας ἐλπίδα, εἰ μὴ τὰς εὐχὰς τοῦ πατρός. Derselbe Gedanke bei Sen. Epist. 66, 27.

[4]) Neu entd. Fr. S. 53. Leg. all. III 34 S. 109. Plut. de sera num. vind. 551 CD ff. Sen. Dial. III 19, 5.

[5]) Plut. a. O. S. 550 F (s. auch meine Fragm. S. 74) S. 551 C.

[6]) Zu Grunde liegt Plato Gesetze 660 E, vgl. auch Quaest. Muson. S. 64. Philo Quaest. in Gen. II 72 Lygkeus. Das Beispiel des Milon auch bei Galen Protr. K. 13 Philodem Περὶ θανάτου δ' S. 38 Mekler.

[7]) Am nächsten kommt dieser stoischen (Quaest. Muson. S. 3, Bonhöffer, Epiktet und die Stoa S. 81 ff.) Vorstellung Leg. ad Gai. 9 S. 555 τοῖς δαίμοσι τῆς ἀποθανούσης γυναικός. — δαίμονες als Mittelwesen zwischen Gott und Mensch De somn. I 22 S. 642. Quaest. in Gen. IV 188. Philo bei Eus. Praep. VIII 6, 9 εἴτε ἀκούων παρὰ δαίμονος, Q. o. pr. l. 6 S. 451 ἀγαθοῦ δαίμονος.

[8]) τὸν ἑαυτοῦ νοῦν μυρίων ὅσων δεσποτῶν δοῦλον ἀποφήνας, ἔρωτος, ἐπιθυμίας, ἡδονῆς, φόβου, λύπης, ἀφροσύνης, ἀκολασίας, δειλίας, ἀδικίας, οὐκ ἄν εἶναί ποτε δύναιτο εὐδαίμων vgl. Q. o. pr. lib. 3 S. 447. 448 δεσπόται δὲ ...

4*

sein, wenn ihn auch die von eitlem Wahne bethörte Menge dafür hält. Wer sein Auge einmal auf das wahrhaft Gute und Schöne gerichtet hat, wird, was er bis dahin bewunderte, verlachen[1]). Denn was ist Gold und Silber als gerade der schlechteste Teil der Erde, weniger wert als der, welcher Frucht hervorzubringen vermag? Nur der κόρος ὑβριστής führt zu ihrer Überschätzung, während die Hungersnot zeigt, wie viel weniger sie wert sind als Nahrung[2]). Die prächtigen Gewänder könnten höchstens den Schafen oder den Webern zur Ehre gereichen[3]). Wer stolz ist auf den Ruhm, verläfst sich auf den Beifall der Schlechten, ist also auch selbst schlecht[4]). Der Körperkraft wird sich nicht rühmen, wer bedenkt, wie weit er hierin hinter den Tieren zurücksteht[5]). Auch mit der Schönheit sollte Niemand

---

ψυχῶν κακία καὶ πάθη ... οὔτ' ἐπιθυμίαι οὔτε φόβοι οὐθ' ἡδοναὶ οὔτε λύπαι 7 S. 451 δοῦλος εὐδαίμων πρὸς ἀλήθειαν οὐδείς S. 452 τῶν ἀνθρώπων παρ' οἷς μὲν ἂν ὀργὴ ᾖ ἐπιθυμία ἤ τι ἄλλο πάθος ... δυναστεύσῃ (so Pal. 248 FH, δυναστεύει vulg.) πάντως εἰσὶ δοῦλοι 22 S. 470 Sen. Dial. VII 4, 4.

[1]) Quis rer. 59 S. 515 θαυμάζοντες ἃ χρὴ γελᾶσθαι De somn. II 10 S. 668 τὰς καταγελάστους τοῦ θνητοῦ βίου σπουδάς Philonea ed. Tisch. S. 9, 6 Sen. Nat. quaest. I Prol. 7 tunc iuvat inter ipsa sidera vagantem divitum pavimenta ridere. Lucian Nigr. 4 τῶν δημοσίᾳ νομιζομένων ἀγαθῶν καταγελάσαι 14. 15 Cic. Off. II 57.

[2]) Wohl Anspielung auf die Midasfabel (Lucian Navig. 21). Zum Vorhergehenden vgl. Sen. Epist. 90, 45: Das Gold *in ima terrarum faece*. Marc Aurel S. 123, 14 πῶροι γῆς τὰ μάρμαρα καὶ ὑποστάθμαι ὁ χρυσός, ὁ ἄργυρος. Dies Motiv wie so viele andere entlehnt die Theorie des Mönchtums der stoischen Diatribe: Nilus Bd. 79 S. 1209 A Migne. Über Geringschätzung des Besitzes und Polemik gegen Habsucht s. auch die Stellen in meinen Quaest. Muson. S. 40, bei Norden a. O. 339. 340 Sen. Dial. V 33, 4. Ben. VII 10, 2 Natur. quaest. I Prol. 7 Epist. 110, 10 Posidonius S. 129. 130. 187 ff. Bake, Ps. — Phokyl. 44 ff. Lucian Charon 11, Anacharsis Epist. IX, Hippokrates Epist. XVII 26.

[3]) Clem. Paed. II 111 (Quaest. Muson. S. 18) sagt von ihnen: τρίχες ἐστὶ προβάτων, ähnlich Marc Aurel S. 65, 15. 123, 16 Petronius S. 138, 5 Friedländer.

[4]) Bei Eus. § 13 τὴν παρὰ τῶν φαύλων ἀποδοχήν, vgl. über den stoischen Begriff der φαῦλοι § 20. 22. 8. 31. Der Ruhm wird oft verworfen, weil er sich auf das verkehrte Urteil der Menge gründe: Philo De post. Caini S. 128, 5 τὸν παρὰ τῶν πολλῶν θηρώμενος ἔπαινον De migr. Abr. 19. 20 S. 453. De concup. 2 S. 350. Den Stellen bei Norden S. 340 füge ich hinzu: Sen. Epist. 91, 20. 102, 13 De rem. fort. VII Cic. Tusc. V 103 ff. Epikt. I 21, 4. 27, 16 II 13, 4 Marc Aurel S. 19, 18. 24, 7. 67, 17. 107, 7 ff. 110, 10. 99, 1. 134, 8 ff. 19, 21. 27, 14. 32, 10. 36, 4 ff. 82, 7. 87, 10. 101, 12 ff. 122, 4 ff. Lucian Dial. mort. XV, 2.

[5]) Den von Norden S. 304. 305 (auch aus Philo) gesammelten Belegen füge ich hinzu Sen. Epist. 74, 15 Ben. IV 18, 2.

prahlen. Eine kurze Spanne Zeit nimmt sie hinweg[1]), und viel vollkommener stellt sie sich in den leblosen Werken der Künstler dar. Diese richtige Schätzung der äufsern Güter ist durch das Urteil Gottes und der Gottesfürchtigen anerkannt; sie wird noch durch einen Vergleich bekräftigt: Wenn die Ärzte einen vornehmen Kranken besuchen, so haben sie keine Zeit, auf Glanz und Pracht der ihn umgebenden Aufsendinge zu achten, sondern eilen zum Kranken selbst und untersuchen aufs genaueste seinen Körper und die Symptome der Krankheit. So sollten die Philosophen als die Seelenärzte sich nicht mit den vom eiteln Wahne überschätzten Aufsendingen, sondern mit der Seele beschäftigen und sie untersuchen, ob etwa ihre Bewegungen durch Zorn gestört sind, die Zunge, ob sie rauh und schmähsüchtig, unzüchtig und zügellos ist, den Leib, ob er der Sitz mafsloser Begierden ist, kurz alle Leidenschaften, Krankheiten und Gebresten beobachten. Statt dessen dringen sie bis zum Könige, der Vernunft, gar nicht vor und bleiben, geblendet durch den Glanz der Aufsendinge bei den Thürhütern, d. h. den äufsern Gütern stehen[2]). Sie

---

[1]) βραχὺς καιρὸς ἔσβεσε, πρὶν ἐπὶ μήκιστον ἀνθῆσαι = De Jos. 23 S. 59 οὐ κάλλος μὲν ἐφήμερον, πρὶν ἀνθήσει (l. ἀνθῆσαι) μαραινόμενον De post. Caini S. 117, 8, und ähnlich von allen Gütern In Flacc. 19 S. 541 τὰ λαμπρὰ ἐκεῖνα ... ἐσβέσθη βραχυτάτου καιροῦ ῥοπῇ De vict. offer. 10 S. 258 μαραινόμενα τρόπον τινὰ πρὶν ἀνθῆσαι βεβαίως. — Zu unserm ganzen Abschnitt ist zu vergleichen die Aufzählung der äufsern Güter Leg. all. III. 28 S. 104 De ebr. 13 S. 365, die stoisch-kynische Verwerfung derselben Quod det. pot. 37 S. 217. 43 S. 221 De post. Caini 33ff. S. 117ff. Quod deus immut. 32 S. 295 De ebr. 14 S. 365. 18 S. 368 De sobr. 1 S. 392. 13 S. 402 Quis rer. 18 S. 485. 486 De congr. erud. gr. 6 S. 523 De Abr. 38 S. 32 Jos. 23 S. 60 De vict. off. 10 S. 258 De concup. 1. 2 S. 349. 350 Quaest. in Gen. II 76 IV 134. 147 in Exod. II 107 Harris Fragments S. 6. Stoisch ist es auch, wenn die äufsern Güter als Darlehn betrachtet werden (De Cherub. 33 S. 159, vom Leben Abr. 44 S. 37 Grofsmann Quaest. Philon. I S. 10 Anm. 15) und wenn sie verworfen werden, weil sie den Schlechten mit den Guten gemeinsam sind: Quod det. pot. 13 S. 217. De post. Caini S. 134, 1 De sobr. 13 S. 402 (Zeller III 1 S. 216[1]).

[2]) Ganz ähnlich ist der Vergleich ausgeführt De Jos. 14 S. 52 λόγος ... ἰατροῦ δίκην κτλ. De decal. 28 S. 205 Der Philosoph als Seelenarzt Q. o. pr. l. 2 S. 447 D. V. C. 1 Harris, Fragments S. 45. 57. 100a (unten) Quaest. in Gen. IV 204 III 43 S. 215. Seelische und körperliche Krankheiten: Quod det. pot. ins. 29 S. 212 (ähnlich wie De prov.) De post. Caini S. 103, 18 De migr. 22 S. 455 Quis rer. 59 S. 516 (οἷα ὑπὸ ἰατρικῆς φιλοσοφίας) De congr. erud. gr. 10 S. 526 λογιατρεία verglichen mit der Thätigkeit der λογοθῆραι. — De prov. sehr ähnlich Epikt. III 10, 16, besonders οὐ γάρ ἐστιν ἔργον τοῦ φιλοσόφου ταῦτα τὰ ἐκτὸς τηρεῖν III 22, 73 ὡς ἰατρὸν περιερχόμενον καὶ τῶν σφυγμῶν ἁπτόμενον· σὺ πυρέττεις,

folgen dem blinden Urteil der Menge über die Güter; was doch ebenso thöricht ist, als wenn man den Blinden und Tauben das Urteil über Farben und Töne überlassen wollte[1]). Es ist gar kein Wunder, wenn Sokrates[2]) und sonst mancher Gute sein Leben in Armut zubrachte, da sie nie auf Gelderwerb bedacht gewesen sind und die Gaben reicher Freunde und Könige verschmäht haben. Nur um den Erwerb wahrer Güter haben sie sich bemüht[3]). Wenn sie aber, mit einem sterblichen Körper und darum mit vielen Leiden behaftet, dazu unter lauter Ungerechten lebend Nachstellungen erfuhren, was schelten wir die Natur und nicht die Grausamkeit ihrer Verfolger? Dafs der Gute unter der Schlechtigkeit zu leiden hat, ist ebenso natürlich, wie dafs er in verpesteter Luft der Ansteckung ausgesetzt ist, dafs er von Regen, Kälte, Hitze mit betroffen wird[4]).

σὺ κεφαλαλγεῖς κτλ. II 14, 22. 13, 12. 15, 3. 4. 15 ff. 17, 8 ff. 21, 22. III 23, 27. 28. 30. 25, 7. 8. IV 8, 28. I 17, 20 Lucian Vit. auctio 8 Cataplus 7 Demonactis V. 7 Posidonius S. 215 ff. Bake, Epist. XXIII der hippokratischen Sammlung, [Muson.] Epist. 2 ff. Sen. Epist. 76, 32 Dial. VII 2, 2, auch Ep. 27, 1. 40, 5. 50, 4. 64, 8. 68, 7. 72, 5. 6. 95, 29. Dial. VII 17, 4. IX 2, 2. 12. 7, 4 Plut. Mor. S. 81. 82. 465D. 498. 500E. 501B. 1000C. 1128C. ff.

[1]) Dasselbe Bild De conf. ling. 8 S. 409 τυφλὸς διάνοιαν De migr. 8 S. 442 τυφλοὶ γὰρ ἢ ἀμυδροὶ τὰς ὄψεις οἵ γε ἄφρονες De ebr. 28 S. 374. — πηροῦσθαι meist mit dem Objekt τὸ τῆς ψυχῆς (διανοίας) ὄμμα De leg. spec. 1 S. 300 D. V. C. 2 S. 473. De sacr. Ab. et Caini 19 S. 176 Quod det. pot. 8 S. 195 De profug. 22 S. 564 De somn. I 19 S. 638 De decal. 14 S. 192, πήρωσις Q. o. pr. l. 8 S. 453 De ebr. 38 S. 381 Philonea ed. Tisch. S. 27, 14. 89, 13 Harris S. 73a. Derselbe Vergleich bei Sen. Ben. III 17, 2 Epikt. I 28, 9. II 20, 37. 24, 19 (zum Gedanken vgl. I 29, 54) Marc Aurel S. 18, 1. 39, 21.

[2]) Sokrates Epist. I 5 VI.

[3]) Epikt. I 29, 18 ποῦ ἦν ἡ οὐσία αὐτῷ (Sokrates) τοῦ ἀγαθοῦ III 17, 2 ff. IV 6, 25 τί οὖν εὐλογώτερον ἢ τοὺς περί τι ἐσπουδακότας ἐν ἐκείνῳ πλέον ἔχειν, ἐν ᾧ ἐσπουδάκασι κτλ. 36. 7, 37 ff. II 13, 14.

[4]) Die Stoa sieht die Übel als notwendig und unvermeidlich an: Zeller III 1 S. 174 Chrysippea ed. Gercke Fr. 28 Epikt. III 24, 28 (oben S. 18[2]) Plut. Mor. S. 103B Sen. Dial. IV 31, 4 quid enim mirum est malos mala facinora edere? quid novi est, si inimicus nocet etc.? 5 fert humana natura insidiosos (Philo ἐπεβουλεύθησαν) animos etc. Epist. 107, 7 hiems frigora adducit: algendum est. aestas calores refert: aestuandum est. intemperies coeli valetudinem temptat: aegrotandum est ... quaecumque fiunt, debuisse fieri putet nec velit obiurgare naturam (Philo τί τὴν φύσιν αἰτιώμεθα, oben S. 19[6]). Der Vergleich mit den Krankheiten auch bei Philo De migr. 39 S. 471 πληθὺς νοσημάτων, ὅσα ἡ φθοροποιὸς (= De prov.) ἀποτίκτειν πέφυκε κακία Q. o. pr. l. 12 S. 457. Über den Einfluss der Luft auf die Gesundheit s. oben S. 7 und De prov. II 102 (= Eus. § 55).

Polykrates hat übrigens in Erfüllung seines Traums[1]) den verdienten Lohn für seine Ungerechtigkeit und Gottlosigkeit erlangt, ja sein Leben lang wurde er durch das Schuldbewufstsein und die Furcht vor Strafe gepeinigt[2]). Wie zweifelhaft das Glück des älteren Dionysios war, zeigen die von den Geschichtsschreibern berichteten Züge, sein krankhaftes Mifstrauen gegen die eigene Gattin, die Geschichte des Damoklesschwertes[3]). — Für das sichtbare Einschreiten

[1]) Nach Herod. III 124 vielmehr Traum der Tochter. Lucian Menipp. 16 Charon 14 Galen Protr. K. 4.

[2]) Vgl. das Folgende. Schuldbewusstsein und Furcht wird als gröfste Strafe des Bösen bezeichnet Harris, Fragments S. 73b = Quaest. in Gen. I § 49 (Rup. falsch ἐν ἐξόδῳ, Harris hat das Fragment nicht identificiert); vgl. ebenda § 76, IV 188. 234, wo die Strafen des Tartarus in diesem stoisch-kynischen (Dio Chrys. I 107, 6ff. Dind. Plut. Mor. S. 159B. 1130DE Aelian Fr. 452) Sinne gedeutet werden. Sen. Dial. I 6, 4 V 26, 2 Clem. I 26 (beständige Furcht der Tyrannen) Epist. 76, 31 ff. 94, 73. 74. 97, 14. 15. Cic. Tusc. V 57 De leg. I 40 De rep. III 33 Plut. De sera num. vind. S. 554 A ff. 555 F 556A Epikt. III 11, 2. Hermes Trism. S. 80, 9 Parthey, Lucian Gallus 25. Dio Chrys. I S. 102. 103 Dind. Plut. Mor. S. 1090.

[3]) Dieselben Geschichten bei Cic. Tusc. V 57 ff. Vgl. besonders:

Cic. V 57 a bonis auctoribus sic scriptum accepimus. 61 quamquam hic quidem tyrannus ipse indicavit, quam esset beatus. 62 satisne videtur declarasse Dionysius nihil esse ei beatum, cui semper aliqui terror impendeat. atque ei ne integrum quidem erat, ut ad iustitiam remigraret, civibus libertatem et iura redderet; iis enim se adolescens improvida aetate irretierat erratis eaque commiserat, ut salvus esse non posset, si sanus esse coepisset. 66 cum et diurno et nocturno metu.

Philo § 26 τῆς δ᾽ ἀνηνύτου καὶ συνεχοῦς Διονυσίου εὐλαβείας μάρτυρες οἱ τὰ Σικελικὰ συγγράψαντες. § 29 δηλοῖ δὲ καὶ τὸ ἔργον, ᾧ πρὸς τὸν μακαρίζοντα τὸν τῶν τυράννων βίον φασὶ χρήσασθαι Διονύσιον. 30 ὁ Διονύσιος. ἆρ᾽ ἤδη κατανοεῖς, ἔφη, τὸν ἀοίδιμον καὶ περιμάχητον ἡμῶν βίον ... περιέχει ... φόβους ἐπαλλήλους (vgl. § 32). § 28 ἐρασθεὶς γὰρ ὡς θείου πράγματος καὶ περιμαχήτου τυραννίδος (vgl. Schenkl, Z. f. öst. Gymn. XIII 486, Dümmler, Proleg. zu Platons Staat S. 10, v. Wilamowitz Eur. Herakles I 24, II 65) οὔτε μένειν οὔτε ἀποδιδράσκειν ἀσφαλὲς εἶναι ὑπελάμβανε ... (vgl. Teles S. 32, 17) βουλομένῳ δ᾽ ἀποδιδράσκειν ὁ περὶ τοῦ ζῆν ἐπεκρέματο κίνδυνος. Vgl. auch Epikt. III 11, 3 καὶ ὅμως οὕτω πικρῶς κολαζόμενοι ἀποσιωπῆσαι οὐ δυνάμεθα. Dio Bd. I S. 105,4 ff.

Auf die Erzählung vom Schwerte des Dam. spielt an Hor. C. III 1, 17. Dio a. O. 107, 7.

der πρόνοια wird dann die plötzliche[1]) und wunderbare Bestrafung des Philomelos, Onomarchos und Phayllos als ein Beispiel von vielen angeführt. Wenn andere Übelthäter ohne Strafe bleiben, so ist erstens der Unterschied des göttlichen und menschlichen Gerichtes wohl zu bedenken (oben S. 19). Ferner erfüllt auch eine grausame Tyrannis im Plane der Vorsehung ihren Zweck. Wenn in den Staaten die Tugend immer seltener wird, die Schlechtigkeit die Herrschaft gewinnt, dann sendet Gott zur Ableitung der Schlechtigkeit und Reinigung eine Tyrannis herauf. Was die Henker im Kleinen, das sind die Tyrannen im Grofsen[2]); freilich fallen sie, wenn sie ihre schreckliche Mission erfüllt haben, selbst der Strafe anheim. Was Wunder, wenn Gott die Tyrannen als Werkzeuge braucht, um ganze Städte und Völker für ihre Schlechtigkeit zu strafen, da er doch auch oft ohne solche Vermittelung selbst Hungersnot, Pest, Erdbeben und andere Gottesstrafen über die Menschheit verhängt. Damit, meint Philo, habe er die hergebrachte Anschauung, dafs der Schlechte glücklich, der Gerechte unglücklich sei, widerlegt und die Annahme einer Vorsehung gerettet.

---

[1]) Eus. § 33 ist mit dem Arm. παραχρῆμα τῶν (statt περὶ χρημάτων) ἀσεβῶν zu lesen (Conybeare). — Über das historische Beispiel s. Plut. a. O. S. 552 F (und dazu Wyttenbach), Aelian Fr. 106 H. (ed. Didot), wohl aus seiner Schrift Π. προνοίας. — Über den vom Säumen der göttlichen Strafe hergenommenen Grund vgl. schon Eur. (Dümmler a. O. S. 32) und aufser Plut. Lucian Jupp. trag. 37. Bis accus. 3. Clem. Rec. X 49, auch das Sprichwort Schol. Hor. C. III 2, 31 (Friedländer zu Petronius S. 241). Über das entsprechende griechische Sprichwort Wyttenbach zu Plut. S. 549 D. Philo V. Mos. I 59 S. 132 ἡ γὰρ δίκη μόλις μὲν εἴωθε κινεῖσθαι κτλ. De decal. 19 S. 196.

[2]) Vgl. De spec. leg. 21 S. 320. Ebenso erklärt Plut. a. O. S. 552 ff. den Nutzen der Tyrannis. Auf eine stoische Quelle deutet die Übereinstimmung von

Plut. Quaest. rom. 51 S. 277 A οἱ περὶ Χρύσιππον οἴονται φιλόσοφοι φαῦλα δαιμόνια περινοστεῖν, οἷς οἱ θεοὶ δημίοις χρῶνται καὶ κολασταῖς ἐπὶ τοὺς ἀνοσίους καὶ ἀδίκους ἀνθρώπους. Vgl. auch De Stoic. repugn. K. 32, 2 (Chrysipp). 33, 3.	De sera num. vind. a. O. ἐνίοις γ᾿ ᾦ ἀμέλει καὶ κολασταῖς ἑτέρων πονηρῶν οἷον δημοκοίνοις ἀπεχρήσατο τὸ δαιμόνιον . . . ἐνίοις δηγμοῦ δεομένοις καὶ κολάσεως, ἐμβαλὼν ὁ θεός πικρίαν τινὰ τυράννου.

Der Vergleich des Richters mit dem Hunde findet sich in den Quaest. a. O. und De sera num. vind. S. 551 C. — Man beachte auch den Philo und Plut. gemeinsamen Ausdruck δημόκοινος und vergleiche Plut. 553 A τὸ νοσοῦν ἀπαλλάξαι καὶ καθῆραι und Philo § 38 ἵνα καθάρῃ τὸ γένος ἡμῶν 39 ὠμῆς γὰρ δίχα ψυχῆς οὐ καθαίρεται κακία 40 δυσκαθάρτου, Plut. S. 552 F ἐπέτριψε und Philo 40 ἐπιδιαφθείρονται.

Nicht nur die ganze Gedankenreihe dieses Abschnittes, die Verwertung der äufsern Güter, die Vorstellung von der Menschheit als einer Masse von φαῦλοι (S. 52⁴. 54), der Vergleich des Philosophen mit dem Arzte, die Auffassung der Übel als einer Naturnotwendigkeit, welche die Vorsehung zu bestimmten Zwecken brauche und in die sich der Weise willig schicke, der Gedanke, dafs die Sünde ihre Strafe in sich selbst trage, erwies sich uns als stoisch[1]). Auch die Beispiele, die Vergleiche, die formelle Ausprägung und Fassung der Gedanken verriet meist engen Anschlufs an eine stoische Quelle. Für eine strengere Anlehnung an eine solche Quelle spricht auch eine gewisse Inkongruenz, in der die Widerlegung zu dem karneadeischen Angriffe steht. In diesem wird zuerst das. Glück der Schlechten, dann die Leiden der Guten behandelt. In jener widerlegt Philo zuerst den zweiten, dann den ersten Punkt. Er übergeht die Argumentation gegen die Annahme, dafs die Kinder für die Sünden der Väter gestraft werden, während wir noch bei Plut. a. O. K. 18 lesen, was die Stoiker dagegen zu sagen wufsten. Offenbar benutzt Philo eine stoische Quelle, die es nicht in erster Linie auf die Widerlegung des Karneades abgesehen hatte[2]), also wohl einen spätern Stoiker, für den auch die ethische Fassung des Gottesbegriffes passen würde. Auf einen bestimmten Namen weist uns vielleicht die zum Teil wörtliche Übereinstimmung in den Beispielen mit dem 5. Buche von Cic. Tusc., als dessen Quelle mit Wahrscheinlichkeit Posidonius anzusehen ist. Eine Bestätigung dieser Hypothese könnte man darin finden, dafs für Pos., wenn auch nicht charakteristisch, so doch ausdrücklich bezeugt sind die Vorstellung des dem Menschen innewohnenden Dämon (Bake S. 223), der Vergleich der πάθη mit körperlichen Krankheiten (oben S. 53²).

II. 1. Alexander äufsert bei Philo (§ 34—39) ein weiteres Bedenken: wenn Gott mit seiner Vorsehung die Welt regierte, so

---

[1]) Ich weise noch auf die vier πάθη § 8, τῦφος und κενὴ δόξα ebenda, die Bemerkung über φύσις und μελέτη § 16, § 23 ὁ σοφὸς und νόμος φύσεως, die Äufserung über die Bedeutung der Träume § 24 (Plut. a. O. K 10), den Meso- und Makrokosmos § 39 (oben S. 10).

[2]) Ein ähnlicher, nur umgekehrter Fall liegt vor Cic. De fin. II 31: Nach dieser Stelle sollte man annehmen, dafs das bei Sextus (s. Epicurea S. 275. 251, 12 und Philo De opif. Kap. 56 Tert. De anima 19 Lucr. II 576) erhaltene vom vagiens puer hergenommene Argument für die hedonistische Lehre im 1. Buche De fin. entwickelt wäre. Aber höchstens I 71 findet sich eine dunkle Hindeutung darauf. Cic. bekämpft hier ein Argument in engem Anschlufs an seine Quelle, das thatsächlich sein Epikureer Torquatus gar nicht ins Feld geführt hat.

müfste er nicht denen, die ihn tadeln und anklagen, seine Gunst, denen, die ihn preisen und würdig von ihm reden, seine Mifsgunst zeigen. Nun aber sind gerade Hesiods Dichtungen voll von Lästerungen gegen die Götter, so gegen Kronos und Zeus[1]); und doch haben ihn die Götter selbst die Dichtkunst gelehrt (Theogonie 23. 24). Und Homer, dem man die Palme unter den Dichtern erteilt, erzählt vom lahmen Hephaistos, von der Verwundung der Aphrodite, der Schwesterehe des Zeus[2]), der Fesselung der Hera, und so sind seine Gedichte überhaupt voll von Blasphemieen. Gerechter als die Strafe des Thamyris wäre es, wenn man alle Dichter, welche die Götter gelästert[3]), züchtigte, nachdem man ihnen mit ihren Gedichten die Zungen ausgerissen. So aber bethört fort und fort die Schönheit der poetischen Form das Ohr und läfst das Schädliche nützlich erscheinen[4]). Die andern Frevler giebt man der Vergessenheit anheim, das Geschwätz der viel bewunderten Dichter lebt ewig fort. Die Diebe haben einen Rückhalt an Hermes, die Ehebrecher an Ares und Zeus. Lügen thun die Götter alle, natürlich; denn die Dichter thun es auch[5]), und die Menschen schreiben, um sich zu entschuldigen, ihre Fehler den Göttern zu[6]). Xenophanes dagegen, Parmenides und Empedokles, die ihr ganzes Leben der Naturbetrachtung[7]), der Frömmigkeit und dem Preise der Götter gewidmet haben, sind, so vortreffliche Menschen sie waren, doch schlechte Dichter gewesen. Und doch hätte gerade ihnen die göttliche Gabe der Dichtkunst verliehen werden sollen.

[1]) De congr. erud. gr. 4 S. 521 τὰς κακοπραγίας, αἷς τοὺς ᾀδομένους παρ' αὐτοῖς ἥρωάς τε καὶ ἡμιθέους λόγος ἔχει χρήσασθαι.

[2]) Conybeare übersetzt wörtlich: καὶ ἐφ' ὧν οὐκ ἦν ἄξιον τὸν Δία ὡς ἀδελφὴν ἅμα καὶ γυναῖκα, δύο μεγίστας (or μέγιστα, dies wohl richtig, als Appositiou zu ἀδ. κ. γυν. s. Heraklit Alleg. S. 44, 3 M.), ἄγοντα εἰς ἄλυτον κοίτην, οὐκ ἐχρόνισεν ὡς δεσμῷ κρεμάμενος (or κρεμάμενον). Die letzten Worte, die sich wohl auf die dann citierten Verse O 18 (ἐκρέμω) beziehen, sind, wie das Folgende, unverständlich.

[3]) So Conybeare, obloculi sunt Aucher.

[4]) Sehr ähnlich Π. ἀφθ. S. 18, 8. 9 (lies τὸ ... ὁλκόν). De mon. I 3 S. 215. 216.

[5]) Plut. Quom. adol. poetas audire debeat S. 15. 16.

[6]) Clem. Rec. X 23. 28 (besonders zu beachten). 37. 50. Clem. Hom. IV 12. 17 V 22 VI 18.

[7]) theoriam naturae gaudio amplexi Conybeare. Das Hauptwerk des Emp. trägt den Titel φυσικά, die Lehrgedichte der beiden ersteren betitelt die spätere Überlieferung Περὶ φύσεως. Das von Aucher wörtlich übersetzte digitum bezeichnet den Rhythmus.

Dieser mafslose Angriff gegen die Dichter, der an Xenophanes und Plato erinnert[1]), aber weit das übersteigt, was sie gegen Homer und Hesiod gesagt haben, verrät schon durch seinen überall vorausgesetzten polytheistischen Standpunkt (nur § 34 *deus*) den engen Anschlufs an eine griechische Quelle. Der ganze Ton ist allein eines Epikureers würdig. Auch Epikur redet von der ποιητικὴ τύρβη und Ὁμήρου μωρολογήματα (Fr. 228 vgl. Philo § 38 *loquacitas*)[2]). Er verwirft die Beschäftigung mit den Dichtern, da sie keinen rechten Nutzen habe, nur Knaben ergötze (Fr. 227) und die Menschen bethöre[3]). Es sind gewifs ältere Klänge des zwischen Epikur und der Stoa über die Bedeutung des gröfsten Dichters geführten Streites, die man auch bei Heraklit Alleg. Kap. 75 S. 152 M (vgl. Kap. 1 Schlufs. 74) vernimmt[4]). Auch der Epikureer Velleius bei Cic. De nat. deor. I 42 ff. und Philodem[5]) geben eine lange Liste der unwürdigen Aussagen der Dichter über die Götter. Freilich läfst sich gerade die Abzweckung der philonischen Invektive, welche gegen die Annahme einer Vorsehung gerichtet ist, in epikureischen Quellen nicht nachweisen. Aber sie trägt ein so eigentümliches, sicher nicht aus Philos Geiste hervorgegangenes Gepräge, sie hängt mit den als epikureisch erwiesenen Gedanken so eng zusammen, dafs ich auch sie der Quelle Philos zuschreiben möchte. Gegen diese Annahme könnte nur zu sprechen scheinen das Lob, das dem Xeno-

---

[1]) Xen. Fr. 7 Zeller I 1 S. 525. Auch Plato Staat 377 B ff. 378 D 390 C verwirft die Göttermythen des Homer und Hesiod, legt diesen Fabeln 378 B. 388 B ff. 391 E dasselbe Motiv unter; auch er weist S. 398 Ges. 941 B die Dichter, aber doch auf sehr viel feinere Manier, aus seinem Staate.

[2]) S. auch Metrodor bei Plut. Contra Epic. beatit. Kap. 12, 2 und Philodem. *Π. εὐσ.* S. 20. 31, 20—22. 46, 16 G. τὸ δὲ πονηροτάτους εἰσάγειν θεοὺς ἄνωθεν ἐκ γενετῆς ὑπερβολάς ἐστιν οὐκ ἀπολειπόντων ἀσεβείας (Philo § 34). ἢ οὐχ Ὅμηρος κτλ.

[3]) Clem. Rec. X 26. 28. Ganz ähnlich wie Alexander bei Philo urteilt der Epikureer Damis bei Lucian Jupp. trag. 39 über Homer.

[4]) In dem bitteren Hohne des Heraklit meint man die Antwort auf Philo § 38 herauszulesen. Vgl. über diesen Streit auch Usener zu S. 171, 31.

[5]) Zu den auch von Philo berührten Mythen vgl. Philodem S. 9, 20. 40, 10. 41, 16 ff. 44, 23 ff. 48, 12. S. auch Lucian Jupp. confut. 8. Jupp. trag. 20. 40. Menippus 3 De sacrif. 5 ff. Deor. concil. 5 ff. Nicht eingehen kann ich auf die ähnliche Polemik bei den Kirchenschriftstellern. Die reichste Sammlung bei Clem. Rec. X 18 ff. Hom. IV 15 ff. V 12 ff. Die doch wohl epikureischen Gegner, die Heraklit bekämpft, leiteten nach Alleg. Kap. 21. 26. 40. 69 gerade aus den auch bei Philo berücksichtigten Mythen den Vorwurf der Gottlosigkeit gegen Homer her.

phanes, Parmenides, Empedokles gespendet wird, besonders wenn man berücksichtigt, dafs auch sie vor dem Gerichte des Epikureers bei Cic. De nat. deor. I 28. 29 nicht verschont bleiben, dafs Empedokles mehrfach von Epikur bekämpft wird[1]). Aber einmal ist dies Lob doch nur ein bedingtes, unter der Annahme, aber nicht dem Zugeständnis eines Waltens der Vorsehung erteiltes. Sodann ist zu beachten, dafs Epikur in der That die vorsokratischen Physiologen mit mehr Achtung als sonst irgend einen Philosophen behandelt zu haben scheint. Xenophanes wird wiederholt von ihm benutzt[1]), und die sich mehr auf Nebendinge richtende Polemik gegen Empedokles wird vielleicht durch die hohe Anerkennung, die Lucretius dem Akragantiner zollt, ausgeglichen[2]).

2. Der Standpunkt der Widerlegung (§ 40—44) ist, wie sich nicht anders erwarten liefs, der stoische: der Vorwurf gegen Hesiod und Homer würde das ganze Menschengeschlecht treffen. Denn ihr Ruhm hat den ganzen Erdkreis erfüllt[3]), und zwar vorzüglich wegen der in ihren Erzählungen verborgenen tiefen Ideen, mit denen sich so viele Gelehrte beschäftigt und die sie so sehr bewundert haben (sehr ähnlich Clem. Rec. X 30). In manchen Punkten mögen auch sie gefehlt haben; aber man sollte sich nicht an ihre wenigen Fehler, sondern an ihre vielen vortrefflichen Gedanken halten[4]). Auch die Welt lobt man mit Recht, indem man nicht ihre niedrigsten und verächtlichsten Teile beachtet[5]), sondern seinen Blick auf den Himmel, die Gestirne, die Elemente, den Wechsel der Jahreszeiten, Entstehung und Wachstum der Tiere und Pflanzen richtet.

Die von den Gegnern angeführten Mythen der Dichter sind nicht ein Beweis ihrer Gotteslästerung, sondern deuten auf eine in ihnen enthaltene tiefere Naturerkenntnis[6]), die freilich das Gesetz den Un-

---

[1]) S. den Index nominum in Useners Epicurea.
[2]) Auch wird Empedokles, wie wir sehen werden, in Philos epikureischer Quelle benutzt. Zu beachten ist auch, dafs das ungünstige Urteil über die dichterische Fähigkeit dieser Philosophen bei Cic. Acad. II 74 Plut. De aud. poet. 2 S. 16 C, De audiendo 13 S. 45 B (Karsten Empedokles S. 58) wiederkehrt.
[3]) Heraklit Alleg. Kap. 74 S. 147 M. ὁ δὲ σύμπας κόσμος Ὁμήρου μία ᾗ φησὶν εἶναι πατρίς.
[4]) Vgl. Plut. De aud. poetis S. 20 E ff.
[5]) scarabaeos vel formicas aut pulices; vgl. Marc Aurel S. 6, 18 ff. 109, 3 ff. Plut. De commun. notit. K. 14.
[6]) Vgl. Heraklit Kap. 1 πάντως ἠσέβησεν, εἰ μηδὲν ἠλληγόρησεν 6 Π. ὕψους ed. Jahn² S. 14, 16 [Plut.] De vita Hom. 6 S. 1073 B Wytt. Über den Begriff

geweihten zu verraten verbietet[1]). Philo beschränkt sich auf die Deutungen des Hephaistos als Feuer, der Hera als Luft, des Hermes als λόγος[2]). Wer in dieser Art die Mythen deutet, wird bald aus einem Ankläger ein Lobredner der Dichter werden[3]), indem er erkennt, dafs sie wahrhaft und würdig die Gottheit gepriesen haben. Wer die Gesetze der Allegorie nicht gelten läfst, dem geht es wie den Knaben, die die Bilder auf den Münzen lieber betrachten als die Gemälde des Apelles. Sie bewundern das Lächerliche, verachten das der höchsten Bewunderung Würdige. Warum endlich dem Empedokles, Xenophanes, Parmenides der Dichtergeist mangelte? Allen Menschen haftet menschliche Beschränkung an. Jene Theologen hätten, zufrieden mit der Erforschung der Wahrheit, auf den ihnen von der Natur versagten Dichterruhm verzichten sollen, wie Plato gethan hat[4]), der mit Recht den der *μανία Μουσῶν* Unteilhaftigen von den Pforten der Dichtkunst weist (Phaedr. 245 A)[5]). Wer eine rauhe, unmelodische Stimme hat, darf nicht als Sänger auftreten[6]). Der Weise wird im Wettlauf vom

---

φυσιολογία s. De prov. II 72 Leg. all. I 18 S. 55 und De Cherub. 34 S. 191 *ὁ μὴ φυσιολογίας ἀμύητος* Leg. all. II 2 S. 67 *φυσικῶς ἀλληγορεῖται* (derselbe Ausdruck bei Heraklit) Quis rer. 20 S. 486. De Cherub. 26 S. 154 De Agric. 3 S. 302 De ebr. 22 S. 370 De mut. nom. 8 S. 587 *σύμβολα φύσεως τῆς ἀεὶ κρύπτεσθαι φιλούσης* 10 S. 589. 39 S. 612 De somn. I 20 S. 639 *οὐ μόνον τὴν ἐν ὑπονοίαις πραγματείαν καὶ φυσιολογίαν αὐτοῦ, ἀλλὰ καὶ τὴν ῥητὴν ... ὑφήγησιν* 32 S. 648 Quaest. in Gen. III 3 S. 174, Hypothetica bei Eus. VIII 7, 20; von der allegorischen Auslegung braucht das Wort auch Cic. a. O. II 41 Heraklit K. 72 (zum Sinn vgl. auch Kap. 17. 26) Clem. Hom. VI 20 *φυσιολογήσαντες* IV 24, s. auch VI 2.

[1]) Über dies Gesetz Harris S. 69a *οὐ θέμις τὰ ἱερὰ μυστήρια ἐκλαλεῖν ἀμυήτοις κτλ.* (das Original des Schlusses Quaest. in Gen. IV 8 S. 252) 99b *μυστήρια μὴ ἐξαγγείλαι τοῖς ἀμυήτοις*, vgl. auch De profug. 16 S. 558 Leg. all. III 77 S. 131 De Cherub. 14 S. 147 De sacr. Ab. et Caini 15. 16 S. 174. Ähnlich braucht Heraklit K. 3. 75 Schlufs; Lucian Deor. concil. 11 vom Mysterienwesen entlehnte Ausdrücke; vgl. Arch. f. Gesch. d. Philos. I 638.

[2]) Dieselben Deutungen De decal. 12 D. V. C. 1 S. 472 De leg. ad Gai. 13 S. 560 über Hermes. Die stoischen Zeugnisse bei Zeller III 1, 325 ff. Pearson, Fragments of Zeno and Cleanthes, Fr. 110. 111 des Zeno, Clem. Rec. X 34. — Auch hier hält Philo den heidnischen Standpunkt fest und zeigt zugleich deutlich, wie sich seine Allegorese an der stoischen gebildet hat.

[3]) Vgl. De agric. 22 S. 315.

[4]) Zeller II 1 S. 395. 396.

[5]) De somn. I 43 S. 658 *ἐκ μανίας θεοφορήτου.* De profug. 30 S. 571 *ἐνθέῳ μανίᾳ* Cic. Tusc. I 64 Lucian Jupp. confut. 2.

[6]) Cic. Tusc. II 12.

Läufer besiegt werden; und wie die Schnelligkeit, so ist auch die Dichtkunst nicht an sich Sache des Weisen.

III. 1. Alexander tritt Philo mit weiteren Bedenken entgegen (§ 45—51)[1]): Entweder ist die Welt geworden, dann sind auch alle Wesen in ihr geworden. Oder sie ist ungeworden. Dann verdankt weder sie noch irgend einer ihrer Teile der Vorsehung ihr Dasein, sondern die Gattungen entstehen fort und fort aus sich. Der erste Fall ist undenkbar. Denn eine Schöpfung aus nichts ist unmöglich. Vor derselben könnte es keine Vorsehung und daher keinen Zeus gegeben haben. Und wenn die Welt geschaffen, warum diese bestimmte Begrenzung der Materie, warum gerade vier Elemente?

2. In seiner Erwiderung auf diese epikureischen[2]) Angriffe bemerkt Philo (§ 47—51): Gesetzt, die berühmten Philosophen[3]) hätten Recht mit der Annahme der Ewigkeit des $κόσμος$, so ist die Vorsehung damit keineswegs ausgeschlossen. Gott könnte die Welt aus der ungewordenen Materie geschaffen haben, wie der Künstler sein Werk aus dem ihm gegebenen Stoffe. Nicht nur in der Schöpfung, sondern auch in der Formung und Erhaltung der Materie zeigt sich Vorsehung. Auch der spartanische Ephore[4]) leitet den Staat, ohne

---

[1]) Die folgende Stelle gebe ich nach Conybeare und mit meinen Ergänzungen (die in [ ] geschlossenen Worte streiche ich): ἢ ῥητέος γενητὸς ὁ κόσμος ⟨ἢ ἀγένητος. εἰ μὲν οὖν γενητὸς ὁ κόσμος⟩, ἡ φύσις καθόλου ἁπάντων ἐστὶ γενητή. ⟨εἰ δ' ἀγένητός ἐστι⟩· πρῶτον (oder πρότερον, es wird vielmehr ἄλλο verlangt) γὰρ οὐδὲν ἡ λεγομένη (oder τὸ λεγόμενον) διαίρεσις χωρεῖ· [εἰ δ' ἀγένητός ἐστι] οὔτ' ἐκεῖνος (sc. ὁ κόσμος) κατὰ πρόνοιαν οὔτε ἄλλο τι τῶν ἐν αὐτῷ [γενομένων] ἐτελειώθη, ζῴων δὲ γένη καὶ φυτῶν αὐτογενῆ· ἐπειδὴ γενέσεις (der Sinn fordert das Geschaffene) φυτῶν (lies ποιητῶν) ἀνάγκη ὁμοίωσιν φέρειν καὶ οὐ (oder οὐδὲ) τὰ γενόμενα (lies οὐ τὰ ἀγένητα). Durch meine Ergänzungen gewinnt das ἡ λεγομένη (wozu πρότερον gezogen werden könnte) seine Beziehung. Andere Ergänzungen sind auch denkbar. In dem am meisten zerrütteten Schlussatze finde ich den Gedanken Π. ἀφθ. S. 14, 15 τῇ γὰρ φύσει τῶν τεχνιτῶν εὔλογον τὰ δημιουργηθέντα ἐξομοιοῦσθαι.

[2]) Als epikureisch wohl bekannt ist die Abweisung der Schöpfung aus nichts. Zu den Fragen Alexanders vgl. Cic. De nat. deor. I 21 ff. (oben S. 4[8]). Der Vorwurf des Atheismus wird der Stoa hier zurückgegeben.

[3]) Wenn zu diesen Zeno und Kleanthes gerechnet werden, liegt kaum eine Verderbnis der Überlieferung, sondern eine Einmischung des weiteren stoischen Sinnes von $κόσμος$ vor (Περὶ ἀφθ. 2, 17. 4, 12 Zeller III 1, 148). Denn dem ungewordenen $κόσμος$ wird sogleich die ungewordene Materie substituiert, doch wohl im Sinne des der διακόσμησις und ἐκπύρωσις zu Grunde liegenden ewigen Stoffes.

[4]) De opif. S. 3, 9 ἔφορος, Π. ἀφθ. S. 26, 17 De prov. II 91 inspector.

dafs er ihn erschaffen hätte[1]). Was endlich die Begrenzung der Materie anlangt, so sollte man Gott ebenso gut wie jedem Künstler die Fähigkeit zutrauen, die zweckentsprechende Menge des Stoffes zu bestimmen, ja bei ihm ein Versehen hierin, wie es beim irdischen Künstler vorkommen kann, für ausgeschlossen halten.

IV. 1. Die weiteren Einwürfe Alexanders (§ 52—54) wenden sich gegen die stoische Annahme eines unendlichen Leeren[2]). Weder das Leere noch der τόπος noch die Oberfläche kann von der Vorsehung geschaffen sein, also auch nicht die Kugelgestalt der Welt. Dasselbe gilt auch von der unbegrenzten Zeit und den Zeitmafsen, wie auch von den Gedankendingen[3]).

2. Philos Erwiderung (§ 55—58) vertritt wieder vollkommen den stoischen Standpunkt: Von Städtegründungen redet man auch nicht in dem Sinne, dafs die Gründer die Gegenden geschaffen hätten. Sie haben sie nur begrenzt und mit Anlagen gefüllt. So hat auch Gott nicht den Raum (spatium = χώρα) geschaffen, er hat ihn nur gefüllt und damit zum τόπος gemacht[4]). Die Kugelgestalt des Kosmos be-

---

[1]) Das Folgende bis § 51 ist bei Eus. a. O. VII 21 erhalten.

[2]) § 53 *vacuum locus novus a corpore occupatus* (Conybeare, Auchers *occupandus* trifft den Sinn des Originals). Hier wie § 55 *locum novum* las der Arm. wohl falsch καινός st. κενός; vgl. die Definition des κενόν Doxogr. S. 460, 19, *Π. ἀφϑ.* S. 31, 19 Zeller III 1 S. 181.

[3]) Die Polemik gegen die Stoa zeigt sich auch in der Verbindung der stoischen Arten des ἀσώματον, des Leeren, des Raumes und der Zeit mit den sonstigen unkörperlichen Abstraktionen (§ 54 *incorporea*); s. Stein, Psych. II, 219 ff. § 54 sind die *absoluta* wohl die stoischen λεκτὰ αὐτοτελῆ (Zeller S. 88), die *species* (vgl. § 58) die ἐννοήματα oder ἰδέαι, casus πτώσεις (Zeller S. 79), *coniunctiones* συνημμένα (Zeller 104 ff.). Auch Plut. verbindet in seiner Polemik Mor. S. 1087 D 1116 B diese Abstraktionen mit dem χρόνος. Vgl. auch Philo De Cherub. 17 S. 159 (τυγχάνοντα — κλήσεις) De agric. 32 S. 321 (συνημμένα) De congr. erud. gr. 26 S. 541 (αὐτοτελῆ). Die Worte *nisi prius constituatur omnium omnino incorporeorum materiam vi naturae suae vocatam esse oportere* richtet sich gegen die stoische Lehre, dafs die Menschen den Dingen nur einen ihrer Natur entsprechenden Namen beigelegt (Stein a. O. 283).

[4]) § 55 zu Anf. übersetzt Con.: *novum enim, sicut dicis, deus non condidit locum ideo quod et corpus condidit*. Über die stoischen Begriffe κενόν, χώρα, τόπος s. Bäumker Problem d. Materie S. 334, Zeller a. O., die von Schmekel S. 189 auf Posidonius zurückgeführte Stelle des Kleomedes, Epicurea S. 192 ff. Philo De somn. 11 S. 630 (τόπος) χώρα ὑπὸ σώματος ἐκπεπληρωμένη 12 S. 631 De profug. 14 S. 557. Philo nimmt auffallender Weise wie Kleomedes ein unbegrenztes κενόν an (§ 56, vgl. 53), während Posidonius, der sonst benutzt zu sein scheint, es begrenzt sein liefs (Doxogr. S. 338, 19).

weist gerade das Wirken der Vorsehung. Diese Figur ist am leichtesten beweglich[1]); sie sichert allein den Kosmos davor, dafs er nicht ins endlose Leere sinke. Ebenso wenig wie das Leere hat Gott die endlose Zeit geschaffen, sondern nur durch die Gestirne die Zeitmafse bestimmt[2]). Zur Abwehr des die Abstraktionen betreffenden Einwandes giebt Philo den ihm eigenen Gedanken, dafs auch die Erkenntnis der allgemeinen Begriffe durch Gott gewirkt werde[3]).

V. 1. Alexander verlangt weiter (§ 59—61) Rechenschaft über die Anordnung der Elemente. Nach epikureischer Lehre erklärt diese sich einfach daraus, dafs die leichteren Stoffe von den schwereren emporgetrieben werden[4]). Gerade so geht, wenn man Öl und Sand in ein Gefäfs mit Wasser schüttet, jenes nach oben, dieser nach unten[5]). Es folgt eine Berufung auf die Kosmogonie des Empedokles[6]), deren einzelne Phasen sich noch deutlich erkennen lassen. Es trennt sich (vom Sphairos) zuerst die Luft[7]) ab, dann das Feuer. Aus jenem

---

[1]) Fast wörtlich stimmt das Fragm. des Posidonius ἐν ιε´ τοῦ φυσικοῦ λόγου bei Laert. Diog. VII 140 (s. auch Cic. De nat. deor. II 48). Die andern Belege für Pos. s. Schmekel a. O. S. 242[2] Arch. f. Gesch. d. Phil. I S. 203 Doxogr. S. 20. — § 53 (vgl. § 60) *in verum globum polita* = Quis rer. 47 S. 505 ἄκρως εἰς σφαῖραν ἀποτετορνευμένος. — Das Citat stammt aus Platos Tim. S. 33 B.

[2]) Auch die Stoa nimmt im allgemeinen eine ewige Zeit an (Stein a. O. II S. 223, über Posidonius s. Schmekel S. 240), und eine bei Philo Π. ἀγ.θ. S. 17, 10 ff. erhaltene Deutung der Definition Chrysipps (Stein a. O.) χρόνος διάστημα τῆς τοῦ κόσμου κινήσεως bringt diese mit dem Begriffe der Ewigkeit durch die Annahme der weiteren stoischen Bedeutung des Wortes κόσμος (S. 33) in Einklang. — Philo scheint hier die Ewigkeit der Zeit anzunehmen oder in dieser Frage noch nicht Stellung genommen zu haben. Später erklärt er mit Entschiedenheit die Zeit für entstanden und später als den Kosmos: die Belege, in denen z. T. ähnlich wie De prov. die Bedeutung der Gestirne als Zeitmesser hervorgehoben wird, bei Drummond I 293.

[3]) M. Freudenthal, Die Erkenntnislehre Philos, Berlin 1891 S. 68.

[4]) Wörtlich übereinstimmend mit Epicurea S. 196, 19. 29. 215, 22 Cic. Tusc. I 40 (Schmekel S. 140). Lucr. V 453.

[5]) Vgl. Kleomedes S. 2. 3 Lucr. V 497 faex.

[6]) Conybeare übersetzt wörtlich: ἐπειδὴ γὰρ διαιρούμενος αἰθὴρ ἐμετεωρίσθη ἀέρος καὶ πυρός (ou moins probablement ἐπειδὴ γὰρ διαιρουμένου αἰθέρος ἐμετεωρίσθη ἀὴρ καὶ πῦρ) καὶ ἦν ὃ γέγονεν οὐρανὸς χώρας ἐπὶ μεγάλης περιαγόμενος (ou περιφερόμενος), πῦρ μὲν ὀλίγον τι ὑπὸ οὐρανὸν (eine Hs. falsch ὑπὸ γῆν) λειπόμενον (ou μένον), καὶ τοῦτο εἰς ἡλίου αὐγὰς ηὐξήθη, συνθέουσα καὶ συναγομένη βίᾳ τινὶ γῇ φαινομένη ἐν μέσῳ καθίζει (oder ἠρεμεῖ).

[7]) Der Anfang läfst sich nach Con. auch so übersetzen: ἐπεὶ γὰρ σχισθέντα ἀπὸ (manche Hss. haben die Präp.) αἰθέρος μετέωρα ἐγένετο ἀὴρ καὶ πῦρ. Die

bildet sich der das Ganze umschliefsende Himmel[1]), aus dem unter dem Himmel sich festsetzenden Feuer die Sonne[2]). Dann ballt sich die Erde zusammen[3]). Sie ruht in der Mitte, (durch die rasche Drehung des Himmels) am Fallen gehindert[4]). Das Wasser läfst er weiter aus der Erde ausgeprefst werden[5]). Alexander fügt noch hinzu, dafs weder die Fülle des nicht trinkbaren Meerwassers noch die Luft als Ausdünstung der Erde und des Wassers durch die Vorsehung, sondern nur durch Naturnotwendigkeit sich erkläre.

2. Dem epikureischen Satze, dafs die leichteren Stoffe von den schwereren emporgetrieben werden, hält Philo (§ 62) zunächst entgegen, dafs es auch gewichtlose Körper gebe[6]), dafs ferner Luft und

---

Vieldeutigkeit der Stelle erklärt sich daraus, dafs im Altarmenischen der Gen. als Subjekt stehen kann. Schwierigkeit macht die Unterscheidung von $αἰθήρ$ und $ἀήρ$ (Zeller I⁴ S. 712), die nicht festgehalten wird. Sollte eine Verwechselung von $αἰθήρ$ und $σφαῖρος$ vorliegen?

[1]) Zeller S. 712, A. 2 (Doxogr. 334, 7). 713. Mit Philo $ἐπὶ μεγάλης χώρας περιαγόμενος$ vgl. Emped. V. 133 St. 185 K. $αἰθὴρ σφίγγων πέρι κύκλον ἅπαντα$.

[2]) Doxogr. a. O. Laert. Diog. VIII 77 Zeller S. 714 A. 5.

[3]) Die Ausdrücke des Arm. sind wohl zu verstehen im Sinne von Doxogr. S. 334, 8 $πιληϑῆναι δὲ ἐκ τῶν ἄλλων τὰ περίγεια$.

[4]) *quietis autem exinde causa per deum* (*datur* hat Aucher hinzugesetzt). Ich vermute $δῖνον$ nach Aristot. De caelo II 1 $διὰ δίνησιν$ 13 (Karsten S. 421 Ritter-Preller S. 140); s. Zeller S. 714. Die folgenden Worte enthalten eine epikureische Polemik gegen die stoische Vorstellung, dafs die Elemente in Schichten ($σφαῖραι$) über einander gelagert sind (Zeller III 1 S. 185 [Arist.] De mundo 393b, 35 $πέντε δὴ στοιχεῖα ταῦτα ἐν πέντε χώραις σφαιρικῶς ἐγκείμενα$ Cic. De nat. deor. II 116).

[5]) Conybeare übersetzt die dunkle Stelle wörtlich: *cum concretum* (*spissatum*, s. Anm. 3) *esset id quod occupatum erat in extremitate orae, praesertim grandinis compressione, aqua limosa* (Zeller I S. 714). *quodcunque enim in terra humidi est, in demissis depressisque eius locis amabat a ventis, uno alterum sustinente* ($πνεύμασιν ἐπαλλήλοις$), *circulo more nexuum quorundam fortissimorum comprimi*. Vgl. Doxogr. S. 334, 3 $ἐξ ἧς$ (sc. $γῆς$) $ἄγαν περισφιγγομένης τῇ ῥύμῃ τῆς περιφορᾶς ἀναβλύσαι τὸ ὕδωρ$. Der zweite Satz Philos (*quodcunque* etc.) scheint mehr epikureisch, durch Empedokles freilich beeinflufst; vgl. die epikureische Kosmogonie Doxogr. S. 290, 26 ff. (Epicurea S. 216, 8 ff.) $πολλῆς δὲ ὕλης ἔτι περιειλημμένης ἐν τῇ γῇ πυκνουμένης τε ταύτης κατὰ τὰς ἀπὸ τῶν πνευμάτων$ (bestätigt durch Philo, $σωμάτων$ die Hss. DFG des Eus. Usener) $πληγὰς καὶ τὰς ἀπὸ τῶν ἀστέρων αὔρας προσεϑλίβετο πᾶς ὁ μικρομερὴς σχηματισμὸς ταύτης καὶ τὴν ὑγρὰν φύσιν ἐγέννα· ῥευστικῶς δὲ αὕτη διακειμένη κατεφέρετο πρὸς τοὺς κοίλους τόπους$. — De prov. II 66 die empedokleische Bezeichnung (Vs. 165 St. Karsten S. 438) des Meeres als *sudor terrae* (= Lucr. V 487).

[6]) Feuer und Luft nach Chrysipp bei Plut. Mor. S. 1053E $ἀβαρές$.

Feuer vielmehr durch ihre eigene Natur emporstreben[1]). Die natürliche Verteilung der Elemente ist vielmehr ein Werk der Vorsehung. Die Erde nimmt die Mitte ein, nach der wegen ihrer Schwere ihre natürliche Bewegung gerichtet ist. So ist es möglich, dafs sie auf verschiedenen Seiten bewohnt wird. Die Dinge auf ihr teilen nämlich ihren Trieb nach der Mitte[2]). Die Zweckmäfsigkeit der verschiedenen Teile der Welt von einer Naturnotwendigkeit herleiten, ist ebenso thöricht, als wenn man die zweckmäfsige Beschaffenheit der Bälle[3]) und Disken in einem Gymnasium[4]) aus dieser, nicht aus der Zweckberechnung des Lehrmeisters erklären wollte. Auch das Meer hat, wie denn nichts in der Welt überflüssig ist, seinen Nutzen für Götter und Menschen, wie die (stoischen) Lehrer der Weisheit mit Recht hervorheben. Denn die Sonne, die manche den Lenker der Welt genannt haben, weil sie das Notwendigste spendet[5]), nährt sich vom Meerwasser, dessen reinste Teile sie an sich zieht. Daher überschreitet sie nie die durch Krebs und Steinbock bezeichneten Grenzen (innerhalb deren sie allein ihre Nahrung findet)[6]). Ebenso ziehen auch die

---

[1]) Quis rer. 29 S. 493 τοῖς φύσει κούφοις, ἀέρι καὶ πυρί Quaest. in Gen. IV 51 (Harris S. 34) φύσει μὲν κοῦφα θεῖον καὶ πῦρ 52 id quod natura erat leve (das Feuer), in Exod. II 118 Π. ἀφθ. S. 35, 5. Sonstige Zeugnisse über die stoische Elementenlehre Philos s. bei Drummond I S. 270—279.

[2]) Philo stimmt mit Kleomedes S. 49 Ende und S. 12 πάντων γὰρ τῶν ἐπὶ γῆς βεβηκότων ἐπὶ τὸ κέντρον καὶ αὐτὸ τὸ μεσαίτατον τῆς γῆς τὰ ἴχνη βλέπειν ἀναγκαῖον. καὶ γὰρ αὐτῆς σφαιρικῷ τῷ σχήματι κεχρημένης κάτω τὸ μεσαίτατόν ἐστιν, vgl. auch Chrysipp bei Plut. De Stoic. repugn. K. 44, 5 ff. Cic. De nat. deor. II 98 Somn. Scip. 17 Manilius I 159 ff. Philo De Cherub. 8 S. 143 (Drummond I 267). — § 62 Ende weist Philo auf Erörterungen über die Bewohnung der Erde, wie sie für Posidonius bezeugt sind (Kleomedes S. 11 ff. Bake S. 91 ff. Schmekel S. 286 Cic. Tusc. I 68. 69); vgl. Philo Quis rer. 29 S. 493 Lucian Navig. 44, unten S. 72.

[3]) globi = σφαῖραι, s. Guhl und Koner S. 277.

[4]) Vergleich der Welt mit dem Gymnasium bei Cic. De nat. deor. II 15 (nach Kleanthes, s. Schmekel S. 92).

[5]) Philo bezieht sich auf Kleanthes, Doxogr. S. 465 (Pearson Fr. 28) ἡγεμονικὸν δὲ τοῦ κόσμου Κλεάνθει μὲν ἤρεσε τὸν ἥλιον εἶναι διὰ τὸ . . . . πλεῖστα συμβάλλεσθαι πρὸς τὴν τῶν ὅλων διοίκησιν.

[6]) Über diese stoische Lehre s. die Zeugnisse bei Zeller III 1 S. 189 (auch Sen. Dial. VI 16, 2), besonders Kleanthes bei Cic. De nat. deor. II 40 III 37. Aus der letzteren Stelle und Stob. Ecl. I S. 211, 18 W. (Doxogr. 353 und Addenda) habe ich den bei Philo nicht klar hervortretenden Grund für die Begrenzung der Sonnenbahn ergänzt. Philo hat die Lehre des Kleanthes aus Posidonius übernommen: Macrob. Sat. I 23, 2 *sicut et Posidonius et Cleanthes affirmant, solis*

Fixsterne die Feuchtigkeit aus der Luft; (denn dafs solche in der Luft enthalten ist), beweist der vor Sonnenaufgang fallende Tau[1]). Auch dient das Meer dem Verkehr der Menschen und dem Austausch der Waren[2]). Und doch wagen manche, die Teile der Natur zu lästern und das Meer für eine Ausschwitzung der Erde zu erklären (s. S. 65[5]). Der Grund ihrer Gottlosigkeit ist ihre hedonistische Weltanschauung, die sie nur nach den Begierden des Leibes[3]) den Nutzen der Dinge bemessen läfst. So bezweifeln sie auch den Nutzen der Ausdünstungen der Erde[4]); und doch ist die durch sie sich nährende Luft das Tiere und Pflanzen zusammenhaltende Lebensprinzip[5]), die wichtigste Speise der Lebewesen, Ursache der Gesundheit für alle, die nicht wie die Seevögel[6]) unersättlich sind, eine Nahrung, die vom Schlafenden wie vom Wachen unaufhörlich aufgenommen wird[7]). Bei so offenbarer Zweckbeziehung der Teile der Welt ist es gottlos, die eigene Leichtfertigkeit der Gottheit zuzuschreiben. Nutzlosigkeit, Unbeständigkeit,

---

meatus a plaga quae usta dicitur non recedit, quia sub ipsa currit oceanus (Diels, Seneca und Lucan S. 16). Trotz Berger, Eratosthenes Fragmente S. 23 wage ich nicht, hier an einen andern Pos. zu denken, so auffallend der Widerspruch mit der Zonenlehre unsers Pos. ist. Auf Pos. mag auch Cic. a. O. II 118 zurückgehen. Pos. handelte über die Ernährung der Gestirne im 6. Buche des φυσικὸς λόγος (Laert. Diog. VII 145).

[1]) So ist die Stelle zu verstehen nach Conybeare.

[2]) Zum Teil ist das Original der Stelle zu gewinnen aus der Parallele Leg. ad Gai. 7 S. 552 (= Harris S. 98, was Harris übersehen). Der Nutzen des Meeres wird ebenso bezeichnet bei Sen. Nat. quaest. V 18, 4. 14 Ben. IV 28, 3 Plut. Mor. S. 86 E. 957 AB. Mit den Worten *natura nullum animal effecit haud indigum aliis* vgl. De Cherub. 31 S. 159 οὐδὲν τῶν κατὰ μέρος τέλειον ἐργασάμενος, ὃ μὴ πάντως χρεῖον ἄλλου.

[3]) Ähnlich Cic. De deor. nat. II 49 Plut. Mor. S. 1098 D τῆς ἡδονῆς τὸ μέγεθος ... τῇ γαστρὶ περιγράφουσι. — γαστρὸς ἐπιθυμίαι (*ventris cupiditatibus*) De opif. S. 61, 4 und oft.

[4]) V. Mos. III 10 S. 151 τῶν δὲ περιγείων, ἐξ ὧν αἱ ἀναθυμιάσεις.

[5]) De somn. I 22 S. 641. 3 S. 623 Cic. a. O. II 83 (*terrae*) *exspirationibus et aer alitur* ... *animantes autem aspiratione aeris sustinentur*. Bäumker S. 349. 350, oben S. 7. 54[4].

[6]) *insatiabiles instarque mergorum* = Leg. all. III 53 S. 117 οὔτε πέραν τοῦ μετρίου σιτίων ἐμφορηθησόμεθα αἰθυιῶν τρόπον. Derselbe Vergleich Quod det. pot. ins. 27 S. 211 De concup. 8 S. 354 D. V. C. 6 S. 479.

[7]) De vict. offer. 15 S. 263 τροφὴ δ' ἐστὶ καὶ (ὁ ἀὴρ) ἡ συνεχής, ὃς οὐκ ἐγρηγορότας μόνον, ἀλλὰ καὶ κοιμωμένους διατρέφει τε καὶ διασώζει De fort. 2 S. 376 ἀέρα μὲν τὴν πρώτην καὶ ἀναγκαιοτάτην καὶ συνεχῆ τροφὴν (*esca ... frequentissima*), ἀδιαστάτως (*continuo*) μεθ' ἡμέραν τε καὶ νύκτωρ ἀναπνεόμενον.

Irrtum giebt es nur in der sublunarischen Region, ist aus dem Himmel verbannt[1]).

VI. 1. Diese Behauptung stöfst auf Alexanders Widerspruch (§ 69—71). Läfst sich, so fragt er, eine Ordnung denken bei der zahllosen Menge der Fixsterne und in einem endlosen Raume, auf den Messung und Rechnung sich gar nicht anwenden läfst[2])? Den Fixsternen kann die kleine Zahl der Planeten unmöglich das Gleichgewicht halten[3]). Und auch diese wieder haben unter sich verschiedene Bewegungen. Merkur und Venus begleiten stetig die Sonne, Saturn durchmifst kaum in 30 Jahren, die Sonne in 12 Monaten, Mars in 2 Jahren, der Mond in weniger als 30 Tagen seine Bahn[4]). Nicht durch die Vorsehung empfängt der Mond sein Licht von der Sonne, sondern zufällig nimmt er es wie ein Spiegel auf; was wieder durch eine Berufung auf Empedokles bekräftigt wird[5]). Auch Auf- und

---

[1]) Der aristotelische Gegensatz der himmlischen und der sublunaren Region wurde von Posidonius übernommen; s. Corssen S. 42. 43 und besonders Cic. a. O. II 43. 55. 56 Manilius I 478 ff. [Arist.] De mundo S. 392a, 31 ff. 400a, 21 ff. Ocellus Luc. Kap. 2, 2 Plut. Mor. S. 369D. Derselbe Gegensatz bei Philo V. Mos. III 12 S. 153 κατωτέρω σελήνης ἄπαντα τροπὰς ἔχει καὶ μεταβολάς De decal. 21 S. 198 οὐκ ἐπειδὴ πεπλάνηταί τι τῶν κατὰ τὸν (τὸν MA Pal. 248 Vat. 379) οὐρανὸν ... οἷς πᾶσι τὸ ἀπλανὲς οἰκειότατον ... ὑπ' ἀνθρώπων εἰκαιοτέρων, οἳ τὴν ἰδίαν πλάνην τοῖς οὐρανίοις ἐπεφήμισαν (ii, qui levitatem suam praesumunt in ipsam divinitatem retorquere) De mon. II 5 S. 226 Harris S. 29 Quaest. in Gen. IV 8 (S. 251). 87. 157 in Exod. II 33 (S. 492). 91.

[2]) Lucian Icaromen. 4 τούς τε γὰρ ἀστέρας ἑώρων, ὡς ἔτυχε, τοῦ οὐρανοῦ διερριμμένους.

[3]) alter est ex adverso ad normam exercitus cuiusdam ordinatus eorum chorus, qui planetae dicti sunt, et imprimis inaequaliter, vgl. De opif. S. 42, 15 οἵ γε μὴν πλάνητες, ἡ ἀντίρροπος στρατιὰ τῆς τῶν ἀπλανῶν. De somn. II 17 τὸν θεῖον στρατόν. Περὶ ἀφθαρσίας S. 14, 23 Cum. De opif. S. 17, 19 τῶν δ' ἀνομοίως τε καὶ ὑπεναντίως διτταῖς περιόδοις χρωμένων Leg. all. I 4 S. 45 De confus. lingu. 34 S. 431.

[4]) Dieselbe Berechnung der Umlaufszeiten gab Posidonius (Schmekel S. 283), auf den auch [Arist.] De mundo 399a und Aet. S. 363, 15 ff. Diels zurückgeht; vgl. Philo De Cherub. 7 S. 142. Auch die Ordnung der Planeten nach der Entfernung von der Erde Quis rer. 45 S. 504 Quaest. in Exod. II 75 V. Mos. III 9 S. 151 stimmt mit Pos. (Cic. De nat. deor. II 53. 119 Schmekel S. 282. 463. 464) überein. Aus ihm hat Philo also wohl seine epikureische Quelle erweitert. Die Differenz mit Kleomedes I S. 17 (Hirzel Unters. I 217) ist auffällig.

[5]) Über die epikureische Ansicht s. Epicurea S. 41, 9 Lucr. V 705 ff. Das Citat § 70 lautet: *lumen accipiens lunaris globus magnum largumque* (oder *magnus largusque*) *mox illico* (ἀθρόως πάλιν Conybeare) *reversus est, ut currens caelum attingeret* (ἀπεστράφη φθάνων εἰς οὐρανὸν θέων Con., oder φθάνουσα ...

Untergang der Gestirne sind nicht durch den Nutzen der Menschen bestimmt, sondern naturnotwendig[1]). Es wäre eine Anmafsung des Menschen, zu behaupten, dafs die Länge von Tag und Nacht, die vielmehr die verschiedene Bewegung der Sonne durch die beiden Hemisphärien bestimmt, auf seinen Nutzen berechnet sei[2]). Sonnen- und Mondfinsternisse haben überhaupt keinen Nutzen, lassen aber wohl verschiedene natürliche Erklärungen zu[3]).

2. Nach einer bereits oben gewürdigten Bemerkung über die Beschränktheit des menschlichen Urteils[4]) geht Philo auf die einzelnen Einwände ein (§ 73): Die Fixsterne bewirken die rechte Mischung der Luft, indem sie die reinste[5]) Luft ausströmen. Die Luft aber wirkt einmal die Entstehung der lebenden Wesen[6]), ferner ermöglicht sie

---

ϑέουσα). Das Original gewinnen wir, glaube ich, durch Verbindung zweier Verse des Emp. (153. 151 St., 192. 188 K.)

ὡς αὐγὴ τύψασα σεληναίης κύκλον εὐρὺν
ἀνταυγεῖ πρὸς Ὄλυμπον ἀταρβήτοισι προσώποις.

„Nachdem das Licht der Sonne den Mondkreis getroffen, strahlt es wieder dem Himmel entgegen"; vgl. De prov. II 76 *iubar lunae inquiebas non secundum providentiam esse, sed secundum perceptionem et redintegrationem lucis solaris, a quo componitur.* Die armen. Übersetzung ist fehlerhaft. Der Arm. hat z. B., weil er ἀνταυγεῖ nicht verstand, die Synonyma nach seiner Art gehäuft. Man darf sich dadurch nicht hindern lassen, in den bezeichneten Versen das Original zu finden. Vgl. Zeller S. 715, der mit Unrecht Plut. De Pythiae orac. S. 400 B τὸν ἥλιον περὶ γῆν ἀνακλάσει φωτὸς οὐρανίου γενόμενον ohne weiteres mit Wyttenbach περιαυγῇ liest. Das αὖθις fordert einen Gegensatz zu Ὄλυμπος. Man könnte höchstens περὶ σελήνην vermuten; aber Plut. kannte vielleicht nicht den weiteren Zusammenhang der Verse.

[1]) Vgl. Epicurea S. 29, 15. 229, 13 ff.
[2]) Vgl. Epicurea S. 43, 6 Lucr. V 680 ff.
[3]) Über den Grundsatz Epikurs, die Wahl zwischen mehreren Erklärungen frei zu geben, s. Zeller III 1 S. 396. Gerade bei den ἐκλείψεις finden wir diesen Grundsatz beobachtet: Epicurea S. 29, 15. 42. 230 Lucr. V 752. Die von Philo mitgeteilte Erklärung der Sonnenfinsternis findet sich wörtlich übereinstimmend Epicurea 230, 23 (42, 6).
[4]) Diese hebt Philo De somn. I 4 S. 624 für dasselbe Gebiet hervor; ähnlich Chrysippea Fr. 68 Gercke. S. oben S. 56.
[5]) So verstehe ich *liquefacta*; vgl. bald *tenuitatem* und Cic. a. O. II 118. Die Worte *quia natura sunt frigida compositae* sind auffällig. Vielleicht bezog sich der Urtext auf die Kälte als unterscheidende Eigenschaft der Luft (Zeller III 1 S. 183).
[6]) Durch die Einwirkung der Luft entsteht nach stoischer Lehre die animalische Seele: Zeller III 1 S. 197.

ihnen das Atmen[1]). Ihre Reinheit wird gewirkt durch die Menge, ihre Verbreitung durch die Bewegung der Fixsterne. Entgeht uns das Verhältnis ihrer Entfernungen wegen ihrer grofsen Zahl, so hat ihr Urheber es doch bestimmt. Der Kreislauf der Fixsterne vollzieht sich ohne Mühe und Ermüdung, weil sie der Gottheit am nächsten sind[2]) und wegen der Kraft ihres reinen Feuers. Auch die Planeten wirken mit zur Erhaltung des Alls, und es würde zu weit führen, ihren Nutzen im einzelnen aufzuzählen[3]). Wie Chrysipp und Kleanthes sagen, hat die Vorsehung nichts vergessen, was dem allgemeinen Nutzen dient. Wäre es möglich gewesen, so hätte sie eine Weltordnung geschaffen, in der nichts dem Willen Gottes hindernd entgegentreten könnte[4]). Die Welt konnte nicht besser geschaffen werden, als Gottes Weisheit sie gemacht hat[5]). Vor dieser verschwindet unsere menschliche Weisheit wie das Lampenlicht vor der Sonne[6]). — Die beiden Bären sind die göttlichen Führer, die dem Menschen das kühne Werk der Schifffahrt, mit dem er die Grenzen seiner Natur überschreitet, ermöglichen[7]). Der Mond empfängt von der Sonne sein Licht durch die Vorsehung, er mifst durch seinen allmonatlichen Umlauf den Lauf der Sonne[8]), übt durch sein Wachstum und seine Abnahme zum Besten des Alls

---

[1]) Vgl. S. 67[7].

[2]) Vgl. über diese aristotelische Lehre Zeller II 2 S. 463, oben S. 68 [Arist.] De mundo S. 397b 27 ff., auch „Neu entd. Fragm." S. 145.

[3]) Vgl. Quis rer. 45 S. 504 De opif. Kap. 38 Quaest. in Gen. III 73; Posidonius S. 61 Bake.

[4]) Kleanthes Fr. 19 Pearson, vgl. De prov. I 67; anders Chrysipp Fr. 51 Gercke οὐ πάντα μὲν ἔστι καθ' εἱμαρμένην, οὐκ ἔστι δὲ ἀκώλυτος καὶ ἀπαρεμπόδιστος ἡ τοῦ κόσμου διοίκησις. Ähnliche Äufserungen wie die philonische bei Zeller III 1 S. 174 ff. Sen. Nat. quaest. I Prol. 16.

[5]) Cic. De nat. deor. II 86 *ex iis enim naturis, quae erant, quod effici optimum potuit effectum est, doceat ergo aliquis potuisse melius*, Philo De Cherub. 31 Schlufs S. 159 De plant. 2 S. 330.

[6]) Vgl. oben S. 69[4] Quis rer. div. her. 17 Schlufs S. 485 ein ähnl. Vergleich.

[7]) Mit der genaueren Ausführung vgl. De opif. K. 39 Leg. all. I 4 S. 45 De creat. princ. 1 S. 361, besonders κυβερνητικὴν τέχνην (*navali peritia*), ἀπλανεῖς ὁδοὺς (*via infallibili*), ἵνα, τὸ πάντων ἀπιστότατον πραγμάτων, ἡ χερσαία φύσις διὰ πλωτῆς οἵα τε ᾖ διαπεραιοῦσθαι (*terricolas istos praesumere transmeare provinciam a natura datam aquatilibus*). Die gleiche Beurteilung der Schiffahrt bei Hor. C. I 3 (*transsiliunt vada, audax omnia perpeti* — Philo: *audax nimis opus*).

[8]) Cic. De nat. deor. II 50.

verschiedenartige Einflüsse auf die Luft und das Meer[1]), auf die lebenden Wesen, namentlich die Muscheltiere[2]) aus. Sein mildes Licht begünstigt das Wachstum der Pflanzen, das eine übermäfsige Hitze verdorren würde[3]). Die Sonne bewirkt den Unterschied von Tag und Nacht und, indem sie sich uns bald nähert, bald sich entfernt, den Wechsel der Jahreszeiten; sie ist damit zugleich Grund des Entstehens und Wachstums für alle Dinge[4]). Sonnen- und Mondfinsternisse sind nicht ursprüngliche Absicht Gottes, sondern unvermeidliche Folge seiner ersten Absicht[5]). Auch sie wirken mit zum Bestande des Alls. Besser als die, welche sich von der Philosophie abwenden, hat Pindar von der Sonnenfinsternis geredet[6]). — Das Resultat seiner Ausführungen fafst Philo § 82 zusammen: die Welt wird von der Vorsehung geleitet, nicht in dem Sinne, als wenn Gott die Ursache aller Dinge wäre. Er ist weder Urheber der Übel[7]) noch dessen, was $\pi\alpha\varrho\grave{\alpha}$ $\varphi\acute{v}\sigma\iota\nu$ geschieht[8]), noch dessen, was keinen Nutzen gewährt. Wie

---

[1]) Sext. IX 79. Die nähere Ausführung läfst sich im Original zum Teil wiedergewinnen aus De opif. S. 42, 15 ff., wo den Planeten dieselben Wirkungen zugeschrieben werden. Die Zurückführung von Ebbe und Flut auf Einwirkung des Mondes weist auf Posidonius (Schmekel S. 286).

[2]) Augustin De civ. dei V 6 S. 175, 15 Dombart[1].

[3]) „Neu entd. Fragm." S. 9, 8. Cic. a. O. Sen. Ben. IV 23, 1 Plut. Mor. S. 367 D. Polemik dagegen bei Lucr. V 80.

[4]) Cic. a. O. II 102, besonders *modo accedens tum autem recedens*. Sen. Nat. quaest. VII 1, 3.

Philo § 78 quae sunt tempora annua nascendi, crescendi, perfectionis omnium sub caelo causa, vgl. De mon. I 1 S. 214.

Cic. a. O. II 49 ex quattuor temporum mutationibus omnium quae terra marique gignuntur initia causaeque ducuntur. Tusc. I 68.

[5]) $\pi\varrho o\eta\gamma o\acute{v}\mu\varepsilon\nu o\nu$ $\check{\varepsilon}\varrho\gamma o\nu$ — $\grave{\varepsilon}\pi\iota\gamma\varepsilon\nu\nu\acute{\eta}\mu\alpha\tau\alpha$, vgl. Chrysipp bei Gell. VII 1, 7 (Fr. 28 Gercke): *non fuisse hoc principale naturae consilium . . . . neque ea per naturam, sed per sequellas quasdam necessarias facta dicit, quod ipse appellat* $\varkappa\alpha\tau\grave{\alpha}$ $\pi\alpha\varrho\alpha\varkappa o\lambda o\acute{v}\vartheta\eta\sigma\iota\nu$ (unten S. 78[6]). Marc Aurel S. 21, 5 $\tau\grave{\alpha}$ $\grave{\varepsilon}\pi\iota\gamma\iota\nu\acute{o}\mu\varepsilon\nu\alpha$ $\tau o\tilde{\iota}\varsigma$ $\varphi\acute{v}\sigma\varepsilon\iota$ $\gamma\iota\nu o\mu\acute{\varepsilon}\nu o\iota\varsigma$ 114, 3. 73, 18. 96, 5 und 120, 22 $\varkappa\alpha\tau'$ $\grave{\varepsilon}\pi\alpha\varkappa o\lambda o\acute{v}\vartheta\eta\sigma\iota\nu$ [Lucian] De astrol. 29 Gerckes Index unter $\grave{\varepsilon}\pi\iota\gamma\acute{\iota}\gamma\nu\varepsilon\sigma\vartheta\alpha\iota$, $\grave{\varepsilon}\pi\alpha\varkappa o\lambda o\nu\vartheta\varepsilon\tilde{\iota}\nu$, $\pi\varrho o\eta\gamma o\acute{v}\mu\varepsilon\nu o\nu$.

[6]) Es folgt das in der Übersetzung völlig unverständliche bei Dion. Hal. erhaltene Fr. (74 Boeckh, 84 Bergk V. 1—8). Schwierig sind die § 82 folgenden Worte: *talium autem rerum scientia a metu et superstitione eorum quae mala* (malorum?) *sunt signum eximit* (Conybeare), in denen man den bekannten Grundsatz epikureischer Naturerklärung (Zeller III 1 S. 379) finden könnte. Die Stelle scheint verstümmelt.

[7]) Drummond II 50. 291 Zeller III 1 S. 175 Anm. 4.

[8]) *extra naturam*, die oben erwähnten $\grave{\varepsilon}\pi\iota\gamma\varepsilon\nu\nu\acute{\eta}\mu\alpha\tau\alpha$ sind gemeint.

man von einer Stadt sagt, sie werde durchs Gesetz regiert, weil in ihr Ratsversammlungen, Behörden, Gerichte bestehen[1]), die Guten belohnt, die Bösen bestraft werden, damit aber keineswegs die von der Schlechtigkeit einzelner Bürger herrührenden Gewaltthätigkeiten auf das Gesetz als ihren Grund zurückführt[2]), so redet man von der die Welt leitenden Vorsehung, nicht weil Gott alles, sondern weil er das seiner Natur Würdige und Nützliche vorsieht[3]). Das Schlechte stammt nicht von Gott, sondern von der Materie[4]) oder menschlichen Schlechtigkeit.

VII. 1. In diesem Lobe der Vorsehung sieht Philos Mitunterredner (§ 83) nur Schmeicheleien, durch die abergläubische Menschen Gott zu gewinnen suchen. Warum, fragt er, ist nicht die ganze Erde wie ein Staat, sondern nur zwei Zonen derselben bewohnt[5])?

2. Philo bleibt dabei (§ 84), dafs die Welt um der Menschen und Götter willen (s. unten S. 78[2]) gemacht sei. Der uns als Wohnung zugewiesene Teil der Erde genügt reichlich. Ein Teil der Erde, das Meer, dient den sichtbaren Göttern, den Gestirnen, zur Nahrung[6]). Wenn die ganze Erde bewohnt wäre und die Sonne ihre jetzigen äufsersten Grenzen im Norden und Süden, die Tropen, überschritte, so wäre die nördliche und südliche gemäfsigte Zone einer Vernichtung abwechselnd durch Übermafs der Hitze und der Kälte ausgesetzt. Jetzt aber, da sie sich nur bis zu den Tropen bewegt, findet sie selbst ihre Nahrung und gewährt den bewohnten Teilen der Erde eine gemäfsigte Temperatur[7]).

---

[1]) [Arist.] De mundo S. 400b 16 ff., der den Vergleich zwischen νόμος und Gott ähnlich ausführt, erwähnt auch die ἄρχοντες, δικαστήρια, βουλευταί.

[2]) [Plut.] De fato S. 570 CD.

[3]) Conybeare übersetzt § 82 gegen Ende: *sed quod ea tantum (procurat), quae digna sunt eius natura, id est omnino bona utilia idonea*, vgl. De opif. S. 26, 9.

[4]) Diese platonisierende Ansicht findet sich auch bei Sen., s. Bäumker a. O. S. 364.

[5]) Derselbe Einwand bei Cic. a. O. I 24, jedoch mit wirkungsvoller Abzweckung gegen den stoischen Pantheismus, Lucret. V 204; über die Zonenteilung S. 66[2].

[6]) S. S. 66. Zu der platonischen Bezeichnung der Gestirne *deorum respectu sensibilium* vgl. De opif. S. 8, 10 θεῶν ἐμφανῶν (ἀφανῶν falsch auch Pal. 248 und 152) τε καὶ αἰσθητῶν De mon. I 1 S. 214. De prov. II 101 (= Eus. VIII 14, 40) θείαις γὰρ φύσεσιν ἡλίου καὶ σελήνης De opif. S. 18, 9. 10 τοὺς αἰσθητοὺς ἀστέρας, ἀγάλματα θεῖα καὶ περικαλλέστατα. Leg. ad Gai. 36 S. 588 werden sogar die heidnischen Götter als αἰσθητοὶ θεοί bezeichnet.

[7]) Ähnlich Kleomedes S. 20 Varro bei Tertullian Ad nat. II 5 (Schmekel S. 124).

VIII 1. Es folgt (§ 87—97) ein letzter energischer Angriff des Gegners: Wozu die Gewalt der Stürme? Etwa damit die Seefahrer zu Grunde gehen oder nur mit Mühe sich retten können[1])? Bald vernichtet die Gewalt der Stürme, bald verdorrt die Glut südlicher Winde die Früchte der Felder und Bäume[2]). Wozu die Menge der Regengüsse, die sich oft nutzlos übers Meer, oft über wüste und unfruchtbare Gegenden der Erde ergiefsen[3]), oft grofsen Schaden anrichten? Wozu vollends Hagel[4]) und Schnee? Donner und Blitz scheinen nur da zu sein, um die Menschen in Schrecken zu setzen[5]). Aber noch nicht genug; dazu kommen noch mancherlei Erscheinungen am Monde[6]), ferner die δοκίδες, Kometen, λαμπάδες[7]). Es ist besser, die Ursachen dieser Erscheinungen der natürlichen Wandlung der Elemente, ihrer Verdünnung und Verdichtung zuzuschreiben. Wozu dient ferner die Milchstrafse? Wie es scheint, um Streit und Fehde unter den Meteorologen hervorzurufen[8]). Plötzliche Erdbeben er-

---

[1]) Offenbar eine bissige Parodie der stoischen Teleologie; vgl. Lucret. V 1000 ff.

[2]) Vgl. Lucret. V 215 ff.

[3]) Dieser Punkt, auf den Philo in der Entgegnung nicht eingeht, wird behandelt Leg. all. I 13 S. 50 ὅταν γὰρ ὕῃ μὲν κατὰ θαλάττης . . . τὴν δὲ λεπτόγεων καὶ τραχεῖαν καὶ ἄγονον γῆν ἄρδῃ, . . . τί ἕτερον παρίστησιν ἢ τὴν ὑπερβολὴν τοῦ τε πλούτου καὶ τῆς ἀγαθότητος ἑαυτοῦ (so MA, αὐτοῦ vulg. Freie Stellung des Pron. erlaubt sich Philo öfters, besonders um den Hiat zu meiden), und Sen. Nat. quaest. II 51.

[4]) Bestätigt durch Conybeare, nach § 100 könnte man πάχνη erwarten.

[5]) Wohl Polemik gegen das Argument des Kleanthes (oben S. 16). Conybeare übersetzt die Worte ad perceptionem vel ad formidinem facti bei Aucher § 88 S. 100: ὥσπερ δεχομένου (δεδιττομένου?) καὶ φοβοῦντος γενόμενα, vgl. Lucret. V 1220 ff.

[6]) Das ut fehlt, wie ich vermutete und Conybeare bestätigt, im Armen. Texte.

[7]) S. Doxogr. 366 Plin. H. n. II § 89. 90. 96.

[8]) S. Anm. 1, wonach die unter dem Texte mitgeteilte Übersetzung Auchers richtig sein mufs. Es folgt eine Aufzählung der verschiedenen Ansichten, dafs sie ein Widerschein des Sternenlichtes (Anaxagoras: Doxogr. 562, 28. [365, 3]), dafs sie die Verbindung der beiden Himmelshemisphären sei (Theophrast bei Macrob. In somn. I 15, 3 Achilles 147 A; s. Doxogr. 229. 230), dafs sie der alte Lauf der Sterne sei (Oenopides bei Achilles a. O. und Doxogr. 365, 1), dann der mythologischen Ansichten, dafs sie die Strafse, auf der Herakles die Rinder des Geryon führte, oder die Milch der Juno sei. Für das letztere beruft sich Philo auf Eratosthenes (über das Citat vgl. Gildemeister bei Hiller Erat. carm. rel. S. 48); vgl. Achilles (Doxogr. S. 230). Macrob. übergeht *causas fabulosas*.

schüttern die Welt, und grofse Erdschlünde verschlingen ganze Städte[1]); andere werden durch Pestilenz entvölkert[2]). Dabei ist der Tod noch nicht das Schlimmste, schlimmer sind die schweren Krankheiten, die unerträglichen und unheilbaren Körper- und Seelenschmerzen[3]). Bei der von Thukydides beschriebenen Pest hat Apollo Παιώνιος seine Macht nicht bewiesen[4]), mit magnetischer[5]) Kraft rifs die Krankheit die Menschen an sich. Darin zeigt sich das Walten der Vorsehung: der Reiche verarmt, die wilden Tiere fallen die Menschen an; und wir sollen sagen, dafs Gott sich um unser Geschlecht kümmere? Thöricht ist auch die Meinung, die wilden Tiere seien den Menschen zur Übung ihrer Kraft gegeben[6]); denn sie sind klug genug, dem ihnen Gefährlichen aus dem Wege zu gehen, den Schwachen und Wehrlosen anzufallen. Aber zugegeben, dafs sie unsere Kraft üben sollen, wozu nützen die Schlangen, Basilisken, Skorpione, die zahllosen Gattungen giftiger Tiere, welche nicht die Kraft üben, sondern sie, die Gesundheit, das Leben vernichten? Die Natur hätte wenigstens die verderblichen Tiere weit vom Menschen entfernen, die nütz-

---

Alexander beruhigt sich endlich bei der von Macrob. und Actius S. 366, 1 Diles dem Posidonius zugeschriebenen, auch von Achilles referierten Ansicht (vgl. die Übersetzung von Gildemeister mit den genannten Autoren). Diels hat für die andern Berichte Pos. als Quelle nachgewiesen. Philo hat also wohl seine epikureische Quelle durch einen doxographischen Bericht des Pos. ergänzt, indem er seinen Epikureer in skeptischer Manier mit dem Widerstreit der philosophischen Lehrmeinungen operieren und dem Dogma des Pos. durch das ἀναγκαίᾳ φύσει καὶ οὐ προνοίᾳ (Gildemeister a. O.) eine epikureische Wendung geben läfst.

[1]) Über Erdbeben s. Π. ἀφθ. S. 42, 2 (καταποθείσας) Lucret. VI 584 ff. Sen. Dial. XII 7, 4 (Erdbeben und Pest) [Arist.] De mundo 400 a 25.

[2]) Zum sprachlichen Ausdruck vgl. V. Mos. II 10 S. 143 (συνεχεῖς καὶ ἰδιάστατοι ὄμβρων φοραὶ vgl. *imbres fortes*) Leg. all. III 80 φλόξ ἢ ζάλη *(aestus et casus ardoris)* ἢ ἐπομβρίαι συνεχεῖς. Über das Aischyloscitat s. Fr. 345 N².

[3]) V. Mos. I 22 S. 101 μᾶλλον ἢ οὐχ ἧττον τῶν σωμάτων τὰς ψυχὰς ἔκαμνον 24 S. 102 διπλοῦν πένθος ... ἐλάμβανεν ... ἅτε καὶ τὴν ἐλπίδα τῆς παραμυθίας ἀφῃρημένος *(solatio carentes dolores)* 33 S. 110 θάνατον δ' ὡς ἀληθῶς εἶναι τὸν βραδὺν καὶ μετ' ἀληδόνων οὐκ ἐν τῷ τεθνάναι τὸ φοβερόν, ἀλλ' ἐν μόνῳ τῷ ἀποθνῄσκειν ἐπιδεικνύμενον De leg. spec. 17 S. 316. Vgl. die ausführliche Schilderung derselben Pest bei Lucret. VI 1138 ff. (auch V 220. VI 1097).

[4]) Cic. De deor. nat. III 91 *nec ego multorum aegrorum salutem non ab Hippocrate potius quam ab Aesculapio datam iudico*. Karneades scheint in seiner Bestreitung der Stoa zum Teil Epikur gefolgt zu sein.

[5]) Vergleiche mit dem Magneten De opif. K. 49 De Gig. 10 Ende S. 268 De praem. et poen. 10 S. 417.

[6]) Über diese stoische Ansicht s. unten S. 80. Vgl. Lucret. V 218 ff.

lichen in seine Nähe rücken sollen. Umgekehrt halten sich vielmehr Ziegen, Hirsche, Hasen von ihm fern, giftige Tiere belästigen ihn in seinen Wohnungen. Drosseln¹), wilde Tauben, Rebhühner, wilde Gänse, Kraniche²) fliehen in unbewohnte Gegenden; Schwalben und Raben, die nichts nützen, lassen sich bei den menschlichen Wohnstätten nieder. Die dem Menschen verderblichen Tiere finden mühlos ihre Nahrung³), die nützlichen können, wie zur Strafe für ihren Nutzen, nur mit Hilfe des Menschen sich erhalten⁴). Nutzlose Gewächse wuchern üppig von selbst, die Fruchtbäume und der Weinstock bedürfen beständiger Pflege und schenken meist ihre Frucht nicht einmal dem, der sie gepflanzt hat, sondern erst dessen Nachkommen und Erben⁵). Giftige Kräuter bringt die Erde massenhaft hervor⁶), Gerste und Weizen genügt trotz der unermüdlichen Arbeit⁷) der Landleute kaum für den Unterhalt der Menschen. Wenn alle unter gleichem Elend zu leiden hätten, so könnte man sich damit trösten, dafs dies Leiden allgemein sei. Aber gerade dem gottlosen Volke der Cyklopen, heifst es, wachsen alle Früchte des Feldes ohne eigenes Zuthun. Das beste der Völker, das griechische, mufs dagegen erst durch die Barbaren versorgt werden. Ferner behaupten die Gegner, dafs Mäfsigkeit, Religiosität, Enthaltsamkeit Gott angenehm, Üppigkeit, Habsucht, Schwelgerei die gröfsten Laster seien. Aber gerade diesen Lastern leisten alle Teile der Natur, die Luft mit den Vögeln, das Wasser mit den Fischen, die Erde mit den verschiedensten Tierarten Vorschub⁸). Sie geben dem Menschen nicht nur, was

---

¹) Es folgt Arm. *salamonn*, nach dem Lexikon von Bedrostian *heath-cock*, *francolin*.

²) Fast = De coucup. 9 S. 357 φάττας δὲ καὶ περιστεράς καὶ τρυγόνας καὶ τὰς γεράνων καὶ χηνῶν καὶ ὁμοιοτρόπων ἀγέλας.

³) Lucret. V 228 ff.

⁴) Vgl. Cic. De nat. deor. II 130. Lucret. V 860 ff.

⁵) Cic., Cato maior 24. 25 Tusc. I 31. Man vgl. die Aufzählung der Nutzbäume und der wildwachsenden Π. ἀφθ. S. 20, 15 ff., die für die Berichtigung der zum Teil auf (falscher) Konjektur beruhenden Übersetzung Auchers von Bedeutung sein wird.

⁶) Lucret. VI 770.

⁷) Vgl. De opif. S. 29, 15 τὸν γεωπόνων κάματον ... ἀτρύτως ἐκδεχόμενοι δι' ἔτους συγκομίζουσι τὰ ἐπιτήδεια καὶ ταῦτ' ἔστιν ὅτε λυπρὰ καὶ οὐ πάνυ διαρκῆ (aegre nutrit) S. 65, 12; Lucret. V 207 ff.

⁸) Derselbe Vorwurf bei Plut. De Stoic. rep. K. 21 S. 1044 E (Fr. 29 Gercke): Chrysipp widerspricht sich ὁ τὴν μὲν πρόνοιαν ἐγκωμιάζων ἰχθῦς καὶ ὄρνιθας καὶ μέλι καὶ οἶνον παρασκευάσασαν, ἐγκαλῶν δὲ τοῖς μὴ παραπέμπουσι ταῦτα

seiner Notdurft dient, sondern auch die Mittel zu ausschweifenden Gastmählern, durch Blumen und Salben eine Fülle von Wohlgerüchen. Sollten diese wirklich nur der Gesundheit und Schönheit [1]) wegen uns gegeben sein? Das sagen freilich die Gegner der Luft, indem sie die Künste der Salbenbereiter verwerfen, dagegen die heilkräftigen Wirkungen der Pflanzen gelten lassen [2]) und die Natur preisen, dafs sie jeder Kunst ihren Stoff darreiche [3]). (Aber sie bietet offenbar auch den der Schwelgerei dienenden Künsten ihren Stoff.) Es ist thöricht, nur gegen diese, nicht gegen Gott, der ihnen den Stoff giebt, seine Anklagen zu richten.

Der Grundton dieser gegen die stoische Vorsehungslehre gerichteten Polemik ist ein epikureischer. Aber auch die einzelnen Argumente müssen aus guter epikureischer Quelle geschöpft sein, wenn sich auch in einem Punkte nachweisen liefs, dafs Philo stoisches Material im Sinne Epikurs tendenziös umgestaltet hat (S. 73 [8]). Unsere Berichte über Epikurs Polemik gegen den stoischen Vorsehungsglauben

---

μηδ' ἀρκουμένοις und vorher 1044 C. Dasselbe Fr. des Chrysipp liegt zu Grunde Cic. De nat. deor. II 160. — Vgl. auch Plut. Mor. S. 646 BC Sen. Ben. IV 5 Philo Quaest. in Gen. I 23 *adiuvabat et cooperabatur principi humani generis omne quidvis, terra, fluvii, mare, aer, lux, caelum, cooperabantur etiam fructuum ac plantarum species omnes* Philonea ed. Tisch. S. 56, 1 τῶν πλείστων πρὸς ἡδονὴν μᾶλλον ἢ τὴν ἀναγκαίαν χρῆσιν γεγονότων 63, 2. 3.

[1]) Conybeare übersetzt: μῶν ὑγιείας χάριν καὶ κάλλους (über diesen ästhetischen Gesichtspunkt der Theodicee s. Zeller III 1 S. 171 Plut. Mor. S. 944 B) ἢ εὐστομαχίας (= Clem. Alex. Paed. II 68) ἢ ἐγκρατείας ἄλλων τε ἐξεταστικῶν (?) τῆς ἡδονῆς; jedenfalls liegt in den Worten nicht der von Aucher vermutete Gegensatz. Sonst verlöre der sogleich folgende Satz (s. Anm. 2), der die auch § 112 = Eus. VIII 14, 71 vertretene Ansicht referiert, seinen Anschlufs.

[2]) ὅπερ ἔλεγον ποιηταὶ (? der Sinn zu erraten aus Eus. a. O. § 70) φρόνιμοι σωφροσύνης ἐπιθυμηταὶ πολιτικῆς ἅτε κοινὴν ἀποστυφελίζοντες ἄνεσιν, ἢ ἐν αὐτοῖς μὴ βλέπουσα πορίζει (oder δύναται, der Relativsatz unverständlich, vgl. Eus. a. O.). λέγουσι γὰρ ὅτι ἀπὸ (?) τῆς ποικιλῳδίας καὶ τοῦ ναρδολιποῦς (?) καὶ τῶν τοιούτων τεχνῶν ἄξιόν ἐστι φυγὴν εὑρεῖν διὰ (der Zusammenhang unklar) τὰς ζωαρκεῖς ἀρετάς (s. Eus. 71). τῷ ψεύδει ἀντικαθίστανται καλαὶ καὶ κατορθωτικαὶ φροντίδες *destruenti et impedienti et multorum populorum vim enervanti*. Der Standpunkt ist ganz der des Clemens (d. h. Musonius). Auch dieser (II § 65, vgl. Sen. Nat. quaest. IV 13, 9 Epist. 108, 16) verbannt die Künste der μυρεψο, weil sie τὴν ἀνδρωνῖτιν ἐκθηλύνουσιν (vgl. § 66, das Wort des Aristipp § 69 und bei Sen. Ben. VII 25, 1), erkennt die nützlichen Wirkungen an (§ 66. 68. 76); vgl. Arist. bei Plut. Mor. S. 383 D.

[3]) In den folgenden Worten mufs man notwendig die epikureische Widerlegung suchen.

und die stoische Theodicee geben zwar wenig mehr als die allgemeinen Grundgedanken. Dafs aber doch die Polemik auch auf die Einzelheiten der teleologischen Naturerklärung der Stoa einging, wäre, abgesehen von manchen Bemerkungen gegen die Zweckmäfsigkeit des menschlichen Körpers, schon aus Lact. De opif. 2, 10 (Usener 250, 30): *praetereo quae ad ipsum mundum pertinentia vitio dant* zu erschliefsen und wird durch den philonischen Bericht bestätigt. Denn wenn Alexander gegen die stoische Theodicee den Schaden, den Stürme und Glutwinde anrichten (S. 73[2]), die von wilden Tieren drohenden Gefahren (S. 75[3]) in Übereinstimmung mit Lucrez ausdrücklich geltend macht, wenn er wie Lucrez die verheerenden Wirkungen der Pest unter Berufung auf die von dem römischen Dichter benutzte Schilderung des Thukydides ausmalt, so liegt es auf der Hand, dafs wir es hier mit älterem epikureischen Material zu thun haben, das Philo ebenso wie Lucrez bereits vorfand[1]). Dasselbe gilt für den Philo und Plutarch gemeinsamen Einwand, dafs die Vorsehung nach stoischer Konsequenz den Menschen auch die Mittel zur Schwelgerei darbiete (S. 75[8]). Und wenn Lucrez wie Philo die verderblichen Wirkungen der Stürme (S. 73[1]), der Erdbeben (S. 74[1]), der giftigen Kräuter (S. 75[6]) schildert, so hebt er hier zwar nur die natürliche Erklärung hervor und verschweigt die bei Philo in Vordergrund stehende polemische Tendenz gegen die Stoa. Aber diese Tendenz ist doch überall stillschweigend hinzuzudenken, wenn sie auch nicht wie an den vorher erwähnten Stellen als steter Refrain wiederholt wird.

2. Die stoische Widerlegung Philos ist uns im Originale (Eus. VIII 14, 43—72) erhalten:

Die Gewalt der Winde und Regengüsse schuf Gott nicht zum Schaden der Schiffer oder Landleute, sondern zum Besten unseres gesamten Geschlechtes. Durch die Wasser reinigt[2]) er die Erde, durch die Winde die ganze Gegend unter dem Monde[3]), durch beide nährt,

---

[1]) Vgl. auch Sen. Dial. IV 27, 2 *dementes itaque et ignari veritatis illis imputant saevitiam maris, inmodicos imbres, pertinaciam hiemis.*

[2]) Vgl. oben S. 11[6] [Arist.] De mundo 397a 33 καθαιρομένη τε ὄμβροις. Müllenhoff, Deutsche Altertumskunde II 137, weist diese Anschauung dem Posidonius zu.

[3]) Sen. Nat. quaest. V 4, 2. 18, 1 *ut aerem non sinerent pigrescere* 13 *dedit ille ventos ad custodiendam coeli terrarumque temperiem, ad evocandas supprimendasque aquas, ad alendos satorum atque arborum fructus, quos ad maturitatem cum aliis causis adducit ipsa iactatio* etc. [Arist.] a. O. Philo *II.* ἀφθ. S. 37, 14 τί δ' εἰ μὴ πρὸς ἀνέμων ῥιπίζοιτο τὸ ὕδωρ, ἀκίνητον ἐαθὲν οὐχ ὑφ' ἡσυχίας νεκροῖτ' ἄν;

stärkt und vollendet er Tiere und Pflanzen[1]). Wenn sie einzelnen Schiffern und Ackerbauern schaden, ist das kein Wunder; denn diese sind nur ein kleiner Teil, die Vorsehung richtet sich auf das ganze Geschlecht von Menschen und Göttern[2]). Wie, wenn der Gymnasiarch einmal aus höheren Rücksichten zu anderer als der gewohnten Stunde das Öl aufstellt, manche Mangel daran haben, so verkehrt auch Gott, der Versorger des grofsen Weltenstaates, die natürlichen Jahreszeiten mitunter in ihr Gegenteil, worunter freilich einzelne leiden müssen. Er mufs vor allem den Wechsel und Übergang der Elemente[3]) in einander, aus dem die Welt entstand und auf dem sie beruht[4]), ungehindert aufrecht halten. Reif, Schnee und ähnliche Erscheinungen[5]) sind nur natürliche Folgen[6]) der Abkühlung der Luft[7]), Donner und Blitz des Zusammenstofses und der Reibung der Wolken[8]). Vielleicht ist keine dieser Erscheinungen, sondern nur Regen und Wind mit

---

[1]) Sen. a. O. V 18, 3 Philo bei Eus. a. O. 45 V. Mos. III 10 S. 151 Lucian Bis accus. 1 ἀνέμους φυτουργοῦντας.

[2]) Das (echt stoische, Cic. a. O. II 133) καὶ θεῶν hat Eus. ausgelassen. De somn. II 16 S. 674 τεχνίτης οὐδεὶς ἕνεκα μέρους ποτὲ ὅλον, ἀλλ' ἕνεκα τοῦ ὅλου μέρος δημιουργεῖ· μέρος δὲ τοῦ παντὸς ἄνθρωπος, ὥστε γέγονεν εἰς τὸ συμπλήρωμα τοῦ κόσμου. Cic. De nat. deor. II 167 magna dii curant, parva neglegunt III 86. 92 non curat singulos homines, Sen. Ep. 74, 20 Ben. VI 20. 23, 4 Marc Aurel S. 76, 2. 124, 3 ἤτοι ἀπὸ μιᾶς πηγῆς πάντα ὡς ἑνὶ σώματι ἐπισυμβαίνει, καὶ οὐ δεῖ τὸ μέρος τοῖς ὑπὲρ τοῦ ὅλου γινομένοις μέμφεσθαι. Zeller III 1 S. 163 Chrysipp bei Plut. Mor. 1050A. C 1051C. Anders (aber auch stoisch) De prov. I 66.

[3]) oben S. 7, V. Mos. III 18 S. 158 τὴν τῶν στοιχείων φύσει μεταβολήν.

[4]) In der gleichen Folge, in der bei der Weltbildung die Elemente entstanden, gehen sie nach derselben in einander über, s. Zeller a. O. S. 182.

[5]) ὁμίχλη, δρόσος, χάλαζα, s. Doxogr. 369.

[6]) Eus. § 45 ἐπακολουθεῖ (vgl. 50), § 45 der Gegensatz κατὰ πρόνοιαν — ἐπακολουθήματα (auch § 47. 59 = ἐπιγεννήματα), § 46 (auch 48) παρηκολουθηκέναι, 47 ἔργα φύσεως προηγούμενα (auch 53) — ἐπισυμβαίνοντα (Marc Aurel S. 124, 4) 48 ἐπιγίνεται. Vgl. S. 71[5].

[7]) ἀέρος παραψύξει, vgl. Laert. Diog. VII 153 καταψυχθὲν δὲ τοῦτο πάχνην καλεῖσθαι... χιόνα δὲ ὑγρὸν ἐκ νέφους πεπηγότος, ὡς Ποσειδώνιος ἐν τῷ ὀγδόῳ τοῦ φυσικοῦ λόγου (vgl. Chrysipp, Doxogr. S. 468). Pos. ist auch benutzt bei Sen. Nat. quaest. IV 3 ff.

[8]) προσαράξει καὶ παρατρίψει νεφῶν, vgl. Laert. Diog. a. O. ἀστραπὴν δὲ ἔξαψιν νεφῶν παρατριβομένων ἢ ῥηγνυμένων ὑπὸ πνεύματος, ὡς Ζήνων ἐν τῷ περὶ ὅλου, βροντὴν δὲ τὸν τούτων ψόφον ἐκ παρατρίψεως ἢ ῥήξεως κτλ. Sen. Nat. quaest. II 22 ff. 54 ff. (54, 3 terit aut rumpitur, vorher wird Pos. citiert; 55, 2 adtritu) VII 20, 1 Doxogr. 369, 29 Arrian bei Stob. Ecl. I 602 ff. H. (= 235 W.).

ihren wohlthätigen Wirkungen von der Vorsehung beabsichtigt. Ein Vergleich erläutert das Verhältnis der προηγούμενα und ἐπιγεννήματα: Wenn bei besonders reichlichem Aufwande des Gymnasiarchen manche sich mit Öl statt mit Wasser abwaschen[1]), wird niemand für die gefährliche Glätte, die durch die herabfallenden Öltropfen entsteht, den freigebigen Gymnasiarchen verantwortlich machen. Regenbogen und Hof sind notwendige, nicht gewollte Folgen der in den Wolken sich abspiegelnden Strahlen[2]); einen Nutzen haben auch sie für die Wetterbestimmungen[3]), wie die Säulenhallen, abgesehen von ihrem eigentlichen Zwecke, auch nebenbei durch ihren Schatten die Tagesstunde anzeigen. So ist der Rauch eine natürliche, nicht beabsichtigte Folge des Feuers, gewährt aber auch mitunter den Vorteil, dafs er die feindlichen Feuerzeichen verrät, wenn das Feuer selbst durch die Sonne verdunkelt wird[4]). Die Verfinsterungen sind als natürliche Folgen mit den göttlichen Wesen der Sonne und des Mondes verknüpft, sie zeigen aber zugleich grofse geschichtliche Ereignisse an[5]). Wenn das Wesen der Milchstrafse schwer zu ergründen ist, so mögen darum die Naturforscher nicht ermüden, denen die Forschung selbst ja schon den gröfsten Genufs gewährt. Alle Himmelserscheinungen sind durch die Vorsehung erschaffen, wenn wir auch ihre Zwecke nicht immer erkennen können. Erdbeben, Pest, Blitzschlag sind Folgen des Wechsels der Elemente, nicht, wie man meint, von Gott gesandt — Gott ist an keinem Übel schuld[6]). Werden manche Gute von diesen Übeln mitbetroffen, so darf man darum die Weltregierung[7])

---

[1]) Es ist die Reinigung nach den Übungen gemeint (Guhl und Koner S. 265); falsch Gfrörer I 476.

[2]) Über Iris Laert. Diog. VII 152 (Pos.) Sen. a. O. I 3 ff. (5, 10 Pos.) Plut. Mor. S. 358 F 921 A, über ἅλως Doxogr. 384 Sen. a. O. I. 2, besonders § 2 *lux incurrens* 4 *inprimi*. Bei Philo ist danach wohl ἐγκρινομένων (so GO, ἐγκιρνομένων bei Gaisford, wofür 4 Hss. angeführt werden, ist wohl Druckfehler statt ἐγκριν.) st. ἐγκιρναμένων zu lesen.

[3]) Sen. I 2, 8. 9, Kap. 6; Ideler, Arist. Meteor. I 134 II 132. Mit den Prognostika hatten sich Boethos und Pos. besonders beschäftigt (Wachsmuth, Die Ansichten der Stoiker über Mantik und Dämonen S. 27. 28).

[4]) Vgl. die stoische Lehre von den σημεῖα Sext. P. H. II 100 Doxogr. 605, 10 Clem. Alex. Paed. II 80—82.

[5]) Cic. De div. I 121.

[6]) Sen. a. O. II 42 ff. VI 3 äufsert sich ähnlich über Blitze und Erdbeben. Vgl. oben S. 72[1].

[7]) διοίκησις, bekanntlich stoischer Terminus.

nicht tadeln. Denn einmal ist das menschliche Urteil über Gut und Böse beschränkt[1]), ferner richtet sich das Absehen der Vorsehung nur auf die wichtigsten Teile der Welt, wie auch der König und der Feldherr das Wohl der ganzen Stadt, des ganzen Heeres im Auge haben, nicht des ersten besten, der nur ein unansehnlicher Teil des Ganzen ist[2]). Manche sagen, dafs, wie bei Tyrannenmorden die Verwandten zur Abschreckung mitbetroffen werden[3]), so auch Unschuldige von der Pest befallen werden. Dafs die, welche in verpesteter Luft leben, angesteckt werden, ist dazu ebenso unvermeidlich, wie dafs alle in demselben Schiffe Befindlichen durch den Sturm in gleiche Gefahr kommen. Es folgt die schon (S. 74) berührte Betrachtung über die wilden Tiere[4]), der noch hinzugefügt wird, es könne jeder friedlich zu Hause wohnen, da die wilden Tiere sich von selbst von der Stadt fern halten; wer sich wehrlos nahe bei ihren Schlupfwinkeln aufhalte, habe seiner Unachtsamkeit, nicht der Natur die Folgen zuzuschreiben. Die giftigen Reptilien, die nicht unmittelbar wie die durch Zeugung entstehenden Geschöpfe, durch die Vorsehung geschaffen, sondern aus dem Schlamme oder einem Prozefs der Fäulnis hervorgegangen sind[5]), haben ihren Nutzen teils für die Bereitung von Heilmitteln[6]), teils als Zuchtmittel in Gottes Hand[7]). Dafs sie sich gerade in den Häusern festsetzen, ist nicht richtig, würde sich übrigens, wenn es wahr wäre, aus ihrer Vorliebe für Kehricht und Auswurf natürlich erklären. Dafs sich ge-

---

[1]) S. oben S. 19[2].
[2]) Cic. De nat. deor. III 90 *non animadvertunt, inquit, omnia dii: ne reges quidem.* Zum Gedanken vgl. S. 78[2].
[3]) Darüber De leg. spec. 30 S. 326.
[4]) τὰ δ' ἄλκιμα τῶν θηρίων γέγονεν ἀσκήσεως ἕνεκα τῆς πρὸς τοὺς πολεμικοὺς ἀγῶνας. τὰ γὰρ γυμνάσια καὶ αἱ συνεχεῖς θῆραι συγκροτοῦσι καὶ νευροῦσιν εὖ μάλα τὰ σώματα, vgl. De concup. 10 S. 356 εἰ δέ τις τῶν ἀσκητῶν φιλογυμναστὴς γένοιτο καὶ φιλόθηρος, μελέτας καὶ προαγῶνας (so Mangey und M, De sacr. Ab. et Caini 2 S. 164 De profug. 6 S. 551 De Jos. 1 S. 42 V. Mos. I 23 S. 102) ὑπολαμβάνων εἶναι πολέμων De Jos. a. O. τῷ μέλλοντι πολεμαρχεῖν ἀναγκαιότατον (so M) αἱ περὶ τὰ κυνηγέσια μελέται V. Mos. I 11 S. 90, bes. θήραις γὰρ ἐμπρομελετῶσιν ... ἡ μὲν γὰρ τῶν ἀγρίων θήρα στρατηγικὸν κατ' ἐχθρῶν ἐστι προγύμνασμα. Dieselbe Ansicht bei Cic. De nat. deor. II 161.
[5]) Über diesen im Altertum bekanntlich weit verbreiteten Glauben s. V. Mos. III 35 S. 175 De vict. offer. 6 S. 255.
[6]) Vgl. Cic. a. O.
[7]) Dieselbe Ansicht De exsecrat. 6 S. 433, Neu entd. Fragm. S. 42. Dafs sie stoisch ist, beweist die Berufung Philos auf eine fremde Quelle und der Vergleich mit S. 56.

rade die uns zur Nahrung dienenden Tiere von uns fern halten, erklärt sich aus dem den unvernünftigen wie den vernünftigen Wesen angeborenen Triebe der Selbsterhaltung[1]). Wenn man sie schont, verbreiten sich die Tiere, wie die Taube in Askalon, das Krokodil in manchen Gegenden Ägyptens. Was vom Kyklopenlande erzählt wird, gehört der Fabel an. Wenn Hellas wenigstens zum Teil an Fruchtbarkeit hinter barbarischen Ländern zurücksteht, so bringt es dafür allein wahre Menschen hervor, indem es das himmlische Gewächs[2]), den weisen Verstand, erzeugt[3]). Die Reinheit der Luft schärft hier den Geist nach dem bekannten Worte Heraklits[4]). Und das wird durch die Beobachtung bestätigt, dafs die Nüchternen und Mäfsigen die Verständigsten, die Schwelgerischen die Unvernünftigsten sind, da das Übermafs von Speise und Trank ihren Verstand hinwegspült[5]). Das Barbarenland bringt wegen der Kälte und Dichtigkeit der Luft keinen νοῦς hervor[6]). Was über die Menge der Fische, Vögel, Landtiere gesagt wurde, ist ein Vorwurf nicht gegen die Natur, sondern gegen

---

[1]) Zeller III 1 S. 208 Cic. a. O. II 124. 128 Philo De anim. § 33 ff. 44. *Π. ἀφϑ.* S. 12, 12. Zu den Worten φεύγοντα ὡς δεσπότην τὸν ἄνϑρωπον vgl. De opif. K. 28 De praem. et poen. 15 S. 422 ὡς δεσπότην ἄνϑρωπον δεδιότες ὑποπτήσσουσιν ... καταπλαγέντα δ᾽ ὡς ἄρχοντα καὶ φύσει δεσπότην ...

[2]) φυτὸν οὐράνιον, aus Plato Tim. S. 90 A.

[3]) Vgl. Chrysipp bei Cic. De fato § 7, besonders: *Athenis tenue caelum, ex quo etiam acutiores putantur Attici.* Panaetius nach Proclus in Plat. Tim. I p. 50 (bei v. Lynden S. 72) hebt den Einflufs der Atmosphäre hervor ὡς τῆς Ἀττικῆς διὰ τὰς ὥρας τοῦ ἔτους εὖ κεκραμένας ἐπιτηδείως ἐχούσης πρὸς τὴν τῶν φρονίμων ἀνδρῶν ἀπογέννησιν. Vgl. Dio Chrys. Or. VI Bd. I S. 95 Diod., Lucian Nigr. 12. 19 Galen Ὅτι ταῖς τοῦ σώματος κράσεσιν am Ende.

[4]) Den Einflufs der Atmosphäre betont Panaetius (s. vorige Anm.) auch bei Cic. De div. II 94, ebenso Posidonius; s. Müllenhoff a. O. II 184. Cic. De nat. deor. II (17) 42 *etenim licet videre acutiora ingenia et ad intellegendum aptiora eorum, qui terras incolant eas, in quibus aer sit purus ac tenuis* (sehr ähnlich die von Bywater zu Heraklit Fr. 75 angeführte Stelle des Galen). Alle bei Byw. angeführten Zeugnisse gehen wohl auf Panaetius (und Pos.) zurück; daher erklärt sich die gemeinsame Glosse ξηρή. Vgl. auch Hippocr. De aeribus et locis et aquis, Plato Tim. S. 24 C Sen. Dial. IV 15, 5, v. Scala Studien des Polybios S. 204.

[5]) Sehr ähnlich Musonius bei Stob. Flor. XVII 43 und jedenfalls nach einer ähnlichen Ausführung des Mus. Clem. Paed. II § 5: Die Mäfsigen sind φρονιμώτεροι ... οὐ γὰρ ἐπέχωσαν τὸν νοῦν ταῖς τροφαῖς. Plut. De esu carn. 6, wo sich auch dasselbe Citat des Heraklit findet, Dio Chrys. Or. VI Clem. Alex. Strom. VII § 33 S. 850 (das Citat des Androkydes bei Clem. ohne Namen auch bei Plut. Mor. S. 472 B).

[6]) Vgl. über den Sinn der bei Eus. verdorbenen Stelle Conybeare Specimen lect. Armen. S. 14, Cic. De nat. deor. II 42 *crasso caelo atque concreto*.

unsere Schwelgerei. Wegen der Vollkommenheit des Alls mufs jeder Teil seine Lebewesen hervorbringen[1]); darum soll aber der Mensch nicht in tierischer Roheit alles geniefsen wollen[2]). Dem Mäfsigen sind Kraut und Früchte[3]) die angenehmste Nahrung, und mit Recht haben die Gesetzgeber durch Luxusgesetze die Unmäfsigkeit der Begierden eingeschränkt. Die Blumen mit ihrem Wohlgeruche sollen der Gesundheit, nicht der Lust dienen, sie haben vor allem heilkräftige Wirkung[4]).

Die Schrift schliefst[5]) damit, dafs Alexander sich durch die Gründe Philos für widerlegt erklärt und dafs Philo ihn zu einer weiteren nicht nur polemischen Erörterung desselben Themas einladet[6]).

---

[1]) De somn. I 22 S. 641 πάντα τῷ ποιητῇ τὰ τοῦ κόσμου μέρη καλὸν ἔδοξεν εἶναι ζῴων ἀναπλῆσαι, daher auch die Luft, vgl. Aristoteles bei Cic. a. O. II 42 (Bernays Dialoge des Arist. S. 102), Sext. IX 86. Zum stoischen Ausdruck συμπλήρωσις vgl. z. B. De somn. II 16 Ende S. 674.

[2]) Quaest. in Gen. II 58. 67 *fructuum aliqua necessaria sunt, sine quibus non vivitur, alia vero supervacaneae voluptatis materiae sunt.*

[3]) λαχανώδει χλόῃ καὶ καρποῖς δένδρων προσοψήμασιν, vgl. Philonea ed. Tisch. S. 8, 3 ἐλαίας ἢ τυρὸν ἢ λάχανα προσόψημα Quaest. in Gen. II 58 *necessarium oleris usum*, Muson. a. O., der besonders empfiehlt τά τε ὡραῖα καὶ τῶν λαχάνων ἔνια (Clem. Paed. II 15), Anton, De origine libelli *Π. ψυχᾶς κόσμω καὶ φύσιος* S. 478 ff. Plut. Mor. S. 131 E, 158 A.

[4]) Vgl. S. 76. Gegen den Luxus auf diesem Gebiete wendet sich auch Sen. Ep. 122, 8 Lucian Nigr. 31. 32 [Cynicus 17], vgl. meine Quaest. Muson. S. 17, Plut. Mor. S. 990 B.

[5]) Der Schlufs ist nur im Arm. erhalten. Der Sinn von § 115 ist auch Conybeare unklar.

[6]) Dies nötigt ebenso wenig zu der Annahme, dafs ein weiteres Buch folgen sollte oder verloren ist, wie die Einleitung von De anim. ein vorhergehendes Buch voraussetzt.

Kapitel IV.
Charakteristik und Echtheit des zweiten Buches.

1. Resultate der Quellenuntersuchung.

Alexanders Bestreitung der Vorsehung durch den Hinweis auf das Leiden der Guten, das Glück der Schlechten (§ 3—11) geht wie die Polemik des ersten Buches gegen die Astrologie auf Karneades zurück. Die ausführliche Bestreitung der teleologischen Naturerklärung durch Alexander steht sowohl in ihren positiven Ausführungen als auch in der durchgehenden polemischen Tendenz gegen die Stoa auf epikureischem Standpunkte und deutet auf eine von Philo nur durch wenige Zusätze erweiterte epikureische Quelle. Dasselbe gilt für die Bekämpfung der Dichter und ihrer Göttermythen (§ 40—44). Philos eigener Standpunkt ist wie im ersten Buche der stoische. Ich hebe nun noch die Punkte besonders hervor, die eine genauere Bestimmung der stoischen Hauptquelle zu ermöglichen scheinen. An einen spätern Stoiker möchte man schon denken wegen der zahlreichen Berührungen, die zwischen Philo und späteren Autoren aufgewiesen wurden[1]). Auf einen solchen weist z. B. die vorherrschend ethische Fassung des Gottesbegriffes[2]) und die Ableitung des Bösen aus der Materie[3]). Besonders beachtenswert ist aber Philos Übereinstimmung mit einer Reihe gerade unter Posidonius' Namen überlieferter Lehren und Gedanken. So fanden wir bei Philo den von Posidonius übernommenen aristotelischen Gegensatz der himmlischen und sublunaren Region (S. 68[1]. 70[2]), dieselbe Erklärung des Donners und Blitzes (S. 78[8]), dieselbe Berechnung der Umlaufszeiten (und Entfernungen) der Planeten (S. 68[4]), einen nachweislich auf Pos. zurückgehenden doxographischen Bericht, der in des Pos. Erklärung der Milchstraße gipfelt (S. 73[8])[4]), ein Fragment des Kleanthes, das Philo sicher nicht aus erster Quelle geschöpft hat und das nachweislich von Pos. angeführt wurde (S. 66[6]). Nehmen

---

[1]) Seneca, Musonius, Epiktet, Marc Aurel, Plutarch, die Diatribenlitteratur.
[2]) S. besonders S. 50. 51.
[3]) S. 72[4], falls dieselbe nicht von Philo selbst herrührt.
[4]) Die letzten beiden Stücke sind von Philo in Alexanders Vortrag eingefügt. Auch sei erinnert an die Vorstellung der Vernunft als des Dämon (S. 51[7]). S. auch S. 52[2]. 53[2]. 64[2]. 70[3]. 71[1].

wir hinzu, dafs Philo zahlreiche Gedanken, die freilich nicht gerade für Pos. charakteristisch sind oder doch nicht als charakteristisch erwiesen werden können, mit solchen Schriften gemeinsam hat, die von Pos. abhängig sind, mit Cic. De nat. deor. II[1]), Sext. B. IX[2]), Kleomedes[3]), Sen. Nat. quaest.[4]), so scheint sich Pos. als Hauptquelle zu ergeben[5]). Ja selbst die von Philo hauptsächlich benutzte Schrift des Pos. läfst sich bestimmen. Philos Bemerkungen über die Kugelgestalt des Kosmos, seine Erklärung des Reifes und des Schnees stimmt fast wörtlich mit Fragmenten des φυσικὸς λόγος des Pos. (S. 64[1]. 78[7]), in dem auch die von Philo entwickelte Theorie von der Ernährung der Gestirne behandelt sein soll (S. 66[6]). Dem gegenüber kann die Abweichung in einem unwesentlichen Punkte (S. 63[4]) nicht in Betracht kommen. Natürlich hat Philo seine Quelle nicht sklavisch benutzt, vor allem ihr sein eigentümliches sprachliches Gepräge aufgedrückt, ist aber mit eigenen Zusätzen offenbar sparsamer gewesen als in spätern Schriften.

2. Echtheit des zweiten Buches.

Der Standpunkt des Philo ist im zweiten Buche derselbe, wie er S. 39 für das erste charakterisiert wurde, die Verteilung der

---

[1]) Über Berührung mit dem 1. und 2. Teil der Schrift (§ 1—73) s. S. 64[1]. 66[4, 6]. 68[1]. 70[8]. 71[4]. 81[4, 6]., mit § 73—153 S. 66[2, 6]. 67[5]. 70[5]. 71[4]. 78[2]. 81[1]., mit dem Schlusse S. 78[2]. 80[3, 6]. Auf die weniger überzeugenden Berührungen mit dem mittleren Teile lege ich kein grofses Gewicht. Dafs auch hier Pos. benutzt sei, ist ebenso schwer zu beweisen wie zu widerlegen. Letzteres versucht Susemihl, Gesch. d. gr. Litt. II S. 705. Wenn ich früher (zu scharf) für die Einheitlichkeit der Quelle auftrat, so hatte ich natürlich das philonische Zeugnis für Pos. als Vertreter der ἐκπύρωσις nicht übersehen; was Susemihl S. 79 (über dessen Zustimmung ich mich sonst freuen kann) mir nicht zutrauen durfte. § 85 und 118 setzte ich Berücksichtigung des Panaetius durch Pos. voraus und glaubte auf den Wortlaut des Dilemmas bei Cic (der § 85 für Susemihl spricht) kein zu grofses Gewicht legen zu dürfen. Gerade aus § 118 wird jeder zunächst auf einen den Dissensus des Panaetius nicht billigenden Gewährsmann schliefsen. Übrigens hat Cic. wohl auch den φυσικὸς λόγος des Pos. benutzt. — Zu beachten ist auch die Berührung Philos mit Tusc. V (S. 55).
[2]) S. 71[1]. 82[1].
[3]) S. 66[2]. 72[7].
[4]) S. 67[2]. 70[4]. 71[4]. 77[3]. 78[1, 8].
[5]) Es liegt mir natürlich völlig fern zu bestreiten, dafs viele dieser Beziehungen zufällig sein können; ich will nur die Richtung andeuten, in der weitere Quellenforschungen sich zu bewegen hätten. Auch auf Beziehungen zu [Arist.] Περὶ κόσμου konnte ich weisen.

epikureischen und stoischen Rolle die gleiche, wie sie für das erste Buch wenigstens erschlossen werden konnte. Nimmt man hinzu manche Wiederholungen der Gedanken des ersten Buches im zweiten, die deutliche Beziehung im Anfang des zweiten auf das erste, so scheint mir die Echtheit des ersten Buches mit der des zweiten zu stehen und zu fallen. Die Echtheit des zweiten Buches (wenigstens in der armen. Gestalt) ist nun aber freilich bezweifelt worden, behutsam und mit gewisser Einschränkung von Massebieau a. O. S. 88 ff. Das zu Anfang erwähnte Gespräch könne, meint er, nicht das des ersten Buches sein, da diesem eben die dialogische Einkleidung fehle. Dies Argument war bereits, als es ausgesprochen wurde, durch Diels, dessen Doxographi Massebieau nicht kennt, widerlegt. Weiter kennt Eus. nach M. nicht die dialogische Einkleidung des zweiten Buches. Aber Eus. hatte, wie M. zugiebt, keinen Grund, diese zu erwähnen, und hatte er mit ihr den Leser nicht vertraut gemacht, so ist es natürlich, dafs er § 7 (= Philo § 16) den Namen des Alexander unterdrückte. Dafs Eus. § 7 mit seiner Anrede ὦ ψυχή gegen den arm. Text mit der Übersetzung *in animum* im Unrecht ist, scheint mir gar nicht gewifs. Denn solche Apostrophen (ὦ διάνοια) sind häufig bei Philo, wie M. als guter Kenner Philos selbst bemerkt. Dafs diese Anrede die dialogische Einkleidung stört, gebe ich zu, traue aber Philo diesen Fehler zu[1]). Und warum sollte nicht Eus. durch diese ihm aus Philo bekannte Anrede die Beziehung auf Alexander haben unterdrücken können? Ja, es finden sich bei Eus. genug Spuren der dialogischen Einkleidung: § 1 λέγεις, ἀγνοεῖς 37 μὴ νομίσῃς 42 πέπεισαι, εἰπέ 43. 48. 72 — Spuren, die uns zwingen würden, selbst gegen Eus. Autorität eine ursprünglich dialogische Einkleidung zu behaupten[2]). Das Bedenken ferner, das M. an § 14 *veritatis impugnatores* knüpft, ist durch die richtige Übersetzung S. 50[6] gehoben. Wenn endlich M. daran Anstofs nimmt, dafs Philo mit einem Apostaten, wie Tiberius Alexander[3]) es war, sich freundschaftlich unterhalte, so

---

[1]) Vgl. § 14. Übrigens ist die Anrede schon in manchen Hss. des Eus. durch Umgestaltung des Textes beseitigt; s. Gaisford. Urbaner ist es jedenfalls, wenn Philo durch die Anrede ὦ ψυχή den Alexander nicht mit verantwortlich macht für die folgenden Ansichten. Aus gleichem Grunde redet er mit Vorliebe im Plural.

[2]) Ich weifs, dafs solche Anreden bei Philo nicht selten sind. Da sie sich hier auch im epikureischen Abschnitte finden, liegt die Sache hier anders.

[3]) Schürer Gesch. d. jüd. Volkes I 473 Bernays Ges. Abhandl. II S. 279. 280. Aus Philo De anim. § 54 S. 152 ist die Notiz zu gewinnen, dafs Alexander eine

würden wir daraus höchstens interessante Konsequenzen für den damaligen Standpunkt Philos zu ziehen haben. Aber wer steht uns dafür, dafs nicht der Dialog vor dem Abfall des Alexander von der väterlichen Religion abgefafst ist oder gerade — was sehr wahrscheinlich ist — uns einführt in den Kampf zwischen zwei Weltanschauungen, den damals manche jüdische Seele unter Schmerzen wird durchgerungen haben? Freilich war der Ausgang dieses Kampfes ein anderer als der Ausklang unseres Gespräches § 116. Noch eine weitere Perspektive eröffnet sich uns. Der gräcisierende Zug unserer Schrift erhält neues Licht. Nicht zu Mose und den Propheten, sondern zur stoischen Philosophie will Philo seinen Neffen bekehren — dieselbe Taktik, deren sich manche christlichen Apologeten bedienen. — Jedenfalls spricht alles dagegen, in der Person des Alexander und der dialogischen Einkleidung mit M. eine spätere Interpolation zu sehen, und ich hoffe, dafs ich den Wunsch des verdienten Forschers (S. 91), dafs man seine Bedenken beseitigen und die Echtheit der dialogischen Einkleidung beweisen möge, erfüllt habe. Sehr viel zuversichtlicher und oberflächlicher geht Ausfeld[1]) bei der Verdammung des ganzen Werkes vor. Der Preis auf Hellas ist ihm im Munde Philos unverständlich, ebenso die Erwähnung der ϑεοί neben ϑεός, die Bezeichnung des Moses als *Iudaeorum legislator* I § 22, die Worte II § 55 *Alexandriam iuxta Aegyptum*. Die beiden letzten Punkte haben aber ihre genaue Parallele in philonischen Schriften, die man freilich auch für unecht erklärt[2]), und in der Schrift De legat. ad Gai. redet Philo in einer Weise von den heidnischen Göttern, die gleichen Anstofs geben müfste, und vielleicht sah sich Bernays deshalb veranlafst, auch diese Schrift Philo abzusprechen (Ges. Abhandl. I S. 244). Aber wenn uns der Autor Περὶ προνοίας von einer Reise erzählt, die er nach Jerusalem unternahm, um dort zu beten und zu opfern, und auf der er Askalon berührte, so bezeichnet er sich doch deutlich genug als

---

Gesandtschaftsreise nach Rom unternahm und dort öfters das Amphitheater besuchte. Auf die Schrift De anim. hoffe ich an anderer Stelle genauer einzugehen. Gegen Massebieau S. 90. 91 sei nur bemerkt, dafs auch in ihr dem Alexander epikureische Ansichten in den Mund gelegt werden.

[1]) De libro Περὶ τοῦ πάντα σπουδαῖον εἶναι ἐλεύθερον. Göttingen 1887. S. 17.
[2]) Zum 1. Punkt s. Q. o. pr. l. 5 S. 449. 7 S. 452 Π. ἀφϑ. S. 6, 17, aber auch V. Mos. zu Anfang: Μωσέως τοῦ κατὰ μέν τινας νομοϑέτου τῶν Ἰουδαίων, zum 2. Q. o. pr. l. 18 S. 465 Ἀλεξανδρείαν ... τὴν πρὸς Ἀίγυπτω De anim. § 13. 28 *Alexandriae Aegypti*; vgl. Cumont S. III. VI.

Juden und als in Ägypten ansässig[1]). Ja die Reise mufs vor das Jahr 70 fallen[2]). Und nun versuche man einmal ein klares Bild von dem vermeintlichen Autor zu gewinnen, wenn Philo es nicht sein soll: Ein Autor, der Zeitgenosse und Landsmann Philos wäre, der zu den philosophischen Richtungen der Zeit dieselbe Stellung wie Philo einnähme (S. 39), der sich bereits an dem Schrifttum und an der Sprache des Philo gebildet hätte[3]), der nicht nur die Indiskretion gehabt hätte, ein peinliches Familienereignis Philos in seine Schrift zu ziehen, sondern auch die Frechheit, einem Zeitgenossen eine Schrift unterzuschieben[4]). Dies Bild ist so völlig unvorstellbar, dafs Ausfelds Gründe gegen die Echtheit sehr gewichtig sein müfsten, wenn sie uns überzeugen sollten. Das sind sie nicht. Weil man sich einbildet, Philos System als geschlossenes Ganze zu kennen — ich stehe erst am Anfang, die Entwickelung zu begreifen —, weil man sich einbildet, die jüdisch-alexandrinische Kultur und Litteratur genügend zu kennen — und doch zeugen bereits die Papyri dafür, dafs diese viele Erscheinungen bot, von der unsere Schulweisheit sich nichts träumen liefs —, weil man die verschiedenen Tendenzen, die Philo in den einzelnen Schriften verfolgt, den Leserkreis, für den er sie bestimmt[5]), nicht beachtet, darum verdächtigt man alles, was in das herkömmliche Bild und zu den vorgefafsten Meinungen nicht pafst, oft ohne nur die berechtigte Forderung unserer litterarischen Kritik zu erfüllen, dafs der Zeitabschnitt und Kulturkreis, aus dem die Fälschung hervorgegangen sein soll, bestimmt, damit die Probe auf das Exempel ge-

---

[1]) Philo II 107 (= Eus. § 64). Cumont S. IV. Ritter, Philo und die Halacha S. 9.

[2]) Schürer I 548 ff. zeigt, dafs nach der Zerstörung der Stadt der Opferkultus eingestellt war.

[3]) Darüber s. auch unten.

[4]) Denn wollte man das Lemma „Philo" überall streichen, so zeigt das gleiche Verhältnis des Mitunterredners zu Alexander in De prov. und De anim., dafs auch dort Philo als Gegenpart Alexanders gedacht ist.

[5]) S. darüber Cumont S. VIII, der sehr passend das Verhältnis der Consolatio des Boethius zu dessen theologischen Schriften vergleicht. An andere Analogieen aus Judentum und Christentum (Schleiermacher) brauche ich nicht erst zu erinnern und möchte nur vor der Vorstellung warnen, als hätten wir es hier mit beabsichtigter Taschenspielerei zu thun. Die Voraussetzung, dafs der Autor als Gegensatz und Widerspruch empfinden mufste, was sich uns als solcher aufdrängt, ist falsch. Sie hat neuerdings dazu geführt, dafs man den Minucius Felix wie früher Boethius zu einem halben Heiden gestempelt hat.

geben, die Erkenntnis einer Fälschung erst fruchtbar gemacht werden mufs. Zum Schlufs sei noch darauf hingewiesen, dafs uns aufser Eusebius noch ein anderes äufseres Zeugnis für die Echtheit wenigstens des zweiten Buches erhalten ist. In den christlichen Florilegien finden sich — wohl auf eine Urquelle zurückgehend [1]) — mehrere Citate aus dem zweiten Buche, die ich hier kurz verzeichne:

1. Rupefucaldinus f. 114ʳ ἐκ τοῦ περὶ προνοίας: βασιλεῖ οὐκ ἔστι πρόσρησις οἰκειοτέρα πατρός. Das Original bei Eus. VIII 14 § 3 (= De prov. II 15).

2. Vat. 1553 (s. Harris S. 71b) Φίλωνος ἐκ τῶν ἐν γενέσει ζητημάτων (falsches Lemma): φίλων καὶ συγγενῶν ἔργον ἐπελαφρίζειν τὰ πταίσματα. Das Original bei Eus. a. O. § 4 (= De prov. II 15).

3. Rup. f. 206ᵛ Φίλωνος: ὠμῆς δίχα ψυχῆς οὐ καθαίρεται καρδία. Das Original bei Eus. a. O. § 39 (= De prov. II 31). Dasselbe Citat in Antonius Melissa und im Florilegium des Georg. Monach. (Harris S. 76, beide richtig κακία).

4. Vat. 1553 f. 260ʳ ἐκ τοῦ περὶ προνοίας α' (lies β') = Eus. a. O. § 39 ὅνπερ τρόπον bis 40 ἐπιδιαφθείρονται (De prov. II 31. 32) mit folgenden Abweichungen vom Dindorfschen Texte: δημίους κοινούς (so auch die Hss. des Eus., δημοκοίνους Mangey), πόλεσιν (ohne Artikel), ἐὰν αἴσθωνται, πλημμυροῦντα, ποτὲ fehlt, τηνικαῦτα μέντοι καὶ (μέντοι fehlt bei Eus., doch μὲν in der Hs. J nach Gaisford, tum demum et Arm.), αἰτίους ἅτε οὐκ ἀπὸ γνώμης ὑγιοῦς, ἀλλ' ἐκ (so J nach Gaisford, die andern Hss. αἰτίους ὡς ἐκ, mit Auslassung der auch durch den Arm. bezeugten Worte), τελευταῖον καὶ αὐτὴ ἐπιλικμᾶται (αὐτὴν ἐπινέμεται Eus.), προτείναντες st. τίνοντες.

5. Rup. f. 27ʳ τοῦ αὐτοῦ περὶ προνοίας· ἀεὶ πρὸς τὰ ὁμοιότροπα ἀδικοῦσιν ἀπολογία τὰ τῶν κρειττόνων. | De prov. II 39 semper qui consimiles perpetrant iniurias, apologiae loco eadem referunt de supremo quoque atque optimo.

6. Boissonade, Anecdota Bd. I S. 79 (Sentenzen des Johannes Georgides) = Eus. VIII 21, 4 Φίλωνος: σοφιστείας ἔργον | De prov. II 51 sophismatis enim opus est verba excogitare, sapientiae vero singula examinare, quae in natura occur-

---

[1]) Vgl. meine „Neu entd. Fragm." S. 15 ff.

εὑρεσιλογεῖν, σοφίας δὲ ἕκα-
στα διερευνᾶν τῶν ἐν τῇ
φύσει μετ' αἰδοῦς καὶ τῆς
ἁρμοττούσης ἀποδοχῆς. Bei
Eus. fehlen die letzten Worte.

runt, honesta modestia et congrua perceptione.

Wenigstens für die beiden letzten Citate ist, da das eine gar nicht, das andere nur zum Teil bei Eus. überliefert ist, sicher eine von diesem unabhängige Provenienz[1]) anzunehmen, und damit ist ein neues äufseres Zeugnis für die Echtheit von Περὶ προνοίας gewonnen. Ich stelle, um die Echtheit des zweiten Buches nach seinem Gedankengehalt und seiner Sprache noch zu bekräftigen, eine Reihe Parallelen zu einzelnen Stellen zusammen und vergleiche dann nach einigen textkritischen Bemerkungen zu den im Urtext erhaltenen Abschnitten den delectus verborum dieser Stücke mit dem sonstigen Schrifttum Philos.

3. Parallelen.

Buch II § 2 S. 45 *nam et continentur ea mihi videbantur insonare auribus meis* = De congr. erud. gratia 13 S. 529 οἷς ἔναυλα μὲν τὰ λεχθέντα ὑπηχεῖ, dieselben Ausdrücke De post. Caini S. 132, 20 De ebr. 43 S. 384.

§ 3 (= Eus. VIII 14, 1) ἐν τοσαύτῃ τῶν πραγμάτων ταραχῇ καὶ συγχύσει ... τί μὲν οὖν οὐκ ἀταξίας γέμει ...; = De Jos. 24 S. 61 τοσαύτης οὖν ἀταξίας καὶ ταραχῆς ... γέμοντος τοῦ βίου ... S. 62 τὰ δ' ἐπίγεια πολλῆς ἀταξίας γέμοντα καὶ ταραχῆς ...

Ebenda für die Aufzählung der äufseren und körperlichen Güter genügt es auf die reiche Sammlung philonischer Stellen bei Anton, De origine libelli Περὶ ψυχᾶς κόσμω καὶ φύσιος S. 510. 511 zu verweisen; s. auch § 5. 6.

Ebenda[2]): οἱ δὲ φρονήσεως καὶ ἀρετῆς ἁπάσης ἐρασταὶ ... πάντες εἰσίν, ὀλίγου δέω φάναι, ἀφανεῖς, ἄδοξοι, ταπεινοί, *alimento carentes*[1], *infirmi toto corpore* ... *morbosi*[2], *lividi, hydropici*[3], *prae esurie oculis deiecti*[4], *vultu aspero tristique* = Quod det. pot. ins. 10 S. 198 οἱ μὲν γὰρ λεγόμενοι φιλάρετοι ἄδοξοι σχεδὸν ἅπαντες, εὐκαταφρόνητοι, ταπεινοί, τῶν ἀναγκαίων ἐνδεεῖς[1], ὑπηκόων, μᾶλλον δὲ

---

[1]) Auf eine solche deuten vielleicht auch manche Varianten in Nr. 4.
[2]) Die Zahlen deuten im folgenden auf die den Ausdrücken der Übersetzung entsprechenden des Originals.

καὶ δούλων ἀτιμότεροι, ῥυπῶντες, ὠχροί, κατεσκελετευμένοι, λιμὸν ὑπ' ἀσιτίας ἐμβλέποντες⁴, νοσερώτατοι² De mut. nom. 4 S. 583 ὠχροὶ δὲ καὶ διερρυηκότες³ καὶ κατεσκελετευμένοι τρόπον τινὰ οἱ ἀπὸ παιδείας. Auch der Gegensatz (vgl. De profug. 4 S. 549) an beiden Stellen ist mit De prov. zu vergleichen; s. auch De sobr. 9 S. 398 Q. o. pr. l. 1. 2 S. 445.

§ 4 S. 47 *moenia vitiorum malorumque diruentes*; s. De post. Caini S. 98, 14 und ἐπιτειχισμὸς unten im Index. Zu § 9 S. 50 vgl. die Schilderung De Jos. 14 S. 51, besonders die Worte ὡς ἀγαθὸς ἐπίτροπος ἢ πατὴρ εὔνους, ἀδόλως¹ καὶ καθαρῶς ἄνευ τῆς ἐχθρᾶς ὑποκρίσεως ... μηδὲν ὑποστέλλων μηδὲ συγκρύπτων² = De prov.: *monitoris et patris adhibet aequitatem docens copiose et sine invidia¹ et nihil occultans² quemadmodum nunc sophistarum invidia ac livore tumens gens agit*. Die letzten Worte = De post. Caini S. 131, 10 σοφισταὶ μὲν γὰρ ὑπὸ μισθαρνίας ἅμα καὶ φθόνου ... πολλὰ ἃ χρὴ λέγειν ἡσυχάζουσι. Quaest. in Gen. IV 95 *more invidentium sophistarum*. Gegen die Sophisten und Sophistik redet Philo oft, gegen sophistische Redekünste De prov. II § 51 (vgl. S. 88 Nr. 6) Leg. all. I 24 S. 58 (λογοφίλης) III 13 S. 95 Quod det. pot. ins. 12 S. 198. 199 De post. Caini S. 113, 13 D. V. C. 3 S. 476. Die σοφιστεία wird der σοφία entgegengesetzt wie De prov. II 51 auch De praem. et poen. 2 S. 409 Q. o. pr. l. 1 S. 445 Quaest. in Gen. III 23. 24 IV 104. 221 De migr. 15 S. 449. Heuchelei, Widerspruch zwischen Worten und Thaten wird den Sophisten vorgeworfen: Quod det. pot. 21 S. 205. 206 De post. Caini 24 S. 108 De agric. 32 S. 322 De migr. 13 S. 447. 31 S. 463 De congr. erud. gratia 13 S. 529. Auch die meisten philosophischen ζητήσεις fallen unter den Begriff der Sophistik: De agric. 31 S. 321 Quis rer. 50 S. 508. Sophisten und σκεπτικοὶ werden zusammengestellt: De congr. erud. gr. 10 S. 526 Quaest. in Gen. III 33 (*Academici et inquirentes*) De profugis 38 S. 577. Ismael ist Typus des Sophisten: De Cherub. 2 S. 140 De post. Caini S. 124, 6 De sobrietate 2 S. 394 De profug. 38 S. 577 (De mut. nom. 45 S. 618). — Über σοφισταὶ s. auch De ebr. 17 S. 367 De migr. 14 S. 448 De confus. lingu. 11 S. 410 De congr. erud. gr. 23 S. 538 De mut. nom. 2 S. 579. 37 S. 610. 44 S. 617 De somn. I 17 S. 636. 38 S. 654 II 42 S. 696 De Jos. 19 S. 56 D. V. C. 1 S. 472 V. Mos. I 16 S. 95 Quaest. in Gen. III 27. σοφιστικαὶ τέχναι De post. Caini S. 98, 16. σοφίσματα De agric. 37 S. 325 Quis rer. 25 S. 490. 60 S. 517. τῶν κατὰ τὸν (so die meisten Hss.) ἀπατεῶνα λόγον σοφιστειῶν ibid. 16 S. 485.

σοφισμάτων πιθανότητες De agric. 3 S. 302 De congr. erud. gr. 4 S. 521. ἀντισοφιστεύειν und σοφιστικοὶ λόγοι De migr. 15 S. 419. ἐνσοφιστεύειν De Jos. 22 S. 59. Diese Polemik berührt sich mehr mit Sen. und Epikt. (s. die Indices von Haase und Schweighäuser) als mit Plato (gegen Freudenthal, Die Erkenntnislehre Philos S. 11).

§ 13 S. 52 caecam invisamque opulentiam, quae pravis et vilibus tribui consuevit (stoisch, s. S. 53[1]), inhibuit; eam vero, quae haud caeca est et constans ... acquisivit. τυφλὸς πλοῦτος De sobr. 9 S. 398 De somn. I 42 S. 657 De mon. I 2 S. 215. Entgegengesetzt werden der βλέπων und τυφλὸς πλοῦτος Quis rer. 9 S. 480 De Abr. 4 S. 5 De Jos. 43 S. 47 V. Mos. I 27. 28 S. 105 Philonea ed. Tisch. S. 9 De fort. 2 S. 376 De praem. et poen. 9 S. 417 D. V. C. 2 S. 473. Danach ist zu emendieren De agric. 13 S. 309 οὐ τυφλὸν πλοῦτον, βλέποντα δὲ καὶ σφόδρα ὀξυδορκοῦντα θαυμάζουσα. Das folgende τούτου hat so erst seine Beziehung. Zu Grunde liegt allen Stellen Plato Leg. S. 631 C πλοῦτος οὐ τυφλός, ἀλλ' ὀξὺ βλέπων. — De migr. 18 S. 452 τὸν αἰσθητὸν καὶ γήϊνον πλοῦτον. Wahrer Reichtum De profug. 3 S. 548 De somn. I 30 S. 647, Quis rer. 15 S. 483 τοῦ φύσεως ἀοιδίμου πλούτου (vgl. Plut. Mor. S. 524 F) De iudice 5 S. 348 ψυχικοῦ πλούτου De carit. 6 S. 389 πλοῦτος ἄψυχος D. V. C. 2 S. 474 ὁ τῆς φύσεως πλοῦτος.

§ 21 S. 58 (= Eus. § 15) καὶ ταῦθ' ὁρῶν ἐν ἀψύχοις περιμάχητα καλλιγράφων ἔργα καὶ πλαστῶν καὶ ἄλλων τεχνιτῶν. Nach dem armen. Texte pulcris operibus pictorum fictorumque ist zu emendieren περιμάχητα κάλλει γραφέων κτλ. = Philonea ed. Tisch. S. 128, 5 γραφέων ἔργα ἢ πλαστῶν Leg. all. II 8 S. 71 Quis rer. 35 S. 496 V. Mos. III 26 S. 166 Leg. ad Gai. 36 S. 588 γραφέων γὰρ καὶ πλασμάτων (lies πλαστῶν) ἔργα Leg. all. II 18 S. 79 γραφικὴ πᾶσα, πλαστική, τἆλλα, ὅσα κατὰ τέχνας τεχνικὰ δημιουργήματα De decal. 29 S. 205 ἀγάλματα καὶ ξόανα καὶ συνόλως ἀφιδρύματα, ὧν γραφικὴ καὶ πλαστικὴ βλαβεραὶ δημιουργοί. Danach ist zu emendieren ebenda 14 S. 191 ἀγαλμάτων καὶ ξοάνων καὶ τῶν ἄλλων χειροκμήτων, ὧν γραφικὴ καὶ ζωγραφία δημιουργοὶ (so M, der vorher γραφικῆς καὶ ζωγραφίας hat, καὶ δημιουργία vulg.). De ebr. 28 S. 374.

§ 22 (= Eus. § 17) πάνθ' ὑπερβάντες ... τοὺς ἀνδρῶνας, τὰς γυναικωνίτιδας ... ἐκπωμάτων ἢ ὑφασμάτων πλῆθος ... οὔθ' ὅτι κλῖναι λιθοκόλλητοι καὶ ὁλόχρυσοι θαυμάσαντες οὔθ' ὅτι ἀραχνοϋφεῖς ἢ λίθῳ γεγραφημέναι¹) (wohl ἠνθογραφημέναι, s. De opif. S. 52, 9) στρωμναί οὔθ' ὅτι ἐσθημάτων ἰδέαι διάφοροι = De somn. II 7 S. 666 τίς τὰς ἀραχνοϋφεῖς ἀμπεχόνας, τίς τὰ ἐπηνθισμένα ἢ βαφαῖς ἢ πλοκαῖς διὰ τῶν ῥάπτειν ἢ ὑφαίνειν ποκίλα ἐπισταμένων ... δαιδαλεύεται; οὐχ ἡ κενὴ δόξα; 8 τί δὲ χρυσορόφους ἀνδρῶνας καὶ γυναικωνίτιδας κατασκευάζομεν; ... ὁλόχρυσοι καὶ λιθοκόλλητοι στρωμναί D. V. C. 6 S. 478 τρίκλινά τε καὶ περίκλινα ... ὧν τὰ πλεῖστα λιθοκόλλητα, στρωμναί ἁλουργεῖς ἐνυφασμένου χρυσοῦ καὶ ἀνθοβαφεῖς ἕτεραι ... ἐκπωμάτων πλῆθος. Die grofse Flüchtigkeit Ohles charakterisiert seine Bemerkung, Beitr. zur Kirchengesch. S. 52, dafs λιθοκόλλητος „bei „Philo" nach Siegfried nur hier" vorkomme — wo hat denn S. für seine Sammlungen den Anspruch der Vollständigkeit erhoben? — und dafs er D. V. C. den Druckfehler der Richterschen Ausgabe πλῆστα wiederholt. — Ähnliche Schilderungen bei Musonius (meine Quaest. S. 29. 39).

Zu § 27 (= Eus. § 31) s. die Parallelen bei Cumont S. V. Es ist mit den meisten Hss. ἑταιριδίων zu lesen.

§ 32 (= Eus. § 40) καθάπερ γὰρ ἡ τοῦ πυρὸς δύναμις, ὅταν παραβληθεῖσαν ὕλην ἀναλώσῃ, τελευταῖον αὐτὴν ἐπινέμεται = De spec. leg. 6 S. 340 ἡ γὰρ τοῦ πυρὸς δύναμις ὕλης λαβομένη πανταχόσε ᾄττουσα νέμεταί τε (so S(elden.) M) καὶ χεῖται καὶ ... σβεστηρίων ὅσα ἂν ἐπιφέρῃ τις, ἀλογεῖ (ἀλ. add. S M) καταχρωμένη καὶ (καὶ S M μὲν vulg.) τούτοις ἀντὶ τροφῆς εἰς συναύξησιν, ἕως ἂν πάντα ἐξαναλώσασα αὐτὴ δαπανηθῇ πρὸς αὐτῆς De congr. erud. gr. 11 S. 527 καθάπερ γὰρ ἡ τοῦ πυρὸς δύναμις τὴν παραβληθεῖσαν ὕλην ἀναλίσκει De concup. 1 S. 349 μιμουμένη τὴν ἐν ἀφθόνῳ ὕλῃ πυρὸς δύναμιν· ἐξάπτει γὰρ καὶ ἀναφλέγει, μέχρις ἂν διαφαγοῦσα πᾶσαν αὐτὴν ἐξαναλώσῃ.

§ 39 S. 74 quos oportebat divinitus spiritum sortiri gratiamque de caelo, vgl. Quis rer. 13. 14 S. 482 ὁ καταπνευσθεὶς ἄνωθεν, ὁ οὐρανίου τε καὶ θείας μοίρας ἐπιλαχών 38 S. 498 ἀπ' οὐρανοῦ καταπνευσθεὶς ἄνωθεν V. Mos. III 2 S. 146 ἄνωθεν ἀπ' οὐρανοῦ καταπνεόμενος und den Gebrauch von θεοφορεῖσθαι bei Philo.

§ 47 S. 79 nonne indagatrix curiosa est mens humana atque ratiocinatrix? viden, quantum elevata est? ita ut circumspiciens con-

---

¹) so Gaisford, die meisten Hss. wohl λιθογραφημέναι, Mangey λινορραφεῖς oder λινορραφούμεναι, lapillis descriptum Arm.

templetur supernam naturam totius caeli, quaerens quod careat qualitate et specie; et tamen (?) species omnes omnesque qualitates perspicere sufficiens = De opif. Kap. 23 (νοῦς) τέχναις καὶ ἐπιστήμαις πολυσχιδεῖς ἀνατέμνων ὁδοὶς ... διὰ γῆς ἔρχεται καὶ θαλάττης τὰ ἐν ἑκατέρᾳ φύσει διερευνώμενος καὶ πάλιν πτηνὸς ἀρθεὶς ἀνωτέρω φέρεται ... ἐνταῦθ᾽ ἐφίεται τῆς νοητῆς (οὐσίας)· καὶ ὧν εἶδεν ἐνταῦθ᾽ αἰσθητῶν, ἐν ἐκείνῃ τὰ παραδείγματα καὶ τὰς ἰδέας θεασάμενος κτλ. De migr. 39 S. 470 τὸ φιλομαθὲς ζητητικὸν καὶ περίεργόν ἐστι φύσει πανταχῇ βαδίζον ἀόκνως. ... καὶ μηδὲν ἀδιερεύνητον ... ἀπολιπεῖν δικαιοῦν κτλ. De mon. I 4. 5 S. 217 (τἀκεῖ πάντα γλιχόμενος ἰδεῖν ... καθάπερ ἐν ἄθλοις δευτερείων μεταποιούμενος, vgl. De prov. I 47 Schlufs) Philonea ed. Tisch. S. 17, 13 De spec. leg. 1 S. 299 Quod det. pot. ins. 24 S. 208 De sacr. Ab. et Caini 18 S. 175 De prov. II 101 (= Eus. VIII 14, 51). Dieser bei Philo ins mystische Gebiet streifende Preis der Vernunft ist im Grunde echt hellenisch, namentlich stoisch: Cic. De nat. deor. II 147 ff. besonders 152. 153 (Tusc. I 57 ff.) De leg. I 22 ff. Heraklit Alleg. Kap. 34 S. 70 M Kap. 70 S. 138 Wetzstein L. Annaeus Seneca quid de natura hum. censuerit, Neustrelitz 1881 S. 18.

Zu § 50 (= Eus. VII 21, 1) vgl. Quis rer. 31 S. 494. 495. 29 S. 493. 494.

Ebenda ὡς μήτ᾽ ἐνδέοι μήτ᾽ ὑπερβάλλοι = De prov. I 37 nunc excedunt modum, nunc deficiunt Quis rer. div. 39 S. 500 De mon. II 5 S. 225.

Ebenda ἐστοχάσατο ... ὁ θεὸς αὐταρκεστάτης ὕλης (ἐσταθμήσατο ... ὕλην der Arm. nach Con.) ... σταθμήσασθαι, τὸν δ᾽ ἀριθμοῖς καὶ μέτρα καὶ τὰς ἐν τούτοις ἰσότητας ἀνευρηκότα = De somn. II 29 S. 684 Μωϋσῆς δὲ στάθμην καὶ μέτρον καὶ ἀριθμὸν τῶν ὅλων ὑπέλαβεν εἶναι τὸν θεόν ... θεὸν ὑπολαβεῖν πάντα μετρεῖν καὶ σταθμᾶσθαι καὶ ἀριθμοῖς καὶ πέρασι καὶ ὅροις τὴν τῶν ὅλων περιγράψαι φύσιν.

§ 51 (= Eus. § 3) τοτὲ μὲν ὡς ἐλάττονι προστιθέναι, τοτὲ δὲ ὡς περιττῆς ἀφαιρεῖν = V. Mos. II 6 S. 139 μήτ᾽ ἀφελεῖν τι μήτε προσθεῖναι Π. ἀφθ. S. 14, 5 Quaest. in Exod. II 1 (= Harris S. 49).

§ 54 Ende S. 83 si ergo nec vacuum nec tempus nec locus nec termini Conybeare, nec locus fehlt bei Aucher.

§ 55 spatia] regiones (χώρα) Con. Dasselbe Wort § 60 S. 85.

§ 55 Ende: *nam in corporis plenitudinem vacui* (spatii Aucher) etc. und vorher vielleicht ὡσαύτως καὶ θεὸς νέον τι οὐ δημιουργήσας ἐν νέῳ (Con.).

§ 64 S. 89 *quos etiam nos sequimur assueti habere verba ad infirmos* = De post. Caini S. 128, besonders Z. 6 ὁ δ' αὖ διδάσκειν ἐπιχειρῶν οἷά τις ἰατρὸς ἀγαθός ... πρὸς τὴν τοῦ θεραπευομένου δύναμιν ἀφορῶν. Harris S. 56. 57.

Ebenda: *per anni tempestates in contrarium tendit cursus solaris* = De mut. nom. 9 S. 588 τὰς ἐτησίους ὥρας διανέμει προσιὼν καὶ ἐξαναχωρῶν πάλιν (Cic. De nat. deor. II 49, oben S. 71 [4]).

§ 82 S. 97 *laudes honoresque bonis, reprehensiones et supplicia poenarum iniustis* = Quis rer. div. her. 36 S. 498 οἵ τε ἔπαινοι τῶν ἀγαθῶν καὶ οἱ ψόγοι τῶν μοχθηρῶν.

§ 92 S. 103 über die Schwalben vgl. De anim. 22.

§ 97 S. 105. 106 *dicuntur parsimonia, religiositas et sobrietas virtutes esse deo gratissimae, gula vero et aviditas immunitasque ab angustiis malorum summa*, vgl. De vict. 3 S. 239 τὴν ὠφελιμωτάτην τῶν ἀρετῶν ἐγκράτειαν, ἣ δορυφορεῖται πρὸς εὐκολίας καὶ εὐτελείας καὶ ὀλιγοδείας διὰ τὸν ἐξ ἀκολασίας καὶ πλεονεξίας βλαβερώτατον ἐπιτειχισμόν De somn. I 20 S. 639.

§ 101 (= Eus. VIII 14, 51) δυσαιτιολόγητος δ' εἴπερ ἐστί, μὴ ἀποκνείτωσαν οἱ τὰ φύσεως ἐρευνᾶν εἰωθότες. ὠφελιμώτατον γὰρ ἡ εὕρεσις, ἥδιστον δὲ καὶ καθ' αὑτὸ τοῖς φιλομαθέσιν ἡ ζήτησις = De prov. I 5 De opif. S. 22, 18 οἱ τὰς φύσεις τῶν πραγμάτων ἀκριβέστερον ἐρευνῶντες De creat. princ. 14 S. 373 οἱ τὰ φύσεως ἠκριβωκότες De migr. 39 S. 470 τὸ φιλομαθὲς ζητητικόν S. 471 ἐὰν μέντοι σκοπούμενος μὴ ῥᾳδίως καταλαμβάνῃς ἃ ζητεῖς, ἐπίμενε μὴ κάμνων ... ὥστε μηδέποτε, ὦ διάνοια, μαλακισθεῖσα ὀκλάσῃς, ἀλλὰ κἂν τι δοκῇ δυσθεώρητον εἶναι κτλ. De mon. I 5 S. 217.

4. Textkritische Bemerkungen.

Für den Text der bei Eusebius erhaltenen Bruchstücke Philos habe ich selbst die Hss. G (Laur. VI 9) und O (Bononiensis 3643) verglichen[1]). F (Laur. VI 6) habe ich nur für einzelne Teile ver-

---

[1]) Über diese beiden Hss. s. Heikel, De Praeparationis ev. Eusebii edendae ratione, Helsingfors 1888 S. 28. 15.

glichen, da sich mir bald Heikels Ansicht (S. 30), dafs F aus G geflossen sei, bestätigte. Für diese Abhängigkeit mache ich noch auf zwei Stellen aufmerksam. Bd. I S. 389, 13 Dind. fehlen in F die Worte μέτρα bis δή. Der Defekt erklärt sich daraus, dafs das Auge des Schreibers von μέτρα zu dem in G unmittelbar darunter stehenden μετὰ abirrte. Bd. I S. 440, 15 schreibt F νοτέρᾳ, und das undeutliche θειοτέρᾳ in G konnte von einem ungeübten Schreiber in der That so gelesen werden. Solche Fingerzeige bedeuten mehr als Hunderte übereinstimmender Lesarten. Dagegen glaube ich nicht, dafs G aus O geflossen ist[1]). An folgenden Stellen z. B. bietet G die richtige Lesart (bei Dind.), während O falsch schreibt Bd. I S. 441, 31 ἀλλάρχαι, 443, 27 οἴκους, 449, 14 οὐ κατ' ἀξίας, 453, 5 τῶν ἄλλων 459, 9 ἀφίστησι. Für die übrigen Hss.[2]) war ich auf die unzuverlässigen Angaben von Gaisford angewiesen, die namentlich einen Schlufs auf die Übereinstimmung der im Apparat nicht erwähnten Hss. mit seinem Texte nicht gestatten. Es kam mir nur darauf an, den Urtext des Philo herzustellen. Schon der Text des Eus. ist mehrfach korrupt, wie die armen. Übersetzung beweist, an zwei Stellen tendenziös gekürzt[3]). Die Emendationen Conybeares[4]) (Con.) teile ich, da seine Schrift wenig bekannt sein dürfte, so weit sie mich überzeugt haben, mit und verweise für seine Behandlung anderer Stellen, welche teils das Verständnis des Textes fördert oder Fehler desselben aufdeckt, teils den Text des Arm. zu eruieren sucht, auf seine wertvolle Schrift. Der armen. Text bestätigt eine ganze Anzahl Konjekturen Mangeys und legt Zeugnis ab für seinen glänzenden Scharfsinn. Urteilt man nach den bleibenden Resultaten seiner Kon-

---

[1]) Auch Schwartz (Tatiani oratio ad Graecos, Praef. S. VI) scheint daran zu zweifeln.

[2]) Über sie handelt Heikel a. O.

[3]) Die christlichen Verfälschungen des Textes von Π. ἀφθ. hat Gomperz D. L. Z. 1892 Nr. 2 zusammengestellt. Nach Mitteilungen von Cumont scheint auch der neue Pariser Philopapyrus im Gegensatz zu christlichen Korrekturen unserer Überlieferung öfters das Ursprüngliche zu bieten. „Es scheint jetzt unzweifelhaft, dafs sämtliche Werke Philos einer solchen Rezension unterzogen worden sind" (Cumont), und dies ist, meine ich, die cäsariensische (Cohn S. II). Ich könnte dafür noch geltend machen, dafs in den besseren Hss. sich vielfach Subskriptionen der Titel finden, wenn die weit verbreitete Ansicht, dafs dies auf eine ältere Überlieferung in Papyri deute, sicher wäre.

[4]) Specimen lectionum Armeniacarum S. 9 ff.

jekturalkritik, so würde z. B. ein Vergleich mit seinem Zeitgenossen Bentley nicht zu seinen Ungunsten ausfallen[1]).

Eus. VIII 14, 2 (= 15) *ἀνημέρον ἀρχῆς, agrestis ac duri principatus* Arm. Durch Einschiebung eines entsprechenden Adj. (*καὶ σκληρᾶς?*) ist wohl der Hiat zu beseitigen; es folgt der Gegensatz *ἥμερον καὶ νόμιμον ἡγεμονίαν.*

§ 3 sind hinter *θεός* nach dem Arm. etwa die Worte *διὸ παρὰ τῷ μεγίστῳ καὶ δοκιμωτάτῳ* (= De confus. lingu. 2 S. 405) *ποιητῶν Ὁμήρῳ πατὴρ ἀνδρῶν τε θεῶν τε κέκληται Ζεύς* einzuschieben. Die Erwähnung des Zeus war Eus. anstöfsig.

§ 6 (= 15) *λογικῆς συνέσεως.* Es ist wohl mit dem Arm. *φύσεως* zu lesen (Con.). Ebenda lies *θεῖον οἶκον* (st. *κόσμον*) mit Mangey E J Arm.

§ 8 (= 16) *δεινῶν παλεῦσαι*], *παρασαλεῦσαι* richtig O G und fast alle Hss. Gaisfords, *irritantibus* Arm. Philo Apol. bei Eus. VIII 11, 14 *δεινὸν ἀνδρὸς ἤδη παρασαλεῦσαι* (so O G, vulg. *παλεῦσαι*, *παραλῦσαι* Rup., s. Harris S. 76[2])).

§ 9 (= 17) *θεοῦ πρόνοιαν, διάνοιαν* richtig O G (vgl. Gaisford) und Arm.

§ 11 (= 18) *τροφῇ* (st. *τροφῆς*) Mangey und Arm.

§ 12 (= 18) *ἐκ μὲν εἰρήνης.... πόλεμος*] *ὁ καὶ ἐν εἰρήνῃ* Arm. (Con.). Das *μὲν* des Eus. hat keinen Sinn. De conf. lingu. 12 S. 411 *τὸν ἐν εἰρήνῃ συγκροτούμενον πόλεμον* Q. o. pr. l. 6 S. 450.

§ 17 (= 22) ist mit dem Arm. zu lesen *καὶ τὴν φίλων καὶ* (so auch G O F, *ἣ* vulg.) *συγγενῶν καὶ* (om. Eus.) *ὑπηκόων τῶν ἐν τέλει θεραπείαν ἄξαντες τῶν σωματοφυλάκων ἄχρι τῆς εὐνῆς ἀφικόμενοι.* Viger vermutete *ἐάσαντες* statt *ἄξαντες* — eine Konjektur, die sich durch das Arm. *haec inquam praetereuntes* kaum rechtfertigen läfst; denn diese Worte sind wohl der Klarheit wegen vom Arm. aus dem Vorhergehenden wiederholt. *θεραπείαν* ist wie bei Philo öfters als Kollektivum (= *θεράποντες*) und abhängig von *ὑπερβάντες* zu fassen. In *ἄξαντες* ist eine das sonst in der Luft schwebende *τῶν σωματοφυλάκων* (Appos. zu *φίλων* kann es nicht sein) stützende Präp. (*per* Arm., *ἐξ ἐναντίας, ἀντικρύ?*) zu suchen (oder *ἀμελήσαντες?*). Ebenda ist mit dem Arm. (Con.) ⟨*κάλλει καὶ*

---

[1]) Ich setze im folgenden die Paragraphen des Eus. voran, die des armen. Textes in Klammern.

[2]) *παρασαλεῦσαι* schreibe ich auch De somn. I 38 S. 654.

πλήθει) διάφοροι zu lesen. Derselbe schaltet nach θώραξ (pectus) die Worte an quietum ein.

§ 18 (= 23) εἰ ἀπλήστῳ ἐπιθυμίας σχήματι διῳδηκε] lies ῥεύματι (laxitate) mit Mangey, der De somn. II 2 S. 661 ῥεῦμα τῶν ἡδονῶν vergleicht (De conf. lingu. 8 S. 408).

§ 19 πλαζόμενοι διετέλεσαν εἰς τὸν αἰῶνα] τὸν αἰῶνα O und, wie es scheint, die meisten Hss. vitam suam Arm.; die christliche Formel εἰς τὸν αἰῶνα ist Interpolation.

πρὸς μὲν τὸν βασιλέα λογισμόν] regium conclave Arm., lies τὰ βασίλεια λογισμοῦ entsprechend dem προπυλαίων.

τὰ συγγενῆ ⟨τούτοις⟩ Arm. nach dem philonischen Sprachgebrauche.

§ 21 (= 24) εἶτα νῦν] ἔτι νῦν G O Mangey Arm. (quid adhuc).

§ 23 (= 24) ὁπόταν ist zu tilgen.

τὰς ἀπὸ τῶν τοιούτων τιμάς] τιμωρίας Mangey, poenas Arm. Ποῖναι braucht Philo nur personifiziert: Q. o. pr. l. 1 S. 446 In Flacc. 20 S. 542.

§ 24 (= 25) Eus. scheint einen Satz des Arm. Textes (§ 25) ausgelassen zu haben. Die wörtliche Übersetzung (Con. S. 11) ist unverständlich, den Sinn mag Aucher erraten haben. Es folgt ἐπεὶ Πολυκράτει γε, ἐφ' οἷς δεινοῖς ἠδίκησε καὶ ἠσέβησε, χορηγὸς ἀπήντησε, χείρων μὲν ἡ τοῦ βίου βαρυδαιμονία. Schon das Arm. ist verdorben (s. Con.). Ich vermute τιμωρὸς ἀπήντησε δίκη auf Grund von De opif. S. 29, 12 ἀπαντᾶται δίκη προσήκουσα τιμωρός (Plato Leg. 716A) De conf. lingu. 24 S. 422 δίκας τοῖς οὕτως ἀνοσιουργοῖς ἀπαντωμένας In Flacc. 12 S. 532 Φλάκκῳ δὲ... προϋπήντησεν ἡ μισοπόνηρος δίκη ταῖς ἀμέτροις ὑπερβολαῖς ὧν ἠδίκει καὶ παρηνόμει δυσχεράνασα und kurz vorher ἐπὶ δὴ τούτοις ἤρξατο κονίεσθαι κατ' αὐτοῦ ἡ ὑπέρμαχος μὲν καὶ παραστάτις ἀδικουμένων, τιμωρὸς δ' ἀνοσίων καὶ ἔργων καὶ ἀνθρώπων δίκη. De concup. 2 S. 350 ἕπεται τιμωρὸς δίκη De post. Caini 4 S. 86, 16 ἡ τιμωρὸς ἀσεβῶν δίκη. De spec. leg. 25 S. 323 De ebr. 8 S. 361 εἰκότως οὖν ἕψεται δίκη. Über den Begriff der δίκη s. De conf. lingu. 24 S. 423 ὀπαδὸς τοῦ θεοῦ 26 S. 424 ἡ φιλάρετός τε καὶ μισοπόνηρος δίκη De migr. 39 S. 472 ἡ μισοπόνηρος καὶ ἀμείλικτος καὶ ἀδικουμένων ἀρωγός (De migr. 10 S. 445) δίκη De Jos. 9 S. 49 τὴν πάρεδρον τοῦ θεοῦ δίκην καὶ τῶν ⟨ἀνθρωπείων?⟩ πραγμάτων ἔφορον 29 S. 65 De decal. 19 S. 196 τῆς ἐφόρου τῶν ἀνθρωπείων 33 S. 208 Q. o. pr. l. 13 S. 459

De spec. leg. 3 S. 302 V. Mos. II 10 S. 142 ἢ πάρεδρος τῷ θεῷ μισοπόνηρος δίκη. — Ebenda 19 S. 159 De Abr. 27 Ende S. 21 In Flacc. 13 Ende S. 534 De spec. leg. 23 S. 321¹). Vgl. Aelian Fr. 149. 214. 232. 259. 279. 410.

§ 25 ἐχθροὶ δὲ πάντες δυσπραξίᾳ ἀμείλικτοι ist unverständlich und durch den Hiat anstöfsig. Der Arm. inimici omnes insidiatores mali in calamitate § 25; lies ἐχθροὶ δὲ πάντες ἔφεδροι δυσπραξίας ἀμείλικτοι (V. Mos. III 34 S. 173 ἔφεδροι φάλαγγες ἐχθρῶν).

§ 29 (= 27) κατακλιθεὶς ⟨ἐκεῖνον⟩ εἶδεν αἰφνίδιον, illam Arm.

§ 30 Mit dem Arm. (§ 27) ist etwa zu ergänzen ἔστι γὰρ τοιοῦτος ⟨οἷος ἄν⟩, εἰ μή βούλοιτό τις ἑαυτὸν φενακίζειν, ⟨καταγελᾶσθαι⟩.

§ 32 (= 27) Con. liest mit Recht ἄρρητα (arcana) statt ἀρρωστήματα, vgl. Mangey. Über § 33 Anf. s. S. 56¹.

§ 33 (= 28) lies ἱστάναι (apponere Arm.) statt ἑστάναι.

§ 35 (= 29) βουλήματα] βουλεύματα Mangey, consilia Arm.; vgl. De legat. 8 S. 554.

§ 37 (= 31) lies mit Mangey ἐπὶ καιρῶν (so De Cherub. 34 S. 161, wo M die ähnliche Korruptel ἐπὶ καιρὸν hat) statt ἐπίκαιρον, bald darauf τοῦ τιμὰς (τιμωρίας Eus.) διδόναι (vgl. Con.) oder τιμῆς, der Arm. scheint διδ. nicht zu kennen (honoribus).

§ 39. 40 (= 31) Der Arm. las ὅταν δ' ἤδη ποτὲ στάντα λωφήσῃ, τηνικαῦτα ... Bald darauf ist mit J zu lesen ⟨ἅτ' οὐκ ἀπὸ γνώμης ὑγιοῦς⟩, ἀλλ' ἐκ, Arm. non sano consilio, sed²). Vgl. S. 88 Nr. 4.

§ 42 (= 33) ist nach dem Arm. (vgl. Con.) einzuschieben εὐδαιμονεῖν ⟨μηδ' αὖ τῶν δικαίων τινὰ δυστυχεῖν⟩. Der Arm. las συνδιαπονήσαντες (Mangey συνδιαπορήσαντες).

Eus. VII 21, 1 (= 50) εἰ δή (εἴδη falsch Arm.) γέγονεν ὄντως] wohl εἰ δεόντως (in gehöriger Weise § 2 ἔδει) γέγ., darauf lies τοὺς τεχνίτας (Vigeri mg., Mangey). Eus. § 2 ist vor εὖ stark zu interpungieren und εἰδέναι st. ἰδεῖν zu lesen, nosse Arm. (Con.).

Eus. § 3 (= 51) ist mit dem Arm. ⟨ὥστ'⟩ ὁπότε τεχνιτεύοι, ... προστιθέναι zu lesen (Con.), ebenda (Eus. § 4) ἀμείνονος st. ἄμεινον (Con.).

Eus. VIII 14 § 44 (= 99) ἀνθρώπων γένους ⟨καὶ θεῶν⟩ fügt der Arm. hinzu (Con.). Die Welt ist nach stoischer Lehre um der

---
¹) Keines dieser Beispiele war Ohle, Beiträge zur Kirchengesch. S. 57 gegenwärtig.

²) ἀπὸ γνώμης ὑγιοῦς De Cherub. 5 S. 141 De spec. leg. 10 S. 309.

Menschen und Götter willen geschaffen (oben S. 78²). Darauf lies δι' ὅ st. δι' ἧς. Ebenda las der Arm. etwa τὸ ἐν ⟨τοῖς λουτροῖς καὶ ἐν⟩ τῷ γυμνασίῳ ἄλειμμα (Con.) und γυμνασίαρχος ⟨καὶ ὁ βαλανεύς⟩ (vgl. Con.), πόλεως ⟨μιᾶς⟩.

§ 46 (= 100) τοΐδαφος, ὃ δ' (= δὴ, quod Arm.) ὀλισθηρότατος αὐτίκα γίνεται πηλός. ὁ δ' giebt keinen Sinn. Übrigens ist γυμνασιάρχου κτλ. nicht gen. abs., sondern abhängig von φιλοτιμίαις (vgl. De opif. S. 5, 7). Die beiden Kommata sind also zu streichen.

§ 46 Ende läfst der Arm. ἄλλως (Dittographie von ἄλως, wofür der Arm. ἄλλως las) aus, und diese Anwendung des Adverbs ist mir aus Philo nicht in Erinnerung.

§ 48 (= 100) οὐχ ὁρᾷς, ⟨ὅτι⟩ τούτων Arm. αἱ ἀπὸ τῶν ποδῶν ἐκπίπτουσαι σκιαὶ] lies τῶν παστάδων (de columnis), τὰ ⟨τῆς ἡμέρας⟩ μέτρα der Arm., worauf auch die Lesart τὰ ἡμέτερα μέτρα einiger Hss. führt (vgl. Con.).

§ 54 (= 102) liest der Arm. richtig πάντως (Mangey, Con.); dann vermute ich etwa ἐπὶ τὰ τῶν ἐν κόσμῳ συνεκτικώτατα¹) ἀποτείνει (doch s. Con.).

§ 56 (= 103) ἐφόδους ... ἀλογεῖν], so auch der Arm. Mangey richtig ἐφόδου.

§ 57 (= 103) ⟨ἐκ⟩ τῆς ἀνθρώπων ἐπιβουλῆς Mangey, ab hominibus Arm. V. Mos. III 18 S. 159 ἐξ ἐπιβουλῆς.

§ 61 (= 104) ἑαυτῆς, der Stellung und des Hiats wegen verdächtig, fehlt beim Arm.

§ 64 (= 107) lies ταῖς ἐκεχειρίαις (st. τῆς ἐκεχειρίας) ἐντρυφᾶν.

§ 66 (= 109) las der Arm. falsch τρυφαῖς st. τροφαῖς (anders Con.). Ebenda liest der Arm. τὸ δ' αἴτιον λεπτότης ἀέρος, ᾗ (Con.), wodurch der Hiat beseitigt wird.

§ 66 (= 109) Der Arm. hat den Text besser verstanden als unsere Editoren des Eus., die vor ἠκριβωμένον falsch interpungieren.

§ 67 (= 110) ἐπιοῦσι] ἐπιδιοῦσι G ἐπισιοῦσι O (wohl aus ἐπεισ., danach Gaisf. zu berichtigen). Es ist ἐπεισιοῦσι (Con.) zu lesen, was auch andere Hss. (Gaisf.) nahe legen. De opif. S. 61, 18 τὴν τῶν ἐπεισιόντων φορὰν von der Nahrung.

§ 69 (= 110) ist natürlich zu interpungieren: ἵνα γένηται κόσμος, ἐν ἑκάστῳ μέρει (Erde, Wasser, Luft) φῦναι ...

---

¹) De opif. S. 2, 16 τὰ συνεκτικώτατα τῶν τῆς φύσεως.

§ 70 (= 111) lies προσοψήμασιν ἡδίστοις (st. ἡδίστῃ, Hiat!).
ἀπολαύσει (oder εἰς ἀπόλαυσιν) ist wohl zu lesen.
§ 71 (= 112) εἰ δὲ] lies ἴα δὲ, viola vero Arm. (vgl. § 97 violae et rosae).

5. Sprachlicher Index[1]).

ἀγκιστρεύομαι 31 De opif. S. 64, 13 De mut. nom. 32 S. 604 De somn. II 7 S. 665 Q. deus immut. 24 S. 289 De plant. 23 S. 344 V. Mos. I 54 S. 128 De fort. 7 S. 382.
αγονος 66 λυπρὰ καὶ ἄγονος (sc. γῆ), vgl. De prov. II 94 Tisch. S. 64, 4.
ἀδηλόω 24 De Jos. 2 πρᾶγμ' ἀδηλούμενον (so ist zu lesen) De somn. I 28 S. 647 II 1 S. 659 lies ἀδηλούμεναι 3 S. 661 De opif. S. 20, 9. 43, 11 De conf. lingu. 24 S. 423 V. Mos. III 36 S. 175 Π. ἀφθ.
ἀδιάστατος 12 Siegfried S. 38. 48 Neu entd. Fr. S. 82 De opif. Π. ἀφθ.
ἀδωροδόκητον δικαστήριον 61 Q. deus immut. 10 S. 280 δικαστὴν ἀδωροδόκητον.
ἆθλος ἀρετῆς = De prov. II 4 virtutis certamen De ebr. 20 S. 369 τοὺς ἀρετῆς ἄθλους.
ἀκατάσχετος 12 φορᾶς ἀκατασχέτῳ πλήθει ῥυεῖσα De somn. II 42 S. 695 καθάπερ ῥεῦμα ἀκατάσχετον φέρεσθαι De sacrif. Ab. et Caini 16 S. 174 Quod det. pot. ins. 29 S. 212 Quod deus immut. 29 S. 293 De mut. nom. 41 S. 615 ῥέουσαν ἀκατασχέτως De somn. I 17 S. 636. Siegfried S. 49.
ἀκριβόω 17. 66 De agric. 21 S. 315 De ebr. 1 S. 357 De sobr. 7 S. 397 De migr. 16 S. 450. 33 S. 465 Quis rer. div. her. 25 S. 490. 44 S. 503 De congr. erud. gr. 15 S. 531 De profug. 8 S. 553. 17 S. 559 De somn. II 2 S. 660 De mut. nom. 23 S. 598. 28 S. 601. 46 S. 619 De somn. I 1 S. 621. 34 S. 650 II 31 S. 686 De Abr. 41 S. 35 De Jos. 22 S. 59 V. Mos. I 1 S. 82 II 8 S. 141 De decal. 1 S. 180. 5 S. 183 De vict. off. 3 S. 253 Tisch. S. 64, 14 De creat. princ. 14 S. 373 De fort. 3 S. 377. 5 S. 379 De opif. S. 8, 16. 27, 14 Π. ἀφθ.
ἀλήθεια, πρὸς ἀλήθειαν 20. 53. 54. Für diese Verbindung habe ich aus dem 1. Bande Mangeys mehr als 80 Stellen bemerkt.

---

[1]) Die Zahl nach dem Worte bedeutet die Paragraphen von Eus. VIII K. 14. Wo ich die Stellen aus De opif. und Π. ἀφθ. nicht beifüge, sind die Indices von Cohn und Cumont zu vergleichen. Tisch. = Philonea ed. Tischendorf.

ἀλλεπάλληλος s. ἐπάλληλος.
ἀμύθητος 14. 28 De opif. S. 13, 9 Leg. all. III 51 S. 116 De sacr. Ab. et Caini 37 S. 187 Q. det. pot. ins. 46 S. 223 Q. deus immut. 24 S. 289 De ebr. 42 S. 383 De conf. lingu. 4 S. 406. 5 S. 407. 34 S. 431 De somn. I 2 S. 621 II 7 S. 665 V. Mos. I 38 S. 114. 59 S. 132 III 11 S. 152. 39 S. 179 Q. o. pr. l. 2 S. 445. 10 S. 455 D. V. C. 2 S. 474 Π. ἀφϑ. S. 20, 10.
ἀνερεϑίζω 61 De migr. Abr. 38 S. 469 De congr. crud. gr. 14 S. 530 De profug. 4 S. 449 De mut. nom. 32 S. 604 De somn. II 13 S. 670 Siegfried S. 54.
ἀνϑρωπογονέω 66 Π. ἀφϑ. S. 21, 12.
ανοϑος φιλοσοφία 16 De decal. 12 S. 190 φιλοσοφεῖν ἀνόϑως De plant. 6 S. 333 De agric. 23 S. 316 οἳ πεφιλοσοφήκασιν ἀνόϑως De mon. I 4 S. 216. Das Adj. oder Adv. auch De migr. 16 S. 449. 20 S. 454 Q. o. pr. l. 15 S. 461 Harris S. 102a Siegfried S. 56.
ἀξιόω 10 μοίρας ἠξίωται und 16. De prov. II 11 divinae partis dignus est factus. Dieselbe Verbindung De plant. 11 S. 336 De sobr. 5 S. 396. 6 S. 397 Q. o. pr. l. 7 S. 452 De somn. I 3 S. 622 De legat. 11 S. 558 De sacr. Ab. et Caini 36 S. 186 τῆς τῶν πρεσβείων ἠξίωσε μερίδος.
ἀοίδιμος 17. 30 De opif. S. 30, 18 De somn. II 4 S. 662 Quis rer. div. 15 S. 483.
απαμπίσχω 35 De profug. 28 S. 569 De somn. I 16 S. 635. 37 S. 653 ἀπαμπίσχεται (so M, die jüngern Hss. haben die schlechte Form ἀπαμφ.) De leg. spec. 21 S. 319 lies ἀπαμπίσχον (vulg. ἀπαμφίσκον, F Vat. 379 ἀπαμπίσχοντα, Vat. mit Punkten unter τα) De creat. princ. 7 S. 366 De Jos. 3 S. 43. 31 S. 67. — ἐπαμπίσχειν De fort. 5 S. 379.
απαμφιάζω 17 Leg. all. II 15 S. 76 zwei Mal De cherub. 5 S. 141 De Gig. 12 S. 270 Q. deus immut. 11 S. 281. 22 S. 288 De ebr. 2 S. 358 9 S. 361 De mut. nom. 36 S. 608 De Abr. 20 S. 16 (Variante απαμφιέσας) De car. 14 S. 393, wo mit A und B die sonst bestbeglaubigte Form ἀπαμφιάσας (st. ἀπαμφιέσας) einzusetzen ist. De somn. II 25 S. 681.
ἀποδέω, 37 οὐκ ἀποδέον c. gen. De agric. 18 S. 313 δύναμις οὔτε πεζῆς οὔτε ἱππικῆς ἀποδέουσα De plant. 19 S. 341 V. Mos. III 22 S. 162 De spec. leg. 4 Ende S. 303 De carit. 3 S. 386 De leg. ad Gai. 38 S. 590. 40 S. 592 In Flacc. 6 S. 523. 17 S. 537 De opif. S. 53, 18.

ἀποδιοπομπέομαι 41 Siegfried S. 58.
ἀποδοχή 13 (39 ἀποδέχομαι) De prov. II 41 acceptatione s. die Stellen bei Ohle, Beitr. zur Kirchengesch. S. 8¹) und De decal. 10 S. 186.
ἀποζάω 57 ἀποζῆν ἀνεπιβουλεύτως Q. o. pr. 1. 2 S. 445 λυπρῶς καὶ ἀθλίως ἀποζῶντας De profug. 6 S. 551 αὐχμηρῶς ἀποζῆν De sac. hon. 1 S. 233 αὐχμηρότερον ἀποζῶσιν Neu entd. Fr. S. 22 Nr. 1.
ἀποκνέω 51 De mon. I 4 S. 216. Quis rer. div. her. 28 S. 493 Π. ἀφθ. S. 29, 20.
ἀρίδηλος 24. 27. 71 V. Mos. 11 S. 90. 49 S. 123. 54 S. 128 πίστις ἀρίδηλος (= Eus. 24) III 33 S. 173 De decal. 9 S. 186 In Flacc. 17 S. 538 De iust. 1 S. 359 De carit. 1 S. 384. 2 S. 385 De somn. II 1 S. 659 Quis rer. div. her. 60 S. 517.
ἀρρώστημα 32, verbunden mit νόσημα 18. Siegfried S. 60.
ἀσκητής s. ἐραστής.
ἄστατος 34 τὸ ἄστατον τῆς τύχης Q. det. pot. ins. 40 S. 215 Q. deus immut. 1 S. 273 De ebr. 44 S. 385 τὸ περὶ τὰς φαντασίας ἄστατον De mut. nom. 15 S. 592 τὸ ἄστατον in Bezug auf das vorher genannte τυχηρόν. Siegfried S. 60.
αὐγάζω 35 διάνοιαν αὐγάζει De mut. nom. 36 S. 608 (ψυχήν) De Jos. 14 S. 51 V. Mos. III 15 S. 156.
ἀφθονία τῶν χορηγιῶν 46 τῶν ἀναγκαίων 12 De Abr. 26 S. 20 ἡ τῶν χορηγιῶν ἐπάλληλος ἀφθονία Tisch. S. 65, 10 De Jos. 42 S. 76 χορηγίας τῶν ἀναγκαίων ἀφθόνους De migr. 6 S. 440 ἀγαθῶν De profug. 31 S. 572 V. Mos. I 2 S. 82. 29 S. 107 De opif. S. 27, 19 χορηγίαι καὶ ἀφθονίαι, vgl. unter χορηγία.

βαθύγειος 66 τὸ βαθύγειον vgl. De prov. II 94 De opif. S. 11, 20 De plant. 7 S. 334 De somn. I 3 S. 622. 17 S. 637 D. V. C. 7 S. 481 De carit. 19 S. 400 De excr. 1 S. 429. 4 S. 431. 7 S. 434 De vict. off. 14 S. 262 De spec. leg. 7 S. 306. 6 S. 340 V. Mos. I 40 S. 116 Tisch. S. 15, 5. 64, 5 Π. ἀφθ. De Jos. 42 S. 76 De somn. II 11 S. 669 εὔγειος.
βασιλεύς 19 τὸν βασιλέα λογισμόν (doch s. S. 97), Leg. all. III 38 S. 110 De concup. 11 S. 356. De Agric. 13 S. 309 De mut. nom. 19 S. 595 De somn. I 6 S. 625 (an diesen Stellen vom νοῦς) De confus. lingu. 9 S. 409 (vom λόγος) De opif. S. 52, 16 τὸν βασιλέα λογισμόν.

---

¹) Was er über die Bedeutung sagt, ist falsch.

βραβεύω (von Gott) 2. 36, ebenso V. Mos. I 29 S. 106 De opif. S. 3, 9 βραβευτής (θεός).

γλίχομαι 38 De opif. S. 24, 18. 64, 12 Leg. all. I 11 S. 49 III 3 S. 89. 59 S. 121 De Cherub. 10 S. 144. 13 S. 147 De sacr. Ab. et Caini 9 S. 169. 18 S. 175 Q. det. pot. ins. 24 S. 208 De ebr. 32 S. 376 De post. Caini 6 S. 88, 16 De conf. lingu. 24 S. 422. 26 S. 424 Quis rer. div. her. 15 S. 483. 50 S. 507 De profug. 25 S. 566 De somn. I 40 S. 656 II 30 S. 685 De Abr. 3 S. 4. 21 S. 16. 29 S. 22. 31 S. 25 V. Mos. I 52 S. 126 III 31 S. 171 De decal. 28 S. 204 De mon. I 5 S. 217 De vict. 6 S. 242 De fort. 5 S. 380 Q. o. pr. l. 6 S. 451 De leg. ad Gai. 19 S. 564 Π. άφθ. S. 12, 20 Tisch. S. 53, 4.

δεκάζω (übertragen) 9 Siegfried S. 65 und De vict. off. 4 S. 254.
δήμιος 39 δήμιος κοινός[1]) Tisch. S. 78, 11 κοινός γάρ έχθρός καί, εί δει τάληθές είπεΐν, δήμιος απάντων Leg. ad Gai 13 S. 559 δημοκοίνων θίασος De vict. off. 11 S. 259 δήμιον και κοινόν έχθρόν, vgl. auch De leg. ad Gai. 12 S. 558 κοινός λυμεών καί παλαμναιος 22 S. 567 κοινός ευεργέτης 14 S. 561 δημοβόρος.
διοιδεΐν 18 De legat. 34 S. 584.

εϊσω προσιόντας 18 bildlich, De Jos. 24 S. 62 διακύπτειν εϊσω Q. o. pr. l. 3 S. 448.
έκπιπλάς, χρησμόν 24 De Abr. 43 S. 36 νόμον φύσεως έκπιπλάς.
έμφέρομαι 55 τούς έμφερομένους άέρι νοσώδει, mit Dat. De agr. 23 S. 316 De conf. lingu. 34 S. 431 De migr. 28 S. 460[2]). 35 S. 466 De mut. nom. 35 S. 607 De Abr. 36 S. 30 V. Mos. III 28 S. 168 De decal. 10 S. 186. 32 S. 208 Tisch. S. 5, 8. 15, 1. De fort. 5 S. 379; ohne Dat. De plant. 37 S. 352 De mut. nom. 37 S. 609 De somn. I 22 S. 641 De Abr. 1 S. 1 De decal. 17 S. 195. 30 S. 206 De iust. 1 S. 358 D. V. C. 10 S. 484.
έναρμόνιος 7 De opif. S. 17, 18 Leg. all. III 18 S. 98 De sacr. Ab. et Caini 25 S. 180.
ένδιαιτάομαι 58 De somn. I 12 S. 631 In Flacc. 14 S. 535 De leg. ad Gai. 43 S. 595 V. Mos. III 22 S. 163; s. den Index von Cohn.

---

[1] Nach den Parallelen ist kein Grund mit Mangey und Dind. die De legat. 13 freilich allein bezeugte Form δημόκοινος einzusetzen.
[2] έμφέρεται Mangey MH st. έκφέρεται.

ἐντρυφάω c. dat. 12. 64 Tisch. S. 20, 14 De spec. leg. 5 S. 304 De carit. 3 S. 386.

ἐπάλληλος 30. 68. 28 ἀλλεπάλληλα κακά. De agric. 37 S. 325 De plant. 20 S. 342 De sobr. 6 S. 397 De conf. lingu. 12 S. 411 wie De prov. 68 mit συνεχής verbunden[1]), 22 S. 420 Q. deus immut. 27 S. 292 (vorher συνεχής) Q. det. pot. 30 S. 213 De post. Caini S. 86, 23 (συνεχὲς καὶ ἐπάλληλον). Q. rer. div. her. 1 S. 473 ἀλλεπάλληλα (so manche Hss., vulg. ἐπ.) κάλλη De somn. I 20 S. 639 De Abr. 8 S. 7 De Jos. 30 S. 66 V. Mos. I 20 S. 99. 27 S. 104 III 38 S. 178 De spec. leg. 3 S. 301. 7 S. 342 Tisch. S. 4, 3. 33, 16. 65, 5 De creat. princ. 12 S. 371 De praem. et poen. 17 S. 424 De nob. 3 S. 439 Q. o. pr. l. 9 S. 454. 12 S. 458 (συν. κ. ἐπ.). 20 S. 467 De legat. 11 S. 558.

ἐπάξιος 6 De Abr. 15 S. 12 Quis rer. div. 20 S. 486.

ἐπανίσταμαι 35 τοῖς πλήθεσιν ἐπαναστάντων Q. o. pr. l. 13 S. 459 ἐπαναστάντων τῇ χώρᾳ δυναστῶν 3 S. 448 ἐπανισταμένῳ καθάπερ ἐν ἄθλων ἀγῶνι τοῖς (so die Hss., vulg. ἀγωνισταῖς) καταπαλαισθεῖσιν Leg. all. III 33 S. 108 De Agric. 33 S. 322 De praem. et poen. 13 S. 420 τοῖς ἱερεῦσιν ἐπανέστησαν D. V. C. 5 S. 477 De leg. ad Gai. 33 S. 582 ἐπεξανίστασθαι. ἐπανάστασις: De agric. 11 S. 307 V. Mos. I 29 S. 107. III 20 S. 160 De somn. II 14 S. 671 De fort. 2 S. 376.

ἐπανόρθωσις 6 Siegfried S. 78 und Leg. all. I 27 S. 60 III 34 S. 108.

ἐπαποδύομαι bildlich mit Dat. 12 Siegfried S. 78 und De leg. spec. 20 S. 319 De fort. 2 S. 376 De somn. II 10 S. 668. 42 S. 695 lies ⟨ἐπ⟩αποδυσάμενοι.

ἐπελαφρίζω 4 Siegfried S. 79 und De Abr. 44 S. 37 De mon. II 7 S. 227 De creat. princ. 5 S. 364 Harris S. 71b Π. ἀφθ. S. 11, 1.

ἐπεμβαίνω 4 V. Mos. I 23 S. 101 De creat. princ. 10 S. 369 und zu schreiben De spec. leg. 5 S. 304 st. ἐπιβαίνειν.

ἐπιγράφομαι 59 πρόνοιαν ἐπιγέγραπται, dieselbe Konstruktion De conf. lingu. 11 S. 411 De profug. 21 S. 563 De somn. I 14 S. 632 De Jos. 14 S. 52 De decal. 2 S. 181. 10 S. 187 De vict. 14 S. 249 Tisch. S. 37, 6. 63, 19.

ἐπιδαψιλεύομαι 5 Siegfried S. 79.

ἐπιτειχισμός, κακιῶν ὁ βαρύτατος ΄36 De conf. lingu. 19 S. 418 De somn. II 6 S. 665 ἐπ. βαρύς De praem. et poen. 4 S. 412

---

[1]) So auch an vielen der folgenden Stellen.

Tisch. S. 18, 9. Vgl. auch den Gebrauch von ἐπιτείχισμα De fort. 7 S. 381 und von ἐπιτειχίζω De opif. S. 59, 5 De agric. 11 S. 307 De plant. 38 S. 353 (ἐπιτειχίζοντες richtig die Hss.) De conf. lingu. 13 S. 413. 26 S. 424 De profug. 26 S. 567 De mut. nom. 4 S. 583 De Abr. 26 S. 209. 44 S. 38 De somn. II 42 S. 695 De mon. I 3 S. 215 De spec. leg. 1 S. 336 In Flaccum 9 S. 526. 11 S. 529 Neu entd. Fragm. S. 22 Nr. 3 II. ἀφϑ. S. 22, 10 Sauppe.

ἐπιφάσκω (sich rühmen) c. inf. 17 In Flacc. 16 S. 536 ἐπιφάσκων τὸν πάνυ πλούσιον, vgl. Philo dem De vitiis lib. X S. 29, 20 Sauppe.

ἐπίχειρα 58 ἀνοίας τἀπίχειρα εὑράμενοι Quis rer. div. 55 S. 512 V. Mos. I 24 S. 102 τὰ ἐπίχειρα ... λαβεῖν De execr. 5 S. 432. 9 S. 437 κομίζεσϑαι De legat. 2 S. 548. 8 S. 554 τοιαῦτα εὕρατο τὰ ἐπίχειρα 34 S. 584 τὰ ἐπ. καρποῦσϑαι. De opif. S. 65, 3 ist mit M τὰ δ᾽ ἐπίχειρα εὕραντο (st. ἤραντο) zu lesen.

ἐραστής 1 φρονήσεως καὶ ἀρετῆς ἁπάσης ἐρασταί τε καὶ ἀσκηταί De prov. I 66 amatores accusationis 55 amator veritatis 79 II 40 sapientiae amator.

ἀσκητὴς ἀρετῆς V. Mos. III 22 S. 163 Leg. all. I 28 S. 61 Q. det. pot. 14 S. 200 De somn. II 19 S. 676 ἀληϑείας Leg. all. III 11 S. 94 ἁπλῆς φύσεως De plant. 11 S. 336 σοφίας De ebr. 12 S. 364 Tisch. S. 17, 8 τῶν καλῶν De migr. 28 S. 460 καλῶν ἔργων καὶ λόγων De Abr. 7 S. 6 (vgl. De praem. et poen. 4 S. 412) ὀλιγοδείας V. Mos. I 6 S. 85 φιλοσοφίας Q. o. pr. l. 7 S. 452 D. V. C. 9 S. 482 φρονήσεως De somn. II 9 S. 667.

ἐραστὴς σοφίας De Cherub. 12 S. 146 De migr. 18 S. 452. 27 S. 459 Quis rer. div. 21 S. 486 De somn. I 35 S. 652 Tisch. S. 47, 4 φιλοσοφίας Π. ἀφϑ. S. 17, 19 ἀρετῆς De Cher. 13 S. 147 Harris S. 15 καλοκαγαϑίας De Abr. 38 S. 32. φρονήσεως Tisch. S. 19, 2 De migr. 30 S. 461 Harris S. 69 b σωφροσύνης De congr. erud. gr. 31 S. 544 De profug. 6 S. 551 (danach zu bessern Leg. all. 24 S. 84 ἐργάτην) παιδείας De profug. 8 S. 552 De somn. I 9 S. 628 εὐσεβείας De nobil. 5 S. 443 ἐλπίδος De Abr. 2 S. 2 ἀληϑείας De mon. I 9 S. 221 De vict. off. 10 S. 258 αἰδοῦς De somn. II 12 S. 669 καρτερίας καὶ φρονήσεως καὶ δικαιοσύνης Harris S. 102a. — Quaest. in Gen. III 27 altercationis amator I 51 voluptatis aemulus (De opif. S. 64, 12) 92 nequitiae aemulatores IV 76 aemulator sapientiae 170 amator vitiorum De somn. II 16 S. 674 ὁ σπουδῆς ἀκρίτου καὶ φιλονεικίας ἀλόγου καὶ κενοδοξίας

ἐραστής. Synon. ζηλωτής, z. B. V. Mos. III 25 S. 164 ἀθεότητος, vgl. auch die angeführten Stellen der Quaest. in Gen.
εὐμοιρία σώματος 1, vgl. 16 φύσεως εὐμοίρου λαχοῦσι De sobr. 9 S. 398 φύσεως εὐμοιρία 13 S. 447 De congr. erud. gr. 7 S. 524. V. Mos. I 5 S. 84. 28 S. 106 III 1 S. 145 De carit. 5 S. 388 De praem. et poen. 4 S. 412. 8 S. 416 Tisch. S. 8, 9 φύσεως εὐμοίρου λαχεῖν.
εὑράμενοι 58 s. unter ἐπίχειρα und Q. deus immut. 5 S. 276 ἀγαθὸν εὕρασθαι De agric. 1 S. 300. 33 S. 322 De plant. 11 S. 336. 19 S. 342 De ebr. 20 S. 369 De congr. erud. gratia 7 S. 524 De prof. 18 S. 560 ζωὴν ἀΐδιον ⟨ἆθλον add. Pal. 248 F II) εὕρηται De somn. I 8 S. 627. 11 S. 630 (εὑράμενος die Hss., εὑρόμενος vulg.) De Abr. 25 S. 20 (εὕρασθαι M A εὑρέσθαι Pal. 248 F εὑρεῖν vulg.) De mon. II 3 S. 224 (εὑρίσκεσθαι Vat. 379, εὑρεῖν vulg., es folgt καρποῦσθαι) Tisch. S. 7, 1. 25, 14 De spec. leg. 15 S. 314. Synon. Q. det. pot. 9 S. 196 ἀράμενοι τὰ πρωτεῖα (Vat. 380 εὕρ.) De praem. et poen. 4 S. 412 ἆθλον αἴρεται (so F A B) De sacrif. Ab. et Caini 36 S. 186 φερόμενος πρεσβεῖα S. 187 πρεσβεῖα... οἴσεται und öfters. — Philo schrieb nur εὑράμην, nicht εὑρόμην, vgl. Jos. Ant. I 280 II 92 V 290 Niese.
εὐωδία 71 εὐωδίας πάντας ἀναπιμπλᾶσαι De somn. I 29 S. 647 εὐωδίας τοὺς πλησιάζοντας ἀναπίμπλησι De anim. 79 S. 164 adimplebat spatia odore suavi.

ζῳογονέω 59 ζῳογονεῖται De opif. S. 46, 7 ζῳογονεῖσθαι Leg. all. III 1 S. 88 De spec. leg. 19 S. 317 vgl. ζῳοτοκέω, ζῳοπλαστέω, ζῳοτροφέω, ζῳοφυτέω und τελειογονέω, ἀνθρωπογονέω (s. oben) bei Philo.

ἡγεμονικὸν τὸ 3 (Stellung des Herrschers) s. über den verschiedenartigen Gebrauch des Adj. den Index von Cohn.

θεήλατος 41 λιμὸν ἐπάγων ἢ λοιμὸν ἢ σεισμὸν καὶ ὅσα ἄλλα θεήλατα 52; s. Siegfried S. 85 und V. Mos. I 19 S. 98 τοῖς θεηλάτοις κακοῖς, λιμῷ τε καὶ λοιμῷ 23 S. 101.
θεοφιλής 16 De opif. S. 2, 2. 43, 13 Leg. all. II 20 S. 81 Q. o. pr. l. 7 S. 452 V. Mos. III 19 S. 159.
θεραπεία Dienerschaft 17 (s. oben S. 96) De Jos. 42 S. 76 De decal. 12 S. 189.

θεσμός 3 φύσεως θεσμοΐς άκινήτοις. De opif. S. 20, 11. 51, 19. 67, 5 und De somn. II 26 S. 682 φύσεως νόμοις καὶ θεσμοΐς, vgl. Cumonts Index und νόμος φύσεως De Abr. 43 S. 36 De sacerd. hon. 5 S. 236 De creat. princ. 11 S. 370 De praem. et poen. 18 S. 425. — θεσμός φύσεως De Jos. 6 S. 46 V. Mos. III 27 S. 167 Tisch. S. 74, 4 (6, 2) De creat. princ. 12 S. 371. 14 S. 373 νόμοις καὶ θεσμοΐς ἀκινήτοις De carit. 17 S. 397. — De creat. princ. 12 S. 371 τὰ φύσεως νόμιμα De praem. et poen. 13 S. 420 κινουμένων τῶν ἀκινήτων καὶ παρασπονδουμένων τῶν νόμων. Falsch Ohle, die Essäer des Philo S. 24.

ἰλιγγιάω 27, öfter bei Philo.

ἰοβόλος 59 ἑρπετῶν τὰ ἰοβόλα. De prof. II 92 venenifera. Dieselbe Form V. Mos. I 8 S. 87 De concup. 2 S. 350. 9 S. 355 De spec. leg. 18 S. 317 De praem. et poen. 16 S. 423 D. V. C. 1 S. 472 s. sonst De opif. S. 59, 19. 61, 17 De decal. 16 S. 193 ἑρπετῶν τὴν ἰοβόλον ἀσπίδα De legat. 7 S. 553 ἰοβόλου τρόπον ἑρπετοῦ 12 S. 558 ἰοβόλοις ψυχαῖς 25 S. 570 De agric. 21 S. 315. 22 S. 315. Ich begreife nicht, warum Ohle (freilich mit Mangey), Die Essäer bei Philo S. 49, an Q. o. pr. l. 13 S. 459 κυνῶν ἰοβόλων τρόπον προσσαίνοντες Anstofs nimmt. Wie man bei den Hunden nicht sogleich ihre Tollheit bemerkt, so verstecken jene Herrscher ihre Tücke, das ist der Gedanke.

ἴστω φαῦλος ὤν 13 De sacr. Ab. et Caini ἔνοχος ὤν ... ἴστω De Abr. 12 S. 10 ἴστω προεληλυθώς De decal. 13 S. 190 De spec. leg. 10 S. 310 μὴ ἀγνόει ... ἔνοχος γεγενημένη 25 S. 322 ἴστω μὴ ... ἄδειαν ἔξων 20 S. 318. 32 S. 329 und 36 S. 333. 7 S. 342 μὴ ἀγνοείτω c. part. Demnach ist auch Π. ἀφθ. S. 23, 9 mit F[1]) zu lesen κεκρατημένος μὴ ἀγνοείτω st. ἀγνοείσθω.

ἰχνηλατέω 52 De prov. I 15 sapientiae vestigiis institerunt Siegfried S. 88 und De migr. 39 S. 471 Quis rer. div. 16 S. 484 De Jos. 2 S. 42 D. V. C. 3 S. 475.

καραδοκέω 29, Siegfried S. 90 und Leg. all. 68 S. 125.

κατάδυσις τῶν θηρίων 58 Q. rer. div. her. 49 S. 506 De vict. off. 12 S. 260. καταδύεσθαι z. B. De spec. leg. 10 S. 309.

---

[1]) Über den Wert dieser Hs. für Π. ἀφθ. s. Berl. Phil. Woch. 1891 S. 1031.

κενὴ δόξα wie κενοδοξία sehr häufig bei Philo, s. unter τῦφος und Grofsmann Quaest. Philon. I S. 40.
κηραίνω 8 Siegfried S. 92.
κῆρες 22 κηρῶν γέμοντες ἀνθρωπίνων und 23 (Empedokles V. 386 St.); ein ähnlicher Gedanke Quis rer. div. 55 S. 512. S. den Index von Cumont und Leg. all. II 24 S. 84 lies κηρῶν μεστά (st. μετὰ) κινήματα III 69 S. 125 κῆρες ψυχῆς 71 S. 127. 83 S. 133 De Cherub. 20 S. 151 φυσικαί 23 S. 153 De sacrif. Ab. et Caini 4 S. 166 und De mut. nom. 6 S. 585 συγγενεῖς 29 S. 182 ἴδιαι Q. det. pot. 9 S. 196 σωματικαί 13 S. 200. 26 S. 210 De post. Caini S. 86, 12 Q. deus immut. 24 S. 289 De plant. 11 S. 336. 24 S. 345. 35 S. 351 De ebr. 19 S. 368 Quis rer. div. 58 S. 514 De somn. I 38 S. 654 Tisch. S. 20, 8 und De nobil. 2 S. 438 σώματος. — Seneca Dial. VI 18, 8 mille corporum, ⟨mille⟩ animorum pestes; vgl. Dial. IV 10, 3.
κονίομαι 12 Q. det. pot. 9 S. 196 De agric. 27 S. 318 De migr. 13 S. 448. 36 S. 467 De Abr. 44 S. 37 V. Mos. III 34 S. 173 (lies κονίεσθαι mit M Par. 435 Laur. X 23) In Flacc. 12 S. 532.
κόρος 12 κόρον δ' ὑβριστὴν De opif. S. 66, 5 κόρῳ... ὑβρίζωσι Leg. all. II 4 S. 72 ἐξυβρίζομεν διὰ κόρον De post. Caini S. 129, 16 κορεσθέντας ἐξυβρίσαι De agric. 7 S. 305 κόρου γὰρ ὕβρις ἔγγονον (lies ἔκγονον nach der Parallele In Flacc. 11 S. 530) γνήσιον 11 S. 307 De Abr. 26 S. 20. 39 S. 33 κόρος ὕβριν ἐγέννησε V. Mos. II 3 S. 136 III 19 S. 160 De spec. leg. 8 S. 307 κορεσθέντες ἐξύβρισαν· ὕβριν δὲ κόρος γεννᾶν πέφυκεν 28 S. 324 De carit. 22 S. 403 τίκτει γὰρ κόρος ὕβριν, ὡς ὁ τῶν παλαιῶν λόγος. Über das bekannte Sprichwort s. Lehrs Pop. Aufs. S. 57.
κρεμάμενος τὴν ψυχήν 25 De execr. 6 S. 433 ζωὴν κρεμαμένην Quaest. in Gen. II 12 haesitabundus.
κρημνοβατέω 27 Q. o. pr. l. 1 S. 444.
κριτήριον 54 τὰ θεοῦ κριτήρια De opif. S. 9, 4. 21, 1 De sacr. Ab. et Caini 6 S. 168 Q. deus immut. 6 S. 276 Quis rer. div. her. 14 S. 483 und De conf. lingu. 25 S. 424 (Plural) De car. 3 S. 386 κριτηρίοις θείοις Q. o. pr. l. 8 S. 453.

λύμη 42 ἐπὶ λύμῃ De Jos. 26 S. 63. De vict. 6 S. 242 und De fort. 4 S. 378 ἐπὶ λύμῃ De spec. leg. 9 S. 308 De creat. princ. 7 S. 366 ἐπὶ λύμῃ καὶ ζημίᾳ.
λυπρὸς 66 vom Lande, In Flacc. 18 S. 539.

μεμοιραμένος λογισμού 6 Das part. c. gen. auch De sacr. Ab. et Caini 33 S. 185 Q. det. pot. 24 S. 209. 38 S. 218 λογικής φύσεως De sobr. 11 S. 400 Q. rer. div. her. 27 S. 492 De Cherub. 22 S. 152 Q. det. pot. 27 S. 211 Q. rer. div. her. 59 S. 515 De congr. erud. gr. 7 S. 524 De profug. 20 S. 562 De mon. II 12 S. 230.

νευρόω 56 De Jos. 9. S. 48. 15 S. 53 V. Mos. I 57 S. 129 De fort. 3 S. 378 De spec. leg. 8 S. 307 Q. o. pr. l. 5 S. 449. 20 S. 468. νόσημα s. ἀρρώστημα.

ὁλκός 62 ὁλκὸν ἔχειν δύναμιν. G O F C lesen ὁλκήν, doch s. ὁλκὸς δύναμις De opif. S. 54, 2 Q. det. pot. 24 S. 209 Quis rer. div. 38 S. 499. 54 S. 512 De congr. crud. gr. 14 S. 530. De profug. 27 S. 568 De Abr. 14 S. 11 Q. o. pr. l. 9 S. 454, s. auch De mon. II 9 S. 229 ὁλκοὶ (passiv) καὶ εὐάγωγοι διάνοιαι De somn. II 23 S. 679 Leg. all. III 5 S. 90 De opif. S. 51, 16 ὕλην ὁλκόν V. Mos. I 16 S. 95 De somn. I 3 S. 623. Quis rer. div. her. 60 S. 517 ἔτι εὐδίολκον ἔχοντα δύναμιν. Die Hss. lesen ἐντίολκον (ἐνδίολχον A). Ich sehe εντι als Dittographie von ἔτι an und schreibe ὁλκόν. Philo kennt das Wort nur als Adj. zweier Endungen, s. Cohn S. XLVIII. XLIX.

ὄμμα τὸ τῆς ψυχῆς 9 De prov. I 72 *oculus animi* De sobr. 1 S. 392 De migr. 8 S. 442 De Abr. 12 S. 10.

ὁμοδίαιτος 63 s. Siegfried S. 103 und V. Mos. I 24 S. 102. Falsch Ohle, Die Essäer bei Philo S. 32.

ὁμοιότροπος 45. 47. 57 ὅσα ὁμοιότροπα an allen drei Stellen. Das Adj. und gerade diese Verbindung ist sehr häufig bei Philo, s. den Index von Cumont.

ὁμοτράπεζος 64 s. Siegfried S. 103 und V. Mos. I 24 S. 102.

ὀπαδός 5 Quis rer. div. her. 15 S. 483, in gleicher Übertragung V. Mos. III 21 S. 162.

παρευημερέω 14, s. Siegfried S. 107 und De profug. 23 S. 565 De decal. 1 S. 181 De somn. II 7 S. 666 Tisch. S. 16, 15 De execr. 9 S. 437.

περιαυγάζω 19 Siegfried S. 109.

περιμάχητος 15. 28. 30 De opif. S. 67, 8, die Stellen in Cumonts Index und De agric. 24 S. 317 De conf. lingu. 13 S. 412 τῆς ᾀδομένης εἰρήνης περιμάχητα κειμήλια (vgl. bei Eus. ἀοίδιμος καὶ περιμάχητος) De migr. Abr. 38 S. 469. Quis rer. div. 39 S. 500 De Abr. 7 S. 7. 12 S. 9. 35 S. 28 V. Mos. II 3 S. 137. 7 S. 141 De somn. II 4 S. 662. 19 S. 677. 38 S. 692 De spec. leg. 18 S. 316 De concup. 8 S. 355 De creat. princ. 6 S. 366 De carit. 17 S. 397 Tisch. S. 56, 15. De opif. S. 3, 7 ἀπεριμάχητος, nur an dieser Stelle.

περιπολέω 6 De opif. S. 17, 19 Leg. all. III 32 S. 107 De profug. 12 S. 555 De somn. I 19 S. 638 De Abr. 15 S. 12.

πλάσμα μύθου 66 De Abr. 41 S. 35 V. Mos. III 37 S. 176 De decal. 29 S. 205 De praem. et poen. 2 S. 409 De legat. 2 S. 547. 32 S. 581 De opif. S. 60, 12. *II. ἀφθ.* S. 18, 15. — πλ. μυθικόν De creat. princ. 6 S. 365 De mon. I 7 S. 219 De legat. 11 S. 557 De opif. S. 1, 4. 66, 14 De congr. erud. gr. 12 S. 528 πλάσμα καὶ μῦθος. Über μυθοπλαστεῖν s. Siegfried S. 100.

πλημμύρω 39 De opif. S. 11, 17. 42, 20 *II. ἀφθ.* S. 44, 1 Q. det. pot. 27 S. 210. De post. Caini S. 118, 1 De sobr. 11 S. 400 De conf. lingu. 9 S. 409 De migr. 21 S. 455. 28 S. 460 Quis rer. div. 7 S. 477. Nach der Überlieferung an diesen Stellen braucht Philo neben einander πλημμύρω und πλημμυρέω.

προηγούμενον stoischer Gegensatz zu ἐπακολούθημα, s. oben S. 71[5]. De spec. leg. 2 S. 337 De poenit. 1 S. 405 ἀγαθὰ προηγούμενα (Ggs. δεύτερα) De legat. 27 S. 571 (Ggs. πάρεργον) Harris S. 18 (Ggs. ἑπόμενον) 109.

πρόσρησις οἰκειοτέρα 3 De sobr. 6 S. 397 πρόσρησις οἰκειοτάτη, vgl. De opif. S. 57, 6 und Q. det. pot. 35 S. 216 De Jos. 6 S. 46, wo Philo in verwandtem Sinne ἐμφαντικός, κύριος, εὐθυβολός braucht.

προστυγχάνω 54 ἕνα τὸν προστυχόντα. Ich finde bei Philo sonst nur ἐπιτυχών so gebraucht[1]), z. B. Q. det. pot. 18 S. 203 De conf. lingu. 7 S. 408 De somn. I 20 S. 639 De mon. II 14 S. 231 De spec. leg. 9 S. 308. 32 S. 329. Tisch. S. 54, 2 ist zu lesen ἐπιτυχοῦσαν (ἀποτ. M).

πτοέω 25 ἐπτόητο In Flacc. 42 S. 542 διεπτόητο (vgl. De Jos. 31 S. 67. 32 S. 69. 40 S. 74) De legat. 29 S. 573 ἐπτοήμεθα 35 S. 585 De Jos. 10 S. 49 De Abr. 29 S. 22 (die Hss. falsch πεπόνηται) De somn. II 24 S. 680 πτοία Q. det. pot. 29 S. 212 πτόησις Quis rer. div. 51 S. 509.

---

[1]) Plut. braucht beide Part., bei Galen ist mir nur ἐπιτυχών begegnet.

στέγω (Ggs. ἐκλαλέω) 32, sehr ähnlich De carit. 3 S. 386.
συγκροτέω 56 Siegfried S. 120 und De gig. 13 S. 271 De agric. 8
S. 305. 19 S. 313. 33 S. 322 De conf. lingu. 22 S. 420 Quis rer.
div. her. 22 S. 488 De profug. 21 S. 563 De mut. nom. 13 S. 591
De vict. 6 S. 242 In Flacc. 1 S. 518.
συνεκτικός 54 Siegfried S. 121 und Leg. all. III 2 S. 88. 25 S. 103.
49 S. 116 De somn. II 43 S. 696 Q. deus immut. 15 S. 283 De
Abr. 38 S. 32 De Jos. 26 S. 63 De vict. 6 S. 243 De carit. 3
S. 387.
συνεχής 68 (s. oben ἐπάλληλος) 26 τὸ συνεχές, dasselbe De migr. 6
S. 440 Tisch S. 17, 6.
σωφρονιστής 70 De sacr. Ab. et Caini 12 S. 171 De migr. 20 S. 454
σωφρονιστῶν ... διδασκάλων ... νόμων. Vielleicht ist noch De
prov. νομοθετῶν zu lesen. Quis rer. div. 22 S. 488 Q. det. pot.
40 S. 219 Tisch. S. 76, 12.

τείνω 9 τὸ τῆς ψυχῆς ὄμμα τείνας. Das Obj. ὄμμα auch De Abr.
12 S. 10 De spec. leg. 1 S. 299, vgl. sonst De somn. II 2 S. 660.
I 14 S. 632.
τρανός 9 s. Cohns Index und In Flacc. 14 S. 536 τρανοτέραν φαντα-
σίαν wie bei Eus.
τρέφει καὶ αὔξει καὶ τελειοῖ 43, vgl. 45 τροφῆς καὶ αὐξήσεως De
prov. II 77 enutriendo et adaugendo De plant. 27 S. 346 ψυχὴν
τρέφουσι καὶ νοῦν αὔξουσιν. De spec. leg. 10 S. 309 γενέσεις
καὶ αὐξήσεις καὶ τελειώσεις.
τυφοπλαστέω 18 ὅσα αἱ κεναὶ δόξαι τυφοπλαστοῦσι (so ist überall zu lesen, nicht τυφλοπλ.) De congr. erud. gr. 4 S. 521 τῶν
ὅσα αἱ κεναὶ δόξαι τυφοπλαστοῦσι (τυφλ. die Hss.) De somn. I
37 S. 654 ὅσα οἱ θνητοὶ τυφοπλαστοῦσι (so Vat. 379 von erster
Hand) De legat. 23 S. 568 τυφοπλαστῶν (so mehrere Hss.) De
iudice 2 S. 345 μυθογράφων ἢ μιμολόγων ἢ τυφοπλαστιῶν
(so SAB). Entscheidend für die Form τυφοπλ. ist De somn. II 14
S. 671 πάνθ' ὅσα ὁ τῦφος ἂν εἰδωλοποιῇ 20 S. 677 τὸν πλα-
στὸν καὶ φένακα τῦφον De vict. off. 10 S. 258 ψεύδους πλασμάτων γέμοντα καὶ τύφου De fort. 3 S. 378, vgl. De opif.
S. 1, 3.
τῦφος 8 τύφου καὶ κενῆς δόξης s. Grofsmann Quaest. Philon. I
S. 40 De somn. II 6 S. 665. 9 S. 667. De mut. nom. 19 S. 596
V. Mos. I 15 S. 94 III 20 S. 160 und 37 S. 176, auch De spec.

leg. 22 S. 320. τ. αίγυπτιακός De decal. 1 S. 181. 2 S. 181. 16 S. 194 De mon. I 2 S. 215 II 4 S. 225 De poenit. 1 S. 405 De praem. et poen. 4 S. 412. 10 S. 417 Tisch. S. 82, 3 Harris S. 7. Das Wort wird mit Vorliebe von Kynikern und Stoikern gebraucht.

υπερβολή μανίας 20 βαρυδαιμονίας ... τας υπερβολας 32, vgl. De prov. I 46 Anf. II 3 summae dementiae est De agric. 35 S. 324 De ebr. 5 S. 359 De sobr. 11 S. 400 τίνας υπερβολάς De Abr. 23 S. 17 De Jos. 43 S. 77 De decal. 1 S. 181. 14 S. 192 υπερβολαΐς τιμών 18 S. 196 De mon. I 8 S. 220 μανίας υπ. De sac. hon. 1 S. 232 De vict. 13 S. 249 De vict. off. 6 S. 256 τας υπερβολας του κράτους De spec. leg. 10 S. 309. 37 S. 334 (Plural) 8 S. 343 De creat. princ. 10 S. 369 De carit. 6 S. 389 De nobil. 3 S. 440 Q. o. pr. l. 6 S. 451. 8 S. 454. 18 S. 465 (Plural) De somn. II 16 S. 674. 33 S. 688 In Flacc. 20 S. 543 (Plural) Tisch. S. 6, 12. 20, 3 und 26, 19 (Plural). 53, 16 Neu entd. Fragm. S. 96.

υπογραφή, της όψεως 31; υπογράφεσθαι vom Schminken Leg. all. III 20 S. 99 De profug. 27 S. 568.

υψαυχενέω 14 Siegfried S. 128 und Leg. all. III 6 S. 91 De decal. 10 S. 187 De anim. 47 cervicesque extollentes.

φθάνω προς 19 s. Cohn S. XLVI Cumont S. XVI.
φθοροποιός 23 s. den Ind. von Cumont und Leg. all. III 23 S. 102 V. Mos. I 21 S. 99 De spec. leg. 17 S. 315. 6 S. 340 De execr. 2 S. 429 De somn. II 13 S. 670 De legat. 14 S. 561.
φύσις 50 θείαις φύσεσιν ηλίου και σελήνης 27 τας εν ούρανω φύσεις, s. die Indices von Cohn und Cumont, Leg. all. I 2 S. 44 χρόνου φύσις II 4 S. 68 und De Cherub. 12 S. 146 θείας φύσεις Leg. all. III 23 S. 102 De agric. 12 S. 308 ουρανού φύσιν De ebr. 40 S. 382 Quis rer. div. 15 S. 483. 36 S. 497 θείων φύσεων De congr. erud. gr. 26 S. 540 στερεού φύσιν De vict. 3 S. 253 θειοτέρας φύσεως.

χειμαίνω 44 θέρη χειμαίνοντα και χειμώνας εαρίζοντας De somn. II 24 S. 680. De opif. S. 19, 12 θέρους χειμαίνοντος ή χειμώνος φλέγοντος ... ή μετοπώρου εαρίζοντος V. Mos. I 20 S. 99 της χώρας ταΐς χειμεριναΐς εαριζούσης τροπαίς De mon. II 5 S. 226 χειμώνας εαρίζοντας.

χειμάρρους 38, oft zum Vergleiche gebraucht, s. die Indices von Cohn und Cumont.

χορηγία 30. 46 (s. oben ἀφθονία), sehr oft von der Ausstattung mit äufsern Gütern gebraucht; vgl. Laert. Diog. VII 128.

χρῆμα 69 τὸ σοφίας συγγενέσταιον χρῆμα, τὸν ἄνθρωπον De opif. S. 16, 4 μέγα χρῆμα συμβέβηκεν εἶναι τὸν ἀριθμὸν τοῦτον.

6. Sprachliches.

Zum Schlufs weise ich noch hin auf eine Reihe sprachlicher Erscheinungen in den bei Eus. erhaltenen Stücken, die für Philo mehr oder weniger charakteristisch sind. Belege für die meisten findet man in den Prolegomena von Cohn S. XLII ff. und von Cumont S. XVI ff. Wo die einzelnen Stellen der Schrift De prov. nicht ausdrücklich bemerkt sind, ergeben sie sich aus dem vorausgehenden Index. Es finden sich folgende Wörter, die von Philo zuerst oder allein gebraucht zu sein scheinen[1]): ἀγκιστρεύομαι, ἀλλεπάλληλος, ἀπαμπίσχω, ἀπαμφιάζω, ἐπελαφρίζω, ἰχνηλατέω, ὁμοδίαιτος, παρενημερέω, περιαυγάζω, τυφοπλαστέω. Auch die folgenden Wörter sind nach den Lexika sonst recht singulär, werden aber bei Philo öfters gebraucht: ἀδηλόω, ἀδιάστατος, ἀδωροδόκητος, ἀκατάσχετος, ἐπαποδύομαι (übertragen), κατάδυσις (Schlupfwinkel), κρημνοβατέω, ὁλκός, ὑψαυχενέω. Spezifisch philonisch ist der übertragene Gebrauch von ἐπιτειχισμός, κονίομαι, κρέμαμαι. Vorwiegend poetisch sind αἰγάζω, κόρος, στέγω in übertragener Bedeutung, ὀπαδός. Auf platonischen Sprachgebrauch geht wohl γλίχομαι und ἰλιγγιάω zurück. Poetisch und platonisch ist τημελέω (4, auch De sacr. Ab. et Caini 11 S. 170), κῆρες und ἐπίχειρα. Auf das starke Kontingent stoischer Termini wurde wiederholt hingewiesen.

Das Augment fehlt 23 γεγένηντο (Cohn S. XLIX), ὁλκός ist als Adj. zweier Endungen gebraucht (s. Index).

Der Plural des abstrakten Subst. (Cohn S. L)[2]) begegnet 64 ταῖς ἐκεχειρίαις 14 παρασκευῶν 3 ταῖς συγγενείαις 15 ὑφασμάτων ποικιλίαις 33 τὰ πλήθη.

Die Kopula ist ausgelassen 5. 23. 34, im Relativsatze 3. 16. 22. 26. 33. 41. 45. 47. 57 (Cohn S. L).

---

[1]) S. fürs Folgende den Index. — Die Zahlen bezeichnen, wo nicht Eus. VII K. 21 citiert ist, die Paragraphen von VIII 14.

[2]) Stich, De Polybii dicendi genere, Acta sem. Erlang. II S. 151.

Das Neutrum als Bestimmung eines Femininums (Cohn S. LI) 51 ὠφελιμώτατον ἡ εὕρεσις 37 ἡ κόλασις ἀλυσιτελὲς κτλ. Das Neutrum des Adj. vertritt die Stelle eines abstrakten Subst. (Cohn S. LI) 3 τὸ ἡγεμονικόν, κηδεμονικόν 26 τὸ συνεχές 34 τὸ ἄστατον 39 τὸ χρήσιμον 56 τῷ καρτερῷ 59 τὸ θερμότερον 66 τὸ βαθύγειον. Philo zieht oft Umschreibungen mit dem Neutrum Plur. des Art. bestimmteren Ausdrücken vor: 1 τὰ κατὰ τὸν ἀνθρώπινον βίον 17 τὰ περὶ τὸ σῶμα 18 τὰ πρόσφορα εἰς τὸ σῴζειν 20 τὸ κυριώτατον τῶν ἐν αὐτοῖς 21 τὰ εἰς πορισμόν 36 τὰ ἐπ' ἐξαπάτῃ 45 τὰ περὶ γῆν 51 τὰ φύσεως 52 τὰ ἐν οὐρανῷ 63 τὰ πρὸς ἀπόλαυσιν. Fein attische Verbindungen: 33 αὐτῷ ζῴω (Cohn S. LII), 8 μυρίων ὅσων, 36 ἐν ᾧ μὲν ... ἐν ᾧ δὲ demonstrativ.

Ich gehe über zum Gebrauche der Präp. δίχα statt ἄνευ, wie oft bei Philo, 39, παρὰ c. dat. vom Standpunkt des Urteilenden 16. 54 (De opif. S. 63, 10). 43 ὑπὸ σελήνην, wo man den Dativ erwarten würde (Cohn S. LII). Philo liebt präpositionelle Umschreibungen, wo der einfache Kasus genügen konnte: z. B. VII 21, 1 τὸ ἐν ὕλαις αὔταρκες und τὰς ἐν τούτοις ἰσότητας 13 τὴν παρὰ τῶν φαύλων ἀποδοχήν 17 τὰς περὶ αὐτὸν χλαίνας 20 τῶν κατὰ μουσικὴν φθόγγων 26 τοῦ κατὰ τὴν ὁδὸν ἐδάφους 45 τὰς κατὰ πόλιν στοάς 54 τὰ κατὰ τὸν ἀνθρώπινον νοῦν κριτήρια 59 ἡ περὶ τροφὴν (σῆψις) statt des Gen.[1]); vgl. De opif. S. 18, 21 τῆς περὶ τὸν ἥλιον δυνάμεως 19, 8 ταῖς ἄλλαις περὶ τὰς κινήσεις διαφοραῖς 56, 19. So werden auch Adverbia durch präpositionelle Umschreibungen ersetzt[2]). Ich habe Belege gesammelt z. B. für ἐν δέοντι, ἐν οὐ δέοντι, κατὰ τὸ παντελές, ἐξ ἑτοίμου, in unserer Schrift 15 ἐπὶ μήκιστον 42 εἰς τὰ παρόντα 55 ἐξ ἴσου Eus. VII 21, 3 κατὰ τὸ παντελές, und εἰς ἀκρίβειαν, πρὸς ἀλήθειαν (s. Index). Für das Überwuchern der Komposita, wo die attische Sprache das Simplex oder die Trennung der Präp. bevorzugt hätte, giebt der Index Belege. Nur einzelnes sei hier noch hervorgehoben. Philo hat eine Vorliebe für Zusammensetzungen mit ἐν: ἐναβρύνομαι, ἐνασκέω, ἐνασμενίζω, ἐνασχημονέω, ἐγγυμνάζομαι, ἐνευφραίνομαι, ἐγκαρτερέω, ἐμπιστεύω. In unserer Schrift findet sich das auch sonst von ihm gebrauchte ἐμπεριπατέω 45, ἐντρυφάω und ἐνδιαιτάομαι c. dat. Für die Bevorzugung der

---

[1]) Krebs, Die Präp. bei Polybius S. 145. 104 c. Stich a. O. 153.
[2]) Krebs a. O. S. 5 Nr. 4.

Präp. vor einfachem Kasus führe ich an: κηραίνειν περί 8 ποντῖσθαι περί 21 περιέχεσθαι ἐν 34 ἐνιδρύειν ἐν 63 φυσᾶσθαι ἐπί 14. Philo liebt verbale Zusammensetzungen, deren erster Bestandteil ein substantivisches Objekt ist, und das Bewufstsein der Art dieser Komposition ist ihm oft so verloren gegangen, dafs er ein weiteres Objekt hinzusetzt, wie bei ἀνθογραφέω, ἀχθοφορέω, ἐχεμυθέω, θησαυροφυλακέω, ἰχνηλατέω, καιροφυλακέω, κληροδοτέω, νικοφορέω, πηδαλιουχέω, τυφοπλαστέω. De prov. findet sich ἀνθρωπογονέω und ζῳογονέω, ein Objekt bei ἰχνηλατέω und τυφοπλαστέω. Wie Philo Kompositionen wie τελειογονέω, τελεσιουργέω, τελεσφορέω, κυοφορέω, δικαιονομέω, κωλυσιεργέω, ὁδηγετέω, ἐμποδοστατέω in abgeschwächter Bedeutung statt einfacher Verba (τελέω etc.) braucht, so die Adj. ὁμοιότροπος, τοιουτότροπος, ἰσοστάσιος statt ὅμοιος, τοιοῦτος, ἴσος. In unserer Schrift findet sich wiederholt ὁμοιότροπος. Sehr zahlreich sind bei Philo die mit α (αν) zusammengesetzten Verbaladjektiva. In unserer Schrift finden sich ἀδιάλυτος 3, ἀδιάστατος, ἀδωροδόκητος, ἀκατάσχετος, ἀμύθητος, ἀνεπιβούλευτος 57, ἀπροσδόκητος 60.

18 ἁπάντων ὅσα (Cohn S. LIV, Cumont S. XVIII). Für die Verbindung der Synonyma (Cohn S. LVI) nur einige Beispiele:

1 ταραχὴ καὶ σύγχυσις, κάκιστος καὶ πονηρότατος,
4 περιέπειν καὶ τημελεῖν,
10 ὅλῳ καὶ τῷ παντί,
12 συνεχὴς καὶ ἀδιάστατος,
14 ἰσχὺς καὶ ῥώμη, 38 ἰσχὺς καὶ κράτος,
26 ἀνήνυτος καὶ συνεχής,
29 ἄφθονος καὶ πλούσιος.

Starke Pleonasmen auch 12 zu Anf. und 34 πάντων δ' ἀθρόως καὶ ὑφ' ἕνα καιρόν, vgl. Cohns und Cumonts Index unter ἀθρόος, De opif. S. 12, 10 ἀθρόα καιρῷ ἑνί. De agric. 9 S. 306 πάντων ἀθρόων (so Vat. 381 st. ἀθρόον wie De plant. 7 S. 334) 29 S. 320 πάντων ἀθρόως De conf. lingu. 6 S. 407 ὅταν δὲ ἀθρόα ὥσπερ προστάξει μιᾷ κατὰ τὸν αὐτὸν χρόνον ἑνί (so die Hss.) πάντα ἐπιθῆται (so schreibe ich für ἐπιθεῖναι) 12 S. 412 τὰ πάντων ἀθρόα Q. o. pr. l. 12 S. 461 πολὺν δ' οἶνον ἐμφορήσας ἄθρουν D. V. C. 11 S. 484 De legat. 11 S. 557 Apol. bei Eus. VIII 11, 4. Reiter, Z. f. öst. Gymn. 1892 S. 19 emendirt gut Π. ἀφθ. S. 42, 18 ἐν ταὐτῷ ⟨πάντ'⟩ ἀθρόα.

ὑποστέλλω wird im Sinne des Mediums gebraucht 9; vgl. De iud. 5 S. 348 Treitel, De Philonis sermone, Breslau 1870, S. 10. 11. Das Asyndeton in Aufzählungen (s. Cohn S. LVII und De merc. mer. die endlose Aufzählung) begegnet z. B. 1. 8. 17. Die Satzfügung 3 (vgl. 37) ὃ γὰρ ἐν ταῖς συγγενείαις πρὸς τέκνα γονεῖς, τοῦτο βασιλεὺς ist zu vergleichen mit De opif. S. 15, 1 ὃ γὰρ ἐντελεχείᾳ δυάς, τοῦτο Leg. all. III 65 S. 124 ὅπερ οὖν ἡδονὴ πρὸς αἴσθησιν, τοῦτο πάθος πρὸς νοῦν. Über ἴστω c. part. s. Index. Echt philonisch sind folgende Verbindungen mit Inf.: 14 τῶν ἀτοπωτάτων ἐστίν 4 ἐχθρῶν ἔργον (vgl. VII 21, 4) 20 ὑπερβολὴ μανίας (s. Index und oben S. 45 unten).

Endlich wird der Hiat nach denselben Grundsätzen vermieden wie sonst bei Philo. Indem ich für die Übereinstimmung mit Philos Gebrauch auf Jessens Abhandlung[1]) und Cumont S. XX ff. (auch Cohn S. XLI) verweise, bezeichne ich kurz diese Grundsätze. Die Absichtlichkeit in der Meidung des Hiats beweist z. B. die Wortstellung 17 ἐσθημάτων ἰδέαι διάφοροι, nicht selten die Wortwahl, z. B. 5 ἀφορμὴ πάρεστιν (nicht ἔστιν) 18 καὶ συνόλως (nicht ὅλως) 12 ἀργύρου τε καὶ χρυσοῦ κτήσεσιν (nicht κτήσει) ἐπαποδύντες 15 ὑφασμάτων ποικιλίαις (nicht ποικιλίᾳ) ἐν (vgl. 31 ὑπογραφαῖς 64 ἐκεχειρίαις) 33 ἱερῷ συνεμπρησθέντα[2]) 32 πολύχρεων (nicht πολύχρεω) εὐωχίαν. ἄχρι ist gebraucht 17. 27 hinter Konsonanten, μέχρι 33. 60 hinter καί. ὡς (nicht ὅτι) ist 5. 13 gebraucht vor Vokalen. Freilich findet sich der Hiat z. B. 25 VII 21, 2 hinter ὅτι, wie auch sonst bei Philo (Cumont S. XXII). διότι findet sich 10. 35. 58, überall in der Bedeutung „weil" und nur an der ersten Stelle hinter einem Vokal. Die längeren Formen von ὅσπερ (nicht ὅς) sind mit Absicht angewandt 16 ὅπερ ἔφην 26 ὅπερ ἥ, καθάπερ (nicht καθά) vor οὖν 4, vor ἐν 55. καθάπερ vor und zugleich hinter einem Vokal 54. 71, 17 κἄπειτα (nicht ἔπειτα) hinter einem Vokal. Dagegen findet sich der Hiat, wenn ich von den Fällen absehe, wo er, wie es oft in den Hss. geschehen, durch Krasis oder Elision (bei den kurzen Vokalen α ε ο und αι des Inf., wie dem kurzen αι der 3. Person[3])) sich beseitigen läfst, hinter jeder, wenn auch nur kurzen Pause, ferner hinter dem Artikel,

---

[1]) De elocutione Philonis Alex. Hamburg 1889 in der Gratulationsschrift zu Sauppes 80. Geburtstag.

[2]) Durch Rücksicht auf den Hiat ist öfters bestimmt die Wahl der Komposita.

[3]) 28 εἶναι ὑπελάμβανε VII 21, 2 wurde emendiert εἰδέναι ὕλην.

hinter καί, μή, ἤ, εἰ, ἐπεί (VII 21, 2), ὅτι. Zieht man diese Ausnahmen ab, so bleibt nur eine geringe Zahl schwerer Hiate. Beseitigt wurden solche bereits oben durch sichere Emendationen in § 2. 25. 61. 66. 70. Es erübrigen noch die Hiate 3 ἀδιαλύτῳ ἑνώσει ἁρμοσάμενος 5 μία οἱ γονεῖς 14 ὅσοι ἐπ' 15 εὐμορφίᾳ ἀγάλλοιτο 24 (in einem Citate) 36 ἀπατηλαὶ αἰσθήσεις, πάθη ἐπίβουλα 68 in einer korrupten Stelle, 71 ἰδίᾳ ἑκατέρου. Manche dieser Hiate liefsen sich durch gewaltsame Mittel beseitigen. Für richtig halte ich das nicht, und der armen. Text spricht nirgends dafür. Man darf doch nicht vergessen, dafs die Vermeidung des Hiats lediglich Sache des Gefühls, nicht ängstlicher Berechnung ist, und dies Gefühl dürfte bei den wenigsten Schriftstellern so fein ausgebildet gewesen sein, dafs es gar keinen Schwankungen und Launen ausgesetzt war. Wo die Überlieferung keinen Anstofs und keinen sonstigen Anlafs zu einer Änderung bietet, wird der Herausgeber eines Autors wie Philo gut thun, nur um des Hiats willen keine Änderungen einzuführen. Ja selbst in der Einführung der Krasis und Elision wird er der besten Überlieferung folgen, da es denkbar ist, dafs der Autor die Durchführung dieser Mittel der Euphonie vielfach dem Leser überliefs und die sichere Herstellung des Ursprünglichen hier unmöglich, aber auch unerheblich ist. Auch die Papyrustexte aus einer Zeit, wo das Gefühl für Wohlklang noch lebendiger war als im Mittelalter, sind hier keineswegs konsequent.

Sachregister.

Alexander, Tiberius 85³.
Ambrosius 29.
Anaxagoras 50, Erklärung d. Milchstrasse 73³.
Aristoteles 4³. 36¹. 43. 68¹. 70², Protreptikos 4².

Bardesanes, die nach ihm benannte Schrift 27.
Beispiele, geschichtliche, der stoisch-kynischen Diatribe: Krösus (vgl. 51), Xerxes, Alexander, Cyrus, Paris, Helena, Amazonen 20; Dionysius, der Ältere 55. 49. 48, der Jüngere 48; Polykrates 55. 47; Sokrates 54. 48; Zeno und Anaxarch 48. 49; Anaxagoras und Demokrit 50; Lygkeus, Milon, Ganymedes 51.
Bion, bei Philo benutzt 50¹).

Chrysipp. 11⁴· ⁶. 19³. 24². 36¹. 64². 65⁶. 66². 69⁴. 70. 75⁸. 78². 81³.
Cicero, De div. II 87—97 S. 33. 34; De fato S. 37; De nat. deor. II S. 49. 84; De fin. II 31 S. 57².

Empedokles 60. 64. ff. 68. 69.
Epiktet, s. besonders 17 ff. 52 ff.
Epikur und Epikureer, Benutzung der Vorsokratiker 61, Angriffe gegen Dichter und Mythen 58 ff., gegen die Weltschöpfung 4³. 62, gegen die stoische Lehre von der Vorsehung 12.
13. 16. 48. 73. 77 und vom $\kappa\varepsilon\nu\grave{o}\nu$ und den $\lambda\varepsilon\kappa\tau\grave{\alpha}$ 63. Naturerklärung 69. 71⁶. Meteorologie 73 ff. S. auch 57².
Eusebius, Hss. der Praep. ev. 94 ff., benutzt Philo stillschweigend 40, kürzt tendenziös den Text des Philo 95.

Favorins Bestreitung d. Astrologie 36.

Heraklit, Lehre vom Wechsel 7. 81; Fr. 29 S. 22⁵; Fr. 12 S. 46.

Judentum, palästinensisches und alexandrinisches 1.

Karneades, Polemik gegen die Astrologie 24 ff. 36 ff., gegen die Vorsehung 49. 47 ff., benutzt Epikur 50². 74⁴.
Kleanthes 5¹. 9³. 15¹. 16. 24⁴. 51². 62³. 66⁵· ⁶. 70. 73⁵.
[Klemens], Pseudo - klementinische Schriften 33 und oft.
Kleomedes, s. bes. 84³.

Macrobius, In somn. II 10, 6 ff. S. 6.
Musonius 52³. 76. 81⁵. 76². Eine gründliche Besprechung des Verhältnisses des Mus. u. Philo wird meine Schrift über die Therapeuten geben.

Origenes 28.

Panaetius 33. 81³.
Philo, Jugendschriften 2, Echtheit von

---

¹) Über Benutzung des Bion bei Philo vgl. jetzt Hense, Rh. M. XLVII 219 ff.

II. ἀφθ. 4 ff., besonders 4³. 5¹. 8⁴. 9⁴ (vgl. den Index, auch für Q. o. pr. I. und D. V. C.); christliche Interpolationen 11⁰. 95³. Der neue Philopapyrus 95³. Fragmente von De prov. 8S. Zwei Fragmente identifiziert 18⁴. 67². Emendiert wurden folg. Stellen ¹), zum Teil nach Hss. (Orthographisches übergehe ich): De opif. S. 65, 3 S. 105, Leg. all. II 24 S. 105. 108, Q. deus immut. 7 S. 22⁵, De agric. 7. 13 S. 108. 91, De plant. 38 S. 105, De migr. 20 S. 111, Quis rer. div. her. 25. 60 S. 109. 90 (De congr. erud. gr. 27 S. 23⁵), De profug. 6. 18 S. 17³. 106, De somn. I 8. II 1. 42 S. 106. 100. 104, De Abr. 25 S. 106, De Jos. 1. (9) 23 S. 80⁴. (97). 53¹, (V. Mos. I 13 S. 23⁵), De decal. 14. 21 S. 91. 68¹, De mon. I 4. II 3 S. 14⁶. 106, De spec. leg. 21 (S. 319). 6 (S. 340) S. 101. 92, De concup. 10 S. 80⁴, De praem. et poen. 5 S. 18³, Q. o. pr. 1. 3. 7 S. 104. 51⁶, De leg. ad. Gai. 36 S. 91, Philonea ed. Tisch. S. 54, 2. 78, 1, s. S. 110. 14⁶. Zahlreiche Emendationen zu De prov. II S. 96 ff.

Lehre Philos: Über die De prov. wiedergegebene stoische und epikureische Doktrin s. die betreffenden Artikel. Weltbildung, Weltschöpfung, Materie 5. Gründe der Weltschöpfung 8. Kräfte 11. 44. 45. Astrologie 24 ff. Menschliches und göttliches Urteil 19. 80¹. 69⁴. 70⁶. φύσις, ἄσκησις und μάθησις 42. Polemik gegen Sophisten 90. δαίμων 51⁷, πλοῦτος βλέπων 91, δίκη 97, τύχη 102 (unter ἄστατος), κόρος 108. — Verhältnis zu den verschiedenen Philosophenschulen 39, zum Heidentum 85. 86.

Plato 43. 51⁶. 91. 97, spätere Auffassung seiner Lehre von der Weltschöpfung 8. 9¹. Posidonius, die Stellen gesammelt 39. 83. 84. Prokop von Gaza 28.

Seneca, s. bes. über De prov. und De rem. fort. 17 ff., über die Nat. quaest. 84⁴. Sextus, Gegen Astrologie 34, Quelle von Buch IX S. 84². Sprichwörter 56¹. 108 (κόρος). Stoa. Stoische Lehre: Kettenschlüsse 15³. κενόν, τόπος, χώρα, χρόνος, λεκτά 63. 64. Definition des Kosmos 8³. 62³, ein ζῷον 43, Kugelgestalt 63. Lehre von den Weltperioden 6¹ ff. ἐκπύρωσις und ἐξυδάτωσις 12, ἐκπύρωσις auch 16. Grofses Jahr 35¹. εἱμαρμένη 11⁴, Naturgesetz 107. Beweise der Vorsehung: Schlufs vom Teil auf das Ganze 9. 14¹. 15. 21, kosmologischer Beweis 11, Mikro- und Makrokosmos 10². 14², Vergleich des Kosmos mit dem Hause und der Stadt 10, mit dem Kunstwerk 15. 23⁴. 62, mit dem Gymnasion 66. 78. Sympathie der Welt 11 (44). Die Vorsehung richtet sich auf das Ganze 78. 80. προηγούμενον und ἐπιγεννήματα 71⁵. 78. 79; vgl. 110. Das Böse nicht von der Vorsehung gewollt 71. 72. 79⁶, Notwendigkeit der Übel 54⁴. 80, Übel Strafe der Sünde 16. 56. Nutzen des Meeres 66. 67, der wilden und giftigen Tiere 80. 74. Konsequenzen der Leugnung der Vorsehung 15. 11¹. 17¹. Elemente 7. 65⁴. 66, Feuer und Luft ohne Gewicht 65⁵, Luft 7⁴. 54⁴. 67⁷. 69⁵·⁶. 70, Einflufs der Atmosphäre 81. Himmlische und sublunare Region 68¹. 70². Astronomie 68. 70 ff. Astrologie 34². Gött-

---

¹) Die erste Zahl bezeichnet immer den Paragraphen der philonischen Schrift, S. die Seite meiner Schrift.

lichkeit der Gestirne 72[6], Ernährung der Gestirne 66. 67. Meteorologie 78 ff. Zonen der Erde 66[2]. 72. λόγος ὀρϑός 10[1]. 27[1]. Die menschliche Vernunft Absenker der göttlichen 9[5]. Preis der menschlichen Vernunft 93. Der Weise 62. Des Weisen Verhalten zum Leiden 17 ff. Der Philosoph Seelenarzt 53. 83. 84. 94. Masse der φαῦλοι 57. 54. Schuldbewufstsein Strafe der Sünde 55. Äufsere Güter 20. 52. 53. Deklamation gegen Luxus und Schwelgerei 67[6]. 62[3]. 76. 82. 91. 92. Definition der Gerechtigkeit 44. — Schätzung des Homer 59[4]. 60[3]. Mythendeutung 60. 61. Polemik der Stoa gegen Epikur 13. 15[2]. 59[4]. 67, gegen die Skepsis 15[3].

Theophrasts Erklärung der Milchstrafse 73[a].

Vettius Valens 34[2].

Völkersitten, Litteratur darüber 29 ff. 35. 36.

Zeno 7[4]. 9. 62[3].

Nachträge.

S. 4 Anm. 3 lies De nat. deor. I (statt II) 20.
S. 14 Anm. 1 lies 9. 10 statt 11. 12.
Zu S. 18 Anm. 2 und S. 20. Die Stelle (De prov. I 56) hat nach Conybeare vielmehr folgenden Sinn: Mais le juste cultive le dédain envers toutes les choses et nullement ressent la douleur à cause d'attendre pour soi ces choses. Même il méprise non seulement la gloire et les éloges, mais la vie même. § 62 ist st. *vitium* πάϑος, § 63. 64 st. *integritas* ἀπάϑεια zu übersetzen. Auch S. 15 Z. 6 ist die von mir angenommene Übersetzung falsch.

Zu S. 33: Tertullian und Diodor von Tarsos schrieben über die εἱμαρμένη. — Indem Cohn es für unwahrscheinlich hält, dafs das Beispiel jüdischer Sitten schon in der skeptischen Urquelle stand, weist er auf die Möglichkeit hin, dafs unter der Voraussetzung, dafs der Arm. das philonische Original stark gekürzt habe, die christlichen Bestreitungen der Astrologie doch von Philo abhängig oder beeinflufst sein können.

In der neuen Auflage von Zellers Gesch. d. griech. Phil. I 2 S. 786 ist die Darstellung der Kosmogonie des Empedokles in allem Wesentlichen unverändert geblieben. Zur Bezeichnung des Meeres als Ausschwitzung (S. 65[5]) vgl. daselbst S. 791 Anm. 3, zu dem von mir S. 81[4] behandelten Fr. 75 des Heraklit die ausführliche Darlegung Zellers S. 705. 706. Bywaters Fassung des Fragmentes und Annahme einer alten Interpolation scheint mir doch sehr wahrscheinlich. Dafs Philo wirklich οὗ γῇ las, ist nicht sicher; die Hss. des Eus. und der Arm. haben manche Korruptelen gemeinsam wie Prokop und der Arm.

S. 99 zu § 46 vermutet Cohn ὅς statt ὁ δ'.
S. 109 Mitte lies ἐνδίολκον A statt ἐνδίολχον.

Druck von W. Pormetter in Berlin.